Yvon Dallaire
Psychologue-Sexologue

HOMME
Et fier de l'être

Option Santé
ÉDITION

Données de catalogue avant publication (Canada)

Dallaire, Yvon, 1947-
Homme et fier de l'être
Comprend des réf. bibliogr.
ISBN 2-922598-03-9

1. Hommes. 2. Masculinité. 3. Hommes – Sexualité. 4. Relations entre
hommes et femmes. 5. Pères. I. Titre

HQ28.D34 2001   305.31   C2001-941209-6

Homme et fier de l'être

Les Éditions Option Santé Enr.
675, Marguerite Bourgeoys, Québec (Québec) Canada G1S 3V8
Téléphone: 1 (418) 687-0245, Télécopieur: 1 (418) 687-1166
http://www.optionsante.com et info@optionsante.com

Infographie: Christian Chalifour
Illustrations: Caroline Bédard
Photogravure et impression: AGMV Marquis
Photographie de l'auteur: Jean-Yves Michaud, Tram-imprimé

Dépôt légal: 2ᵉ trimestre 2001
Bibliothèque nationale du Québec
Bibliothèque nationale du Canada
ISBN 2-922598-03-9

Distributeurs exclusifs

Canada	France	Belgique	Suisse
Messageries ADP	**DG Diffusion**	**Vander S.A.**	**Transat S.A.**
955, rue Amherst	rue Max Planck BP 734	321, Ave des Volontaires	Route des Jeunes, 4ter.
Montréal, Québec	31683 Labège Cedex	B-1150 Bruxelles	Case postale 1210
H2L 3K4	France	Belgique	1211 Genève 26, Suisse
(1.514) 523.1182	(011.33) 5.61.00.09.99	(011.32) 27.61.12.12	(011.41) 22.342.77.40

Imprimé au Canada

Je dédie ce livre

Aux deux hommes

Les plus importants de ma vie

Mon père, Jean-Charles

Mon fils, Jean-François

Et

À tous les hommes qui se sont confiés à moi

Table des matières

Deuxième Partie
Être heureux en tant qu'homme

Préface

Quel homme peut se vanter de n'avoir jamais fait l'objet de ridicule, de critique, de discrimination ou de rejet parce qu'il est un homme ? Depuis l'avènement du mouvement féministe, on constate que les attaques contre les hommes se sont multipliées et que la virulence de ces attaques a atteint des proportions inouïes. Par exemple, on les accuse publiquement d'être des violeurs en puissance, des abuseurs d'enfants, des irresponsables, des insensibles, des incompétents au lit, des êtres qui ne communiquent pas et qui n'expriment pas leurs émotions. En somme, on les accuse d'être la cause de toutes sortes de problèmes dans le couple, la famille et la société. Ou encore, on les banalise dans ce qu'ils sont, ce qu'ils font, ce qu'ils pensent et ce qu'ils ressentent au point de les aliéner. Dans un cas comme dans l'autre, pour les féministes, l'homme représente l'ennemi à abattre ou l'animal à dresser.

Est-ce que l'homme est aussi méchant ou aussi minable que le suggère les féministes ? Est-ce que les femmes et les enfants seraient mieux si les hommes disparaissaient de la planète ? L'homme doit-il changer pour se conformer aux attentes de la femme ? La femme doit-elle s'adapter à ce qu'il est ? Qu'est ce qui fait la valeur de l'homme ? C'est quoi être un homme dans le monde d'aujourd'hui ? Quelle est la fonction de l'homme dans le couple ?

Dans la famille ? Est-ce qu'un homme peut être heureux en tant qu'homme ? Est-ce que la femme peut être heureuse avec l'homme et, inversement, est-ce que l'homme peut être heureux avec la femme ? Voilà quelques-unes des questions fondamentales qui sont traitées dans le livre HOMME et fier de l'être.

HOMME et fier de l'être est un livre que j'avais énormément hâte de lire. Et il va sans dire que je suis très content de l'avoir fait. C'est un livre qui fourmille d'informations concernant comment les hommes fonctionnent, en quoi ils sont différents des femmes et pourquoi ils sont ce qu'ils sont. Non seulement il nous aide à prendre conscience, à comprendre et à apprécier à sa juste valeur les différences qui existent entre les hommes et les femmes, il nous aide aussi à voir les avantages que nous pouvons en tirer si nous choisissons de les assumer au lieu de tenter de les éradiquer. Hommes et femmes trouveront dans ce livre plusieurs conseils pratiques pour humaniser leurs relations les uns avec les autres et devenir des modèles qui sauront mieux guider les enfants et les jeunes de notre société dans le développement des rôles et des valeurs qui les aideront à assurer leur réussite et leur bonheur.

Ce livre, facile à lire et pourtant si sérieux, même si le langage est parfois teinté d'humour, surprendra plus d'un lecteur. Il fait fi de la rectitude politique et dénonce sans gêne et sans détour les préjugés contre les hommes et ose même faire l'éloge de l'homme. En somme, il remet les pendules à l'heure et il le fait d'une façon juste et honnête. Loin de prôner le chauvinisme comme pourrait le suggérer le titre de l'ouvrage, il situe l'homme par rapport à lui-même, à la femme, à la famille. Il le responsabilise et l'encourage à s'affirmer en tant qu'homme, partenaire et père dans le respect des autres et la justice.

Je sais que livre est au sujet de l'homme, mais je le recommande aux hommes ET aux femmes même si la lecture de l'un des chapitres est «interdite» aux femmes. Je profite de l'occasion pour exprimer à l'auteur ma reconnaissance et mes meilleurs souhaits.

Fier d'être HOMME,

Dr Janel Gauthier, psychologue
Professeur titulaire
Directeur du programme de doctorat (orientation clinique)
École de psychologie, Université Laval, Sainte-Foy, Québec

La libération de l'être humain

Le XXe siècle a vu la sexualité se libérer, les femmes s'émanciper, les distances s'envoler, la société des loisirs s'installer, la croissance personnelle se développer, la famille traditionnelle éclater au profit de la famille nucléaire, le divorce se démocratiser, la mondialisation germer... et la guerre des sexes s'amorcer. Cette guerre des sexes se manifeste tant au plan du couple, avec l'augmentation effarante des divorces, qu'au plan social, où l'on voit les femmes réagir négativement aux apports traditionnels des hommes.

À les entendre, l'homme serait le grand responsable de tout ce qui va mal sur cette terre. L'homme serait le côté sombre de l'humanité, alors que la femme en serait le côté lumineux, celle qui sait mieux que lui comment les choses devraient fonctionner. Il faudrait donc que la femme prenne non seulement le contrôle de la famille, de l'éducation des enfants, de la gestion des soins, mais qu'elle prenne aussi le contrôle économique et politique de la société pour qu'advienne une véritable civilisation humaine.

Pour y arriver, le féminisme a tout d'abord incité les femmes à prendre le pouvoir exclusif de leur sexualité et de leur maternité : « Cessons de faire des enfants et libérons-nous de nos chaînes (soutien-gorge et mariage). Vive l'amour libre ! » Sans cette émancipation féminine, le mouvement hippie n'aurait pas eu lieu. Puis, le féminisme a encouragé les femmes à envahir les domaines traditionnellement réservés aux hommes: le travail extérieur, les sciences et la politique. Entrées par la porte d'en arrière, les femmes ont réussi à révolutionner le monde du travail, à grimper les échelons hiérarchiques et à faire voter des lois dites de «discrimination positive». Elles cherchent maintenant à établir, de gré ou de force, la parité, et non seulement l'égalité des droits et des chances.

Pour pouvoir ainsi «s'élever» et sortir de leur «esclavage», les féministes utilisent deux stratégies contradictoires: la première consiste à minimiser les différences entre les hommes et les femmes en associant l'égalité à la similarité. Tout ne devient qu'une question de culture et d'éducation: donnez aux filles la stimulation nécessaire et elles feront, une fois adultes, tout ce que les hommes peuvent faire et le feront, probablement, mieux. La psychologie culturaliste, basée sur la théorie du conditionnement, leur a fourni les arguments nécessaires à l'établissement de ce courant. L'homme et la femme, le père et la mère, s'ils sont identiques, deviennent alors facilement interchangeables. L'un ou l'autre pourrait même remplir indifféremment les tâches de l'un et de l'autre.

L'autre stratégie consiste à «démoniser» l'homme: le rabaisser pour démontrer la supériorité du sexe féminin. Au lieu de minimiser les différences, on les accentue pour mieux dénoncer les aspects négatifs de la masculinité et, par le fait même, le porteur de la masculinité: détruire le message et le messager. Dans ce courant, les féministes exploitent l'Histoire pour dénoncer toutes les horreurs commises par les hommes, particulièrement celles faites à l'encontre des femmes. Elles exploitent la biologie pour confirmer que le masculin n'est qu'une déviation du féminin, déviation dont les femmes auraient avantage à se passer au plus tôt. Elles exploitent

18

aussi la psychologie pour démontrer que le sexe féminin est le véritable sexe fort. Elles exploitent les sciences pour confirmer le bien-fondé de leurs objectifs.

Assez, c'est assez! Il est temps que ces exagérations cessent.

La sur-valorisation et l'égocentrisme des exigences et des normes féministes provoquent des conséquences que l'on ne peut qualifier que de catastrophiques. L'extrémisme féministe est en train de devenir la nouvelle dictature: remplacer le patriarcat par le matriarcat, guérir une injustice en créant une autre injustice, faire payer aux méchants tout ce qu'ils ont fait aux victimes… Or la discrimination ne peut jamais être positive, elle se fait toujours au détriment d'un autre. La disparition des caractéristiques masculines ou féminines ne peut que nuire à l'évolution de l'humanité. Sataniser son partenaire ne peut mener qu'à la solitude et l'isolement, comme nous le démontre le fait que de plus en plus de femmes vivent sans conjoint.

Que l'on me comprenne bien. Il n'est absolument pas question pour moi de revenir en arrière et d'enfermer à nouveau les femmes dans l'esclavage maternel et les hommes dans l'esclavage du rôle de pourvoyeur. Je suis pour l'égalité des êtres, des droits et des chances et c'est justement parce que je suis pour l'égalité que j'écris ce livre: pour tenter de rétablir l'équilibre entre les sexes, pour tenter d'augmenter la connaissance, la compréhension et l'harmonie entre l'homme et la femme, pour faire disparaître les iniquités, qu'elles soient causées par l'homme ou par la femme. Mon intention est de vous démontrer que les deux courants féministes décrits ci-dessus ne peuvent mener qu'à un cul-de-sac et à une guerre des sexes interminable.

Je suis favorable à la liberté de choix des femmes, et des hommes. Je suis favorable au travail égal, salaire égal. Je suis favorable à la sexualité librement consentie. Je suis favorable à l'éducation pour tous, sans discrimination quant au sexe, la race, la culture ou les opinions politiques. Tout comme je suis favorable à la séparation du pouvoir religieux et du pouvoir politique, non pas pour que la religion soit contrôlée par l'État, mais pour que l'État ne puisse plus jamais tomber sous l'emprise d'un quelconque fanatique, homme ou femme. Je suis aussi favorable aux interventions qui permettront d'arrêter les guerres entre les peuples (et les génocides) pour des questions de divergences d'opinion. Tout comme je suis favorable aux législations qui permettront, non pas de réprimer, mais de contrôler la prostitution, les drogues, la vente d'armes… Je suis contre toute coercition. Je suis contre toute violence. Je suis contre la peine capitale. Je suis contre tout fanatisme. Je suis contre les mutilations sexuelles. Je suis pour et contre tout ça… parce que je suis pour la vie et la liberté.

J'aurais aimé avoir écrit le texte déclamé par Laine Hanson, dans le film *La candidate* :

> « Je ne me cache pas d'être une athée, mais ça ne veut pas dire que je n'ai aucune conviction religieuse. Non, ma religion, c'est celle qui a émancipé les esclaves, qui a donné le droit de vote aux femmes, à qui nous devons de vivre libres, comme nulle part ailleurs. Ma religion, c'est cette vaste chapelle démocratique dont personne n'est exclue et je n'ai nul besoin d'un dieu pour me dicter mes préceptes moraux : j'écoute mon âme, mon esprit et mon cœur. »[1]

Telle est ma profession de foi. J'ai foi en l'homme, j'ai foi en la femme, j'ai foi en l'avenir.

Si, comme dans tout processus adolescent normal d'acquisition de l'identité, la première étape consiste en l'affirmation par la négative, je crois que le féminisme est allé assez loin dans les dénonciations. Il serait maintenant temps que le féminisme, aidé du mouvement des hommes, passe à la deuxième étape, soit celle de l'affirmation positive. Il serait temps qu'hommes et femmes cessent de vivre dans un perpétuel face-à-face pour apprendre à vivre côte à côte, main dans la main. Le féminisme doit s'adoucir et les femmes cesser d'avoir peur de leurs partenaires masculins.

Le mouvement de libération de l'être humain devait avoir lieu : il a commencé par le mouvement de libération des femmes. Merci, Mesdames ! C'est maintenant aux hommes de se mettre en marche pour l'amélioration des relations homme-femme et de la société dans son ensemble. Ce mouvement masculin devra toutefois éviter de tomber dans l'erreur de la dynamique action-réaction qui explique les raisons qui ont motivé les femmes à désigner les hommes d'un doigt dénonciateur et à les accuser d'être responsables de l'exploitation des femmes, présentées comme d'innocentes victimes. Les femmes ne sont pas innocentes. Elles sont co-responsables de l'état actuel de l'Humanité, elles sont co-responsables de leur état.

La dynamique action-réaction dit qu'une personne réagit à l'action de l'autre. Cette dynamique émet comme prémisse que la personne qui réagit n'est jamais coupable et que la personne qui agit est responsable de tout. Dépendamment des résultats de l'action, ceux qui agissent sont des héros ou des zéros, des libérateurs ou des destructeurs, des gagnants ou des perdants. La compilation des erreurs inévitables des personnes qui agissent, plutôt que la compilation de leurs succès, a permis aux féministes d'accuser les hommes d'être les méchants, d'aliéner les femmes, de les exploiter et d'abuser d'elles. Ajoutez à cette compilation la tendance des féministes à la généralisation hâtive et vous comprendrez pourquoi tous les hommes se sont retrouvés sur le banc des accusés.

Les femmes ont donc commencé à agir. Que feront les hommes ? Vont-ils, après quelques siècles de réactions, se révolter à leur tour et accuser les femmes d'avoir perverti l'Humanité. Vont-ils réagir au féminisme intégriste par un «hoministe» intégriste ? Ou vont-ils profiter du fait que de plus en plus de femmes se prennent en main pour amorcer, pour eux-mêmes et entre eux, un véritable mouvement de libération des hommes ? Vont-ils réussir à profiter des bienfaits de l'émancipation féminine pour se remettre fondamentalement en question et vérifier, pour eux et entre eux, s'ils veulent continuer à être l'homme qu'a été le père de leur père depuis le début des temps ?

• • • • •

Je vais démontrer, dans la première partie de ce livre, que, contrairement aux canons du féminisme extrémiste, le mâle humain ne possède pas le monopole du côté sombre de l'humanité. Pour ce faire, je m'efforcerai de faire la preuve :

1. Que le sexe féminin constitue le véritable sexe de base, que le masculin constitue une spécialisation du féminin pour remplir certaines tâches essentielles à la survie et à la vie et, donc, que le patriarcat est un mythe. (Chapitre premier)

2. Que les femmes sont capables de dire autant de conneries sur les hommes que ces derniers ont pu en dire sur les femmes. (Chapitre deuxième)

3. Qu'à l'heure actuelle, les hommes sont victimes de multiples préjugés nuisibles à leur image, à l'éducation de leurs enfants, à la paix sociale et au bonheur des femmes. (Chapitre troisième)

4. Que les femmes peuvent être aussi, sinon plus, violentes que les hommes. (Chapitre quatrième)

5. Que le divorce et le suicide des hommes sont intimement reliés. (Chapitre cinquième)

6. Que la sur-valorisation des normes féminines au détriment des normes masculines entraîne elle aussi des horreurs, particulièrement dans le champ de la sexualité. (Chapitre sixième)

Je vais aussi démontrer, dans la deuxième partie, que les hommes de bonne volonté, conscients de ce qu'ils sont, peuvent vivre heureux tout en remplissant leurs diverses missions biologiques et psychologiques. Pour ce faire, je m'efforcerai de faire la preuve :

7. Qu'il existe une réelle différence entre la féminité et la masculinité et que nous avons avantage à (re-)valoriser ces deux polarités. (Chapitre septième)

8. Que pour atteindre l'équilibre, l'homme doit harmoniser les quatre dimensions de sa vie. (Chapitre huitième)

9. Que l'homme vit dans une réalité objective complémentaire à la réalité subjective des femmes. (Chapitre neuvième)

10. Que l'homme, en tant que père, a un rôle de toute première importance à jouer dans l'éducation des enfants pour la survie et le bonheur de ses enfants et de l'espèce humaine. (Chapitre dixième)

11. Que l'homme doit «prendre sa place» dans le couple, tout en tenant compte des attentes féminines, pour aider sa femme à s'occuper davantage de son propre épanouissement, et du sien par la même occasion. (Chapitre onzième)

12. Que le mouvement des hommes pour un monde meilleur est bel et bien amorcé et qu'il existe de plus en plus de ressources pour aider les hommes qui ont des difficultés à vivre leur identité. (Chapitre douxième)

Ce n'est qu'en se reconnaissant, en étant totalement lui-même, et en continuant d'agir que l'homme pourra conserver sa fierté et susciter le respect et la confiance de sa partenaire, respect et confiance nécessaires à son épanouissement et à ses performances.

Première
partie

Dur, dur
d'être un homme

Présentation

L'homme du troisième millénaire est en déroute. L'on aurait pu espérer que l'émancipation des femmes et l'amélioration de leurs conditions de vie auraient aussi profité à l'homme, mais il ne semble pas que ce soit le cas. L'homme a perdu ses repères d'antan et on l'accuse d'être le grand responsable des maux de notre planète. N'ayant plus de territoire à défendre, un ennemi à combattre, un monde à conquérir et une femme à défendre, l'homme se cherche. Les femmes se sont libérées, elles veulent partager le monde avec lui ; mais c'est lui qui est maintenant devenu l'ennemi à combattre et nulle part il ne lui reste de territoire qui ne soit envahi par les femmes, sauf peut-être la collecte des vidanges.

La masculinité n'est plus, comme par le passé, évaluée selon les actions posées par l'homme. Elle ne peut évidemment pas l'être en réaction aux attentes des féministes qui considèrent la virilité comme machiste ou factice. L'homme ne peut non plus se retrouver dans les nouvelles revues françaises comme *Men's Health* ou *FHM* (*For Him Magazine*) qui ne font que féminiser son corps et veulent lui vendre, comme la majorité des revues de presse féminine, nombre de produits pour améliorer son «apparence». Ces revues s'attardent rarement sur sa personnalité ou les relations pères-fils et ne revendiquent absolument rien au plan de la condition masculine.

Cette nouvelle presse masculine ne présente que l'homme-objet ou l'homme en crise, rarement l'homme conscient de lui et en questionnement sur son avenir.

La première partie de ce livre s'attarde à démontrer jusqu'à quel point la condition masculine a, dans nos sociétés modernes, mauvaise presse. La seconde démontrera qu'en retrouvant sa véritable nature et qu'en cessant de se définir en rapport avec la femme, l'homme peut encore être heureux, et continuer de s'épanouir.

Chapitre

1

Pour en finir avec l'illusion du patriarcat

1. Patriarcat ou matriarcat?

D'après le Petit Larousse, le patriarcat constitue un «système social, politique et juridique fondé sur la filiation patrilinéaire et dans lequel les pères exercent une autorité exclusive ou prépondérante»[1]. Le mot patriarcat vient du nom donné aux grands ancêtres du peuple d'Israël, les patriarches: Abraham, Isaac et Jacob. Littéralement, le patriarche désigne un «vieillard respectable qui vit entouré d'une nombreuse famille»[2]. C'est aussi un titre honorifique que l'Église latine donne à quelques évêques siégeant à la tête de fonctions importantes et anciennes. C'est, finalement, le titre porté par le patriarche de Constantinople et les autres chefs de religion orthodoxe. Rien de très méchant ou de négatif là-dedans!

Vivons-nous vraiment dans une société patriarcale? Les hommes sont-ils vraiment les maîtres de notre société depuis le début de l'humanité? Sont-ils vraiment les «propriétaires» de leurs épouses et les vrais chefs de leurs familles, les pater familias autoritaires décrits par les féministes? Les femmes ont-elles vraiment été opprimées pendant des millénaires par la tyrannie des patriarches? Le patriarcat a-t-il vraiment existé? Et est-il la source de toutes les horreurs dont le mouvement féministe l'accuse ? « Votre jury doit condamner les hommes, détenteurs de tous les pouvoirs, donc source de tous les maux. »[3]

Oui et non. Oui, jusqu'à tout récemment, les enfants prenaient le nom de famille de leur père. Aujourd'hui, les enfants les deux noms. Même si aucune loi ne les y obligeait, les femmes prenaient le nom, et même le prénom, de leur mari, la plupart en étaient d'ailleurs très fières. Mais est-ce là un signe de domination patriarcale ou tout simplement un moyen pratique de gérer la filiation ? Quand une Simard-Tremblay épousera un Lavallée-Gauthier, leurs enfants s'appelleront-ils par exemple Joseph-Jean-François Simard-Tremblay-Lavallée-Gauthier ou Joseph-Jean-François Lavallée-Gauthier ou Simard-Tremblay ou Lavallée-Simard ou Gauthier- Simard ou Lavallée-Tremblay ou Gauthier-Tremblay ? Et quand ce dernier épousera Marie-Josée-Caroline De Foy-St-Germain, qu'adviendra-t-il du nom de leurs propres enfants ? Je vous propose, pour mettre fin au patriarcat, de donner le nom de famille des épouses pour les deux prochains millénaires et qu'on n'en parle plus. Qu'on utilise la filiation matrilinéaire si cela peut faciliter l'entente entre les sexes.

Oui, les hommes ont pris le pouvoir social, politique, juridique et, j'ajoute, le pouvoir économique. Mais pourquoi ? Pour asservir leurs partenaires ou, tout comme les chasseurs du temps des cavernes, pour assurer au contraire leur survie physique et matérielle ? Oui, les hommes, comme cela se passe dans la majorité des espèces animales, ont peut-être pris les premiers morceaux, mais ils rapportaient le reste aux membres de leur groupe. Et, souvent, ils l'ont fait au détriment de leur propre survie, car pendant des millénaires l'être humain a plutôt été la proie que le prédateur. Les services de sécurité des lignes aériennes ne disent-ils pas à chaque vol, qu'advenant une dépressurisation de l'avion, il est préférable de mettre son masque à oxygène en premier avant de mettre celui de nos enfants.

Lors d'un naufrage, ne dit-on pas par contre : « Les femmes et les enfants d'abord ! » démontrant par là au service de qui sont les hommes.

Survivre soi-même pour aider les autres à survivre m'apparaît d'une logique indéniable et irréfutable. Et c'est ce que les hommes ont fait depuis le début de l'humanité ; c'est aussi ce que les femmes attendaient d'eux : qu'ils les nourrissent, parce qu'elles étaient restées au fond des cavernes, leurs enfants suspendus à leurs seins. Elles étaient restées au fond des cavernes (ou en haut des arbres) tout simplement parce qu'elles y étaient en plus grande sécurité, qu'elles étaient moins fortes que les hommes pour tuer le gibier et qu'elles couraient moins vite qu'eux ou grimpaient aux arbres moins rapidement : elles étaient donc les premières victimes des autres bêtes qui, elles aussi, avaient faim.

Les hommes ont pris le pouvoir social, politique, juridique et économique : ils ont structuré leurs sociétés, nommé des chefs, pla-nifié des stratégies de défense, réparti les richesses, édicté des règles, défini des classes sociales, etc. Et pourquoi ont-ils fait cela ? Pour assurer, en tant que misogynes, leur pouvoir sur leurs femmes ? Voyons donc ! Ils l'ont fait pour augmenter la puissance de leur groupe, pour mieux se défendre et défendre les femmes contre les agressions des bêtes et des autres hommes, au moment où la survie de l'espèce humaine était loin d'être chose assurée. Ils ont fait tout ça parce que leur survie, individuelle et collective, l'exigeait.

Et maintenant que la survie de l'espèce humaine semble assurée, que font ces soi-disant patriarches devant la montée du féminisme ? Ils sont prêts à leur passer et/ou à partager le pouvoir mais, et c'est compréhensible, ils veulent s'assurer que les raisons à la base des structures sociales, politiques, juridiques et économiques ne seront pas bafouées ; c'est pourquoi ils résistent parfois, mais de façon tellement molle, à la poussée des féministes. Les patriarches savent très bien que, dans le fond, dans le tréfonds, les hommes sont au service des femmes. Ils sont prêts à tout faire pour leurs femmes à la condition qu'elles leur prouvent le bien-fondé de leur démarche ou de leurs demandes de changement et qu'elles les valorisent ce faisant. De toute façon, ils n'ont pas le choix, car ce que les femmes veulent, elles l'exigent et s'organisent pour l'obtenir.

Il serait toutefois temps, maintenant que leur survie à eux aussi est assurée, que les hommes cessent de se définir en fonction des femmes et qu'ils cherchent à savoir ce qu'ils sont vraiment et ce qu'ils pourraient faire de mieux sur cette terre pour leur propre épanouissement. Il serait temps que les hommes exigent le respect et la reconnaissance pour tout ce qu'ils ont fait, font et continueront certainement de faire pour l'amélioration de l'Humanité. Il serait temps que les hommes se libèrent du joug des femmes, que les hommes recherchent d'autres valeurs que le travail et l'illusion du pouvoir, qu'ils cessent de baser leur survie sur leur seule force physique et l'organisation d'armées pour la conquête d'un territoire encore plus grand. Nous y reviendrons.

2. Les mythologies

Une excellente façon de connaître l'inconscient d'un peuple est d'étudier sa mythologie. La mythologie regroupe un ensemble de mythes concernant un sujet quelconque. Le mythe est générale-ment un récit fabuleux et d'origine obscure. Toutes les sociétés entretiennent des mythes concernant l'origine de l'univers et de l'humanité. Une analyse approfondie des mythologies démontre non seulement l'universalité des mythes, la correspondance des explications et des dieux ou des héros, mais aussi la prépondérance du désir, des caprices et de la puissance des déesses et des héroïnes. Avant d'étudier notre propre tradition judéo-chrétienne, faisons un rapide survol des principales mythologies pour souligner le rôle des femmes dans la création de l'univers et l'arrivée des humains sur terre.

Les récits mythiques qui se rapportent à nos origines se présentent sous forme soit de cosmogonies, soit de théogonies qui relatent les unes la naissance du monde, les autres la création et la lutte des dieux entre eux. Toutes, par contre, associent la venue des dieux ou la création de l'univers à partir d'un grand néant, d'un immense abîme généralement identifié à une grande étendue d'eau ou à une nuit opaque. De cet abîme sombre et aqueux émerge un dieu qui vient séparer les eaux et la terre et organise l'univers entier. Cet abîme correspond au Tohu-Bohu du livre de la Genèse, au Chaos du poète Hésiode, au Noun de la mythologie égyptienne, à l'Apsou, le flot primordial, et le Tiamât, la mer fécondante, des Babyloniens...

Donc, selon les mythologies, à l'origine existait la mer/mère de qui naquit une divinité, un dieu mâle qui parfois doit s'associer d'autres dieux (un fils et un pur esprit par exemple) pour réussir à organiser la vie. En ce sens, la science ne fait que confirmer la véracité de ces mythes en utilisant la théorie du BingBang pour expliquer l'origine de l'univers et en confirmant que la première cellule vivante apparut dans l'eau, donc que la vie provient de la mer/mère. De plus, comme nous le verrons plus loin, cette première cellule est perçue comme féminine.

La terre émerge des eaux dans la majorité des cosmogonies. Or, la Terre est en général un principe maternel. C'est le ciel qui représente le principe paternel, quoique dans les traditions égyptiennes et ayurvédiques, le Ciel constitue aussi une divinité féminine. Dans ces dernières mythologies, c'est le Soleil qui apparaît comme le symbole le plus masculin. Comme, de plus, la Lune est aussi un symbole féminin dans la majorité des panthéons, sauf exception, il est évident que l'origine mythologique de l'univers baigne dans la puissance féminine.

La majorité des théogonies, d'ailleurs, nous le prouve.

1. La mythologie celtique, racontant l'histoire des ancêtres des Irlandais, précise que parmi les premiers arrivants se trouvaient surtout des femmes.

2. La mythologie sémitique accorde un rôle important à trois divinités féminines : Ashéra, Anat et Astarté. Leurs fonctions, interchangeables, correspondent à la divinité assyro-babylonienne Ishtar, déesse de la fécondité et considérée comme la divinité féminine la plus importante de la Mésopotamie.

3. Dans la mythologie grecque (et romaine), vingt-et-un des trente-huit principaux dieux sont des déesses, soit plus de 55 %. Les premiers cherchent à faire régner l'ordre et la justice, alors que les secondes complotent pour faire arriver les choses et créer la vie. Gaïa, la Terre, Rhéa, la mère de Zeus et Héra, la femme de Zeus, ainsi que bien d'autres (Aphrodite, Vénus) jouent dans l'Olympe des rôles prépondérants.

4. Les divinités nordiques se divisent en deux grandes familles. Chez les Ases, Odin partage le pouvoir avec Frigg, réputée pour sa sagesse et son silence (!), car elle refusait de partager sa sagesse avec Odin. Chez les Vanes, Njördr, un hermaphrodite, et ses deux enfants, Freyr et Freya, sont les trois figures essentielles.

5. Chez les Aztèques et les Incas, la religion imprégnait la vie quotidienne. Huitzilipochtli est le principal dieu du panthéon aztèque, mais il agit sous la férule de sa mère Coatlicue (littéralement : Jupe Serpent). Chez les Incas, le créateur de l'univers est Viracocha, mais c'est Mama Killa qui est considérée comme la mère de la race inca.

6. Boudha, à l'origine de l'une des plus grandes religions du monde, est le fils de la lune (symbole féminin) et de l'épouse du roi Brispati ; il est donc présenté comme le fils de deux femmes, dont l'une est infidèle.

On constate donc dans ces différentes mythologies que le pouvoir appartient aux déesses, non aux dieux et que parfois, au mieux, il est partagé à parts égales.

Vous voulez d'autres faits significatifs démontrant la puissance originelle du principe féminin : le déluge et les Enfers. La majorité des traditions font intervenir, à un moment ou l'autre de leur histoire, un déluge[4] qui vient presque anéantir la création des dieux mâles organisateurs. L'eau qui vient de la mer/mère est à la fois source de fécondité, mais aussi source de destruction, comme l'a si bien compris la médecine chinoise. Il est aussi significatif que les Enfers sont toujours placés sous Terre, illustrant par là qu'à l'intérieur de la mère se trouve aussi la perdition, la damnation.

La montée du féminisme actuel ne présage-t-il pas ce déluge, déluge que l'homme doit contrôler pour sauver la création, comme le fit déjà Noé ? Mais n'est-ce pas là aussi la preuve du mouvement éternel de la vie représenté par la vie et la mort, le yin et le yang, la contraction et l'expansion, la destruction et la reconstruction, la guerre et la paix, le catabolisme et l'anabolisme, la progestérone et la testostérone… La lutte incessante entre ces deux extrêmes, ces deux forces opposées mais complémentaires, donne naissance à l'existence et à l'évolution de la vie. La philosophie du Tao résume à elle seule cette conception moins sexiste de l'univers[5].

Lorsque Noé construit son bateau et y embarque un couple de toutes les espèces vivantes sur le conseil de Dieu, le père, il illustre par son comportement le rôle fondamental de l'homme : sauvegarder la création de la fureur de l'eau, sauvegarder l'humanité de la fureur de la mer/mère. Par exemple, en tant que père de ses enfants, l'homme doit s'interposer entre eux et leur mère, souvent désireuse de conserver sa toute-puissance sur eux, laquelle toute-puissance ne peut que les étouffer à la longue et les noyer dans une symbiose ne permettant pas leur différenciation. Si le père manque à son rôle par son absence physique et émotive, il risque fort de donner naissance à des garçons et des filles manqués, pour paraphraser Guy Corneau[6].

Tout cela confirme que les féministes errent lorsqu'elles essaient de nous faire croire que nous vivons dans un monde dominé par les hommes. Notre inconscient collectif qui s'exprime par nos créations mythologiques n'est pas dupe, lui. Il est vrai que toutes ces mythologies rapportent davantage les hauts faits des dieux mâles, mais on sent toujours que les déesses sont en arrière-scène, comme des «souffleuses[7]» qui, en fait, tirent les ficelles. On constate donc que la mythologie, résultat de l'imagination collective, confirme que nous vivons depuis toujours dans un système matriarcal. Reste à savoir si la mythologie révèle une expérience consciente de l'univers dont l'origine remonte dans la nuit des temps ou si elle n'est que pure production, tout comme un rêve, dont la signification nous échapperait.

Que conclure de ce survol mythique[8] sinon que l'homme constitue la plus belle création de la femme (mer/mère) et que celle-ci lui a donné comme mission de créer et d'organiser le monde physique.

Et n'est-ce pas là ce que les hommes ont tenté de faire depuis plus de 3 000 000 d'années, soit assurer la survie physique de leurs femmes et de leurs enfants ? Et n'est-ce pas là encore la priorité de l'homme moderne : assurer la survie de ceux qu'il aime ? Voilà une première raison d'être fier ! L'homme a été, de tout temps, celui qui a pris charge de la survie individuelle. Les femmes veulent maintenant assurer leur propre survie, leur propre indépendance financière ? Tant mieux !

3. La Genèse

Que pouvons-nous apprendre de notre propre théogonie et mythologie chrétiennes sur les rôles féminins et masculins ? À la suite d'une excellente analyse non conventionnelle de la Bible, et surtout de l'Ancien Testament, Moussa Nabati en arrive à la conclusion que :

> « Le discours féministe de ces trois dernières décennies s'est évertué à dénoncer de façon passionnée, agressive, la responsabilité du patriarcat dans l'intériorisation et l'aliénation de la femme. Il a cru détecter les racines de la misogynie dans notre héritage judéo-chrétien. Ces accusations ont créé et alimenté un climat d'animosité et de violence (guerre des sexes) entre l'homme et la femme, mais ne trouvent aucune confirmation et volent même en éclats au moindre examen. Au contraire, le texte biblique magnifie la femme et glorifie le désir des matriarches. »[9]

Pour lui, le patriarcat n'a jamais existé, même si le devant de la scène sociale, politique, juridique et économique semble être occupé par les hommes. Même si cela était invisible, il est convaincu que nous avons toujours vécu dans un contexte psychologiquement matriarcal. Selon Nabati, le patriarcat est une supercherie féministe, occultant en fait une inégalité et une injustice incroyables.

« On a cherché, pendant plus de vingt ans, à diaboliser le père, à nous persuader que les rapports au sein du couple étaient injustes, basés sur une inégalité au détriment de la femme. On nous a tellement répété que les femmes étaient opprimées, aliénées, infériorisées, méprisées, bafouées, violentées par les machos phallocrates. On a tellement voulu nous faire croire que, dans ces conditions, leur corps, leur désir, leur sexe, leur destin, leur fécondité ne leur appartenaient pas. »[10]

« On » représente évidemment les féministes extrémistes, mais aussi les hommes qui ont acheté ce discours. Il existe au Québec, croyez-le ou non, un regroupement d'hommes contre le sexisme. Quand j'ai téléphoné à leur président, j'ai appris que ce regroupement ne luttait pas contre les préjugés dont les hommes sont aussi victimes, comme je l'avais d'abord cru, mais qu'il possédait une étiquette pro-féministe. Imaginez mon désarroi d'apprendre que ces hommes ne considéraient pas que leurs semblables pouvaient être victimes de sexisme, qu'ils refusaient même de se poser la question et que les « pauvres femmes », elles, devaient être protégées de la méchanceté des hommes. Le thème classique de la Belle et la Bête.

D'après Nabati, c'est par Ève que naquit le genre humain. Si Ève n'avait pas présenté la pomme à Adam, nous serions encore au Paradis, c-a-d. dans le néant. Si Ève n'avait jamais fait connaître, par le symbole de la pomme, la sexualité à Adam, il ne serait jamais devenu masculin, il ne serait jamais devenu homme ; au Paradis, les Anges n'ont pas de sexe, ils sont tous androgynes. Si Adam, tout comme ses milliards de descendants, n'avait pas obéi à Ève, la première femme, nous ne serions jamais sorti de l'utérus divin et n'aurions jamais construit, quoiqu'on en dise, le paradis terrestre dans lequel nous vivons, ou pouvons vivre.

Ceci démontre, contrairement à l'interprétation généralement admise, la grande supériorité féminine puisqu'elle contrecarre, dès la Genèse, les plans de Dieu. Si Dieu est si parfait et si tout-puissant, comment expliquer qu'il se fasse damer le pion par une si «faible» femme. C'est donc grâce a la soi-disant faute d'Ève que nous sommes ici, vivants. Ève est la vraie créatrice de l'humanité, pas Dieu. Cessons d'en faire une victime et de présenter Dieu le père comme un satyre. Remercions plutôt Ève de nous avoir «délivrés de l'Éden infernal» comme le dit si bien Nabati et cessons, hommes, de nous sentir coupables.

On peut même considérer Ève comme doublement fondatrice de l'humanité. «L'homme connut Ève, sa femme. Elle conçut et enfanta Caïn en disant : J'ai acquis un homme avec l'Eternel. Elle conçut et enfanta Abel.» Vous vous rappelez sans doute que Caïn, par la suite, assassina son frère Abel. Ève conçut-elle… une fille ? Non ? Alors, il n'y a qu'une seule explication possible : Ève incesta Abel et de cette union naquit une nombreuse descendance.

4. Les patriarches et les matriarches

Pour tous ceux et celles qui ont lu l'Ancien Testament, vous vous rappelez sans doute qu'Abraham était soumis aux désirs de sa femme Sarah, qu'Isaac l'était à ceux de Rébecca et que Jacob, marié deux fois, le fut à ceux de Léa et Rachel. D'après Nabati, chaque fois que ces matriarches désiraient quelque chose, elles s'alliaient à l'Eternel pour parvenir à leurs fins. Et jamais Dieu ne les contredit ; d'où l'expression, «Ce que femme veut, Dieu le veut !» Jamais Dieu ne punit la femme, sauf Loth, comme il a puni à plusieurs reprises ses patriarches. D'ailleurs, les 613 commandements de l'Ancien Testament s'adressent tous à l'homme, aucun à la femme (Dieu en avait probablement trop peur). C'est comme si l'Ancien Testament avait été écrit par une femme pour dire à l'homme ce qu'il doit et ne doit pas faire, ce qu'il peut et ne peut pas faire. Dieu n'était-il pas plutôt Déesse, alliée d'Ève ? Qui a dit que notre héritage judéo-chrétien était misogyne ? Comment le patriarcat a-t-il pu opprimer la femme si les premiers d'entre eux, malgré leur autorité, ont dû se soumettre aux désirs de leurs partenaires ? Pour Nabati, le rôle des femmes décrit dans l'Ancien et le Nouveau Testament ne démontre qu'une seule chose : l'importance capitale du désir féminin.

La toute-puissance du désir féminin est un thème central dans la nouvelle psychanalyse française. D'après eux, tant hommes que femmes, cette toute-puissance doit être circonscrite par l'homme car, tout comme la mante religieuse, la femme risque de devenir envahissante ou pire, castratrice. Pourquoi les femmes reprochent-elles tant actuellement aux hommes leur peur de l'engagement ? Pourquoi y a-t-il autant de livres écrits sur les femmes qui aiment trop ? Sinon, parce que quelque part le désir féminin risque de devenir abusif, possessif, dominateur ? Les hommes qui ont peur de s'engager intimement dans une relation avec une femme ont généralement eu des mères-poules qui les ont « incestés » au plan émotif[11]. Mais où sont les hommes, les pères, qui doivent protéger leurs enfants contre l'avidité émotive des femmes ? Où sont les hommes, les vrais, pour contrôler le besoin sans fond de communication verbale à couleur émotive des femmes ? Cette exigence des femmes est en train de tuer toute vie de couple harmonieuse car, comme le prouvent de plus en plus d'études sur le sujet, il est faux de croire que la communication peut régler tous les problèmes conjugaux ? Au contraire. J'aurai l'occasion d'y revenir.

5. Biologie, génétique et matriarcat

Si l'on compare l'homme à une automobile, la femme serait le carburant qui fait fonctionner la voiture. Mais qui est le conducteur? Qui décide où doit aller la voiture? À première vue on pourrait croire que c'est la Nature, la vie elle-même qui, dans notre espèce animale, a distribué les tâches entre les deux sexes, le féminin et le masculin[12], mettant ainsi l'homme et la femme sur un pied d'égalité. Mais ne soyons pas dupes. C'est la femme qui contrôle, à son insu peut-être (même si j'en doute), l'existence même de l'automobile. Le mâle a été créé par la femelle parce qu'il constitue la meilleure stratégie pour assurer la survie de la femelle. L'homme est une stratégie de vie au service de la femme. Ce n'est pas pour rien que dans toutes les espèces animales, le mâle est toujours disponible à la sexualité et que, sauf exception, la libido est plus forte chez le mâle que chez la femelle. La biologie, et surtout la génétique, nous le prouve.

À l'origine, la vie s'est d'abord manifestée de façon simple: une cellule, une seule, nommée protozoaire, dont le plus bel exemple est l'amibe. Cette cellule se reproduit par mitose, c-a-d. qu'elle se divise en deux cellules identiques à la première. Est-ce par hasard que les biologistes, au départ des hommes, ont alors parlé de cellule-mère et de cellules-filles ou est-ce qu'inconsciemment ils savaient que le sexe féminin est réellement le sexe biologique de base?

Évidemment, l'évolution a quelque peu complexifié la vie. De protozoaires, elle a développé des métazoaires, ou êtres vivants pluricellulaires. De mitose, elle a développé d'autres moyens de reproduction, dont la reproduction sexuée dans laquelle, essentiellement, deux cellules s'unissent pour former une nouvelle cellule qui se multipliera pour donner un nouvel être vivant. C'est à ce moment que le mâle/père fit son apparition, comme deuxième élément indispensable à la reproduction. La mitose, si elle permettait la survie, avait comme inconvénient de ne reproduire que des êtres identiques qui, à la suite de nombreuses divisions, s'affaiblissaient et disparaissaient. L'avantage de la reproduction sexuée est de perfectionner la race en créant à chaque fois un nouvel être, dont la principale caractéristique, et en même temps le principal inconvénient, est d'être unique, donc... seul.

Que la reproduction se fasse de façon mitotique ou sexuée, il n'en demeure pas moins que chaque être vivant apporte avec lui, dès la naissance, un bagage héréditaire qui prédispose sa destinée. Quoique l'être humain répugne à la notion d'instinct pour lui-même, on constate toutefois que tous les êtres humains ont les mêmes comportements, les mêmes pulsions, tendances, aptitudes ou dispositions naturelles, peu importe la couleur de leur peau ou le milieu culturel dans lequel ils sont élevés. En fait, nous savons aujourd'hui que nous sommes génétiquement programmés pour être ce que nous sommes, entre autres, homme ou femme. Mais il y a parfois des accidents de parcours qui nous renseignent sur la prépondérance d'un sexe sur l'autre, surtout lorsque ces accidents touchent la paire de chromosomes sexuels, soit la 23e paire.

Cette 23e paire est toujours constituée d'un premier chromosome X et d'un deuxième chromosome variable, parfois un 2e X, parfois un Y. La paire XX donne naissance à un fœtus féminin, la paire XY, à un fœtus masculin. Le chromosome X représente le principe féminin, le Y, le principe masculin, comme d'ailleurs nous le démontrent les accidents génétiques, lesquels se manifestent par la présence d'un seul chromosome (syndrome de Turner ou XO) ou par l'ajout d'un 3e X ou d'un 2e Y (syndrome de Klinefelter ou XXX ou XYY).

Lorsqu'il n'y a présence que d'un seul X, l'individu présente toutes les caractéristiques sexuelles féminines et est élevé comme une femme. Ce qui confirme que le véritable sexe de base est le sexe féminin, n'en déplaise à Freud. Lorsqu'il y a présence de XXX, les individus sont triplement féminins et présentent les caractéristiques suivantes : petitesse physique, plus grande sensibilité et timidité, meilleures aptitudes à la communication verbale. Lorsqu'il y a un ajout d'un 2e Y, on constate que ces individus sont de plus grande taille, qu'ils sont plus agressifs et violents et qu'ils démontrent de meilleures aptitudes visuo-spatiales.

Le chromosome fourni par la mère est nécessairement un X, démontrant par là que la femme a tendance à préserver ses acquis. C'est le père qui fournit le X ou le Y par l'intermédiaire de ses spermatozoïdes. Une découverte récente, importante et porteuse de signification, a remis en question la croyance que le spermatozoïde le plus rapide et le plus fort, arrivé en premier, transperçait l'enveloppe de l'ovule pour le féconder. La réalité est tout autre : l'ovule laisse s'approcher plusieurs dizaines de spermatozoïdes et c'est lui qui, finalement, décide lequel aura la permission de le pénétrer. On cherche encore les critères de sélection de l'ovule. Ce processus intra-utérin présage déjà du processus de séduction amoureuse adulte dont les étapes sont bien connues et, on le sait, sous le contrôle de la femme, du moins pour quatre étapes sur cinq[13]. La toute puissance féminine se manifeste donc dès la fécondation.

Fait aussi significatif, 126 ovules sont fécondés par un spermatozoïde Y, mais seulement 108 survivent jusqu'à l'accouchement, 18 étant avortés spontanément. Ce phénomène s'explique par le fait que le corps de la femme perçoit le fœtus mâle, plus que le fœtus femelle, comme un corps étranger. Ce rejet pourrait aussi s'expliquer par le fait que le corps de la femme ne confirme pas le choix de l'ovule, ce mâle n'apparaissant pas à la hauteur, au même titre que la femme éconduit les amoureux qu'elle a d'abord laissé s'approcher. Les fœtus mâles doivent répondre positivement à deux évaluations. Le taux de mortalité infantile masculine supérieur et l'espérance de vie plus longue de la femme démontrent qui est réellement le sexe fort. Il n'y a pas là de quoi avoir honte ; ce ne sont que des constatations, non des jugements.

Toutes les autres paires de chromosomes étant identiques chez l'être humain, les différences entre l'homme et la femme se résument donc exclusivement à la paire (et à la fonction) sexuelle, et encore qu'à la seconde moitié de la 23e paire, soit le X ou le Y. Un chromosome sur 46, soit 2,17 %, différencie l'homme et la femme, mais comme ce X ou Y se retrouve dans chacune des cellules du corps humain, c'est donc l'ensemble du corps, et partant, l'ensemble de la personnalité qui est influencé par cette différence. Cette différence se fait sentir dès la 6e semaine de gestation. Saviez-vous, en plus, qu'à l'origine les organes génitaux des deux sexes sont identiques, mais que les fœtus mâles voient une partie de leurs organes se développer différemment et migrer vers l'extérieur de leur corps, contrairement à ceux du fœtus femelle qui restent en place ? Une autre preuve de la suprématie du féminin.

La réalité est donc que nous sommes toutes conçues femmes, comme nous le prouve l'analyse du développement embryonnaire, mais la présence du chromosome Y va transformer la nature biologique féminine de certaines d'entre nous en nature masculine afin de prendre la responsabilité de fonctions vitales nécessaires à la survie de l'espèce humaine. Le sexe féminin constitue à la fois le sexe de base et le sexe fort. Le sexe masculin ne représente qu'une stratégie économique pour assurer la survie du sexe féminin.

6. Les sociétés animales matriarcales

L'observation des rapports sexuels et de la reproduction de quelques espèces animales nous amène à tirer des leçons fort intéressantes sur les relations homme-femme ; elle nous permet aussi de jeter un nouveau coup d'œil sur le soi-disant patriarcat des mâles. Il s'agit en effet d'observer la nature pour nous rendre compte jusqu'à quel point, lorsque les sociétés animales sont structurées, elles le sont autour de la mère, reléguant souvent le mâle à un simple rôle de géniteur.

Connaissez-vous les vidangeurs ? Ces poissons sont ainsi appelés parce qu'ils suivent les requins pour se nourrir des reliquats des repas de ceux-ci. Les vidangeurs forment généralement des groupes d'une vingtaine de femelles sous la « domination » d'un mâle. Celui-ci trône au milieu de son harem et ensemence chacune des femelles. Ce qu'il y a d'étonnant chez ces vidangeurs, c'est que tous les nouveau-nés, sans exception, naissent… femelles. D'où vient donc le mâle ? De l'intervention d'un Dieu vidangeur ? Nenni ! Lorsque le mâle géniteur se fait vieux et que la qualité de sa semence diminue, l'une des jeunes femelles expulse celui-ci et, son agressivité aidant, elle se transforme en mâle qui, à son tour, ensemencera ses compagnes. Visiblement, il (elle ?) se comporte comme un mâle, mais la réalité, c'est qu'elle est devenue une femelle génitrice. L'exemple du vidangeur nous prouve jusqu'à quel point le mâle constitue une stratégie féminine pour assurer sa survie et la survie de son espèce : le mâle est au service de la femelle.

Pour la majorité des espèces animales, le mâle n'est effectivement qu'un géniteur, un porteur de sperme qui, une fois transvidé, ne sert plus à rien, sauf chez l'hippocampe où le mâle possède une poche incubatrice dans laquelle la femelle vient déposer ses œufs qu'il expulsera à maturité, et chez le manchot empereur où la femelle pond un œuf sur la banquise, puis retourne à la mer pour s'alimenter pendant que le mâle couve l'œuf durant 64 jours sous un repli de peau de son bas-ventre ; pour sauver l'œuf, il perdra la moitié de son poids, parfois sa vie. Dans 98 % des autres espèces animales, c'est la femelle qui, seule, assure la gestation, la naissance et l'élevage des petits. Encore faut-il préciser que pour la majorité de ces espèces, l'élevage se limite à quelques heures, quelques jours, tout au plus quelques semaines pour que les petits puissent survivre d'eux-mêmes. Même lorsque cet élevage dure quelques mois, la mère est généralement seule à accomplir cette tâche. Dans ces espèces, les mâles sont plutôt solitaires et luttent entre eux (rarement jusqu'à la mort) pour être élus par la femelle réceptive.

Souvent, la femelle éloigne le mâle afin de s'occuper elle-même de ses petits. Et tant qu'elle est préoccupée par sa fonction nourricière, elle ne sera plus disponible à l'accouplement. Chez la lionne, par exemple, cette non-disponibilité peut s'étendre sur trois ou quatre années, tant et aussi longtemps que ses petits n'ont pas appris à chasser par eux-mêmes. Ce comportement se retrouve fréquemment chez la femme qui ne recouvre sa libido que quelques semaines, voire quelques mois, après l'accouchement ou qui, suite à un divorce, rend difficile le suivi éducatif du père et se prive de toute vie amoureuse pour se consacrer à l'éducation de ses enfants.

Chez les 2 à 3 % d'espèces animales où le mâle joue un rôle déterminant, les tâches semblent être réparties de façon paritaire. On retrouve ces espèces particulièrement chez les ovipares qui souvent, en plus, sont monogames, du moins le temps d'une saison. La majorité des oiseaux construisent ensemble le nid familial, couvent les œufs à tour de rôle et vont chasser tous les deux pour rapporter la nourriture nécessaire à la survie de leurs oisillons. Les grands pingouins, les fous de Bassan et les inséparables (love birds), pour ne citer qu'eux, font partie de couples égalitaires et monogames à vie. Lorsque l'un des deux meurt, l'autre ne recherche pas de nouveau compagnon ou meurt peu de temps après.

Nulle part chez les 4 000 mammifères répertoriés, à part les loups et l'être humain, on ne retrouve cette tendance au partage égal des tâches et à l'amour qui rime avec toujours. Certains mammifères ont des structures sociales hiérarchisées selon l'âge et le sexe, mais les rivalités existent quand même chez les mâles afin, selon l'encyclopédie Hachette[14], d'assurer une meilleure protection des individus et du groupe, d'augmenter les capacités de chasse et d'éliminer les individus les plus faibles de la reproduction, laquelle a généralement lieu à des périodes prédéterminées, sauf chez la femelle humaine toujours sexuellement disponible.

Les mâles, toujours prêts à l'accouplement, deviennent agressifs lorsque les femelles entrent en œstrus, et se livrent à toutes sortes d'exhibition pour attirer l'attention des femelles qui, une fois enceintes, se désintéressent complètement des prouesses des mâles. Elles s'occupent généralement seules de leurs petits jusqu'à l'atteinte de leur autonomie, laquelle peut prendre quelques jours à 2 ou 4 ans, sauf chez les humains où l'atteinte de l'autonomie retarde continuellement ; elle était de 5 ans à l'âge des cavernes, alors qu'aujourd'hui cette période d'apprentissage dépasse facilement 20 ans. Les mâles participent parfois à l'élevage ; certaines espèces forment des couples le temps que la saison du rut passe ; les couples monogames et permanents sont exceptionnels. Les loups font partie de ces exceptions. Ceux-ci vivent en sociétés très bien structurées et dirigées par les loups les plus âgés. Seuls eux, d'ailleurs, ont le droit de se reproduire. Les couples sont formés à vie et les mâles participent à l'élevage, quoique dans une moindre mesure que les louves.

7. Les insectes

Les hyménoptères rassemblent 6 000 espèces d'insectes, dont les plus connus sont les fourmis et les abeilles. Ces insectes forment des sociétés hautement structurées et hiérarchisées autour d'une reine qui contrôle la vie de milliers «d'esclaves». Les fourmis se répartissent en guerrières, ouvrières, nourrices et fourmis mâles, dont la seule fonction est de féconder la reine. La colonie des abeilles est aussi constituée d'une reine, d'ouvrières stériles et de mâles, appelés faux-bourdons, dont la seule fonction est de féconder la jeune reine vierge lors du vol nuptial.

On pourrait envier la vie de ces insectes mâles, croyant que le reste de leur vie consiste à butiner, folâtrer et batifoler autour de la ruche ou de la fourmilière. Mais attention, la réalité de ces mâles est tout autre. Chez les fourmis, les mâles, inactifs et ailés, sont longtemps confinés au fond de la fourmilière. Lorsqu'ils sortent enfin du nid par une chaude journée d'été, ils sont attirés par les sécrétions odoriférantes de milliers de femelles offertes. Certaines de ces femelles vont même accueillir plusieurs mâles, leur objectif étant d'accumuler dans leur corps le maximum de sperme. Les suites de cette orgie sont funestes : les mâles retombent au sol et meurent de faim peu de temps après, mandibules atrophiées. La fourmi, gorgée de sperme pour des années, fonde sa colonie et asservit toute la fourmilière pour la nourrir et élever ses petits.

Le faux-bourdon subit un sort semblable : il est littéralement castré au moment de la fécondation, la reine mère utilisant son pénis pour boucher son utérus et empêchant ainsi les autres mâles de la féconder. Parfois, le mâle évite la castration pendant l'accouplement ; l'abeille se fait alors féconder par plusieurs autres mâles pour faire provision de sperme. Mais ce n'est qu'un sursis : tous les mâles sont expulsés de la ruche à l'automne et tués ou condamnés eux aussi à mourir de faim. L'espérance de vie des mâles de ces deux espèces : six mois. La ruche et la fourmilière donnent naissance à d'autres mâles le printemps suivant.

Contrairement à la croyance populaire, la mante religieuse ne mange pas systématiquement le mâle qui vient de la féconder ; celui-ci, deux fois plus petit qu'elle, ne risque sa vie que s'il passe accidentellement dans son champ de vision, ce qui arrive toutefois relativement souvent. Pour avoir la vie sauve, il doit se tenir loin d'elle, tout comme l'homme doit se tenir loin des femmes fatales qui les ruinent ou les avilissent. Ce n'est donc pas sans raison que ces femmes cruelles sont parfois étiquetées de mante religieuse. Le mâle est donc considéré, ni plus ni moins, comme une proie par la mante religieuse ou tout au plus comme un géniteur.

Le lion est de tous les félidés le seul qui développe une structure sociale composée de plusieurs femelles nées au sein du groupe et de mâles émigrés d'autres groupes. Les mâles protègent les femelles dont ils reçoivent nourriture et sexe, puisque ce sont les femelles qui chassent. Les mâles vivent entre eux, à distance des femelles et des petits. Serait-ce pour toutes ces raisons que le lion est considéré comme le roi de la jungle ?

8. Les singes

Que se passe-t-il chez nos frères les singes ? Tout comme nous, humains, ils appartiennent à l'ordre des Primates, sous-section Anthropoïdes. Leur ADN est presque identique au nôtre ; c'est pourquoi les scientifiques les considèrent comme nos frères, plutôt que comme nos cousins.

Les 150 espèces de singes existant ont développé trois types de structures sociales.

1. Les groupes multi-mâles, hautement hiérarchisés, dominent les femelles et chassent les mâles du groupe lorsqu'ils arrivent à la puberté.

2. Le harem dirigé par un mâle dominant qui exclut tous les autres mâles, y compris ses propres fils arrivés à maturité. Le chef y est généralement détrôné par un mâle célibataire qui devient chef du harem à son tour.

3. Les couples monogames où la fidélité est de mise. Les gibbons seraient même fidèles à vie.

Chez la majorité de ces espèces toutefois, c'est à la puberté que les petits s'éloignent de leur mère pour s'intéresser de plus en plus au monde des mâles. L'atteinte de cette puberté prend de 1 à 7 ans, sur une espérance de vie de 50 ans. Malgré une structure hiérarchique mâle, ce sont les femelles qui sont chargées de l'éducation à la survie. Par contre, chez les ouistitis et les tamarins, ce sont les mâles qui passent plus de temps avec leurs petits que les femelles, ne laissant les petits à leur mère que pour la tétée. Est-ce dû au fait que ces singes, comme les humains, apprennent par le jeu ? Toutefois, plus les singes vieillissent, plus leurs jeux deviennent violents.

Les espèces monogames sont rares. Dans la majorité, les sociétés de singes sont hiérarchiques et les mâles dominent les femelles. Les babouins, les macaques, les chimpanzés et les gorilles sont tellement intéressés par la dominance sociale qu'ils maîtrisent les jeux politiques des alliances, comme chez l'humain, du moins le mâle humain. Lorsqu'un chef est évincé, les luttes pour le pouvoir peuvent devenir mortelles. Parfois, le nouveau chef tue les petits non-sevrés pour rendre les femelles sexuellement disponibles, afin de se reproduire plus rapidement et assurer ainsi la pérennité de son pouvoir. On constate le même phénomène chez le lion.

La vie animale nous apprend donc que :

1. le mâle est créé par la femelle comme stratégie de survie de l'espèce ;

2. au pire, son utilité se résume à la production de sperme ; il est ensuite ignoré ou éliminé ;

3. au mieux, il devient parfois pourvoyeur et participe à l'occasion à l'élevage des petits ;

4. très rarement, il joue un rôle essentiel dans l'élevage ;

5. parfois, il devient l'ennemi à éloigner pour la sauvegarde des petits ;

6. les mâles aiment jouer, même aux jeux politiques violents ;

7. les espèces monogames et fidèles à vie sont très exceptionnelles.

Toutes les sociétés animales structurées sont matriarcales. Pourquoi en est-il autrement chez les singes et les humains ? Parce que les mâles de ces espèces animales mammifères ont eu l'intelligence de s'élever au-dessus du joug biologique de la femme/mère, et d'exister en tant qu'individus non asservis, se comportant selon des règles développées par leur sexe. Il y a là de quoi être fier ! Mais, attention, cette libération n'est pas encore terminée et est très fragile.

L'un des messages les plus virulents du mouvement féministe est justement ce désir qu'ont les femmes, elles aussi, de se libérer de cette servitude biologique ; certaines vont plus loin et voudraient renier leur mission biologique. N'est-ce pas Simone de Beauvoir, pionnière du mouvement, qui considérait la maternité comme une tare, la négation de la réalisation du soi personnel féminin et qui réfutait toute différence entre les sexes ? L'objectif des féministes extrémistes est de nous refiler cette servitude pour prendre nos places et jouer comme nous le faisons, sauf que nous, les hommes, ne renions pas notre rôle de mâle géniteur, pourvoyeur et protecteur. Nous continuerons de travailler pour améliorer nos conditions de vie personnelle, conjugale, familiale et sociale. Les femmes peuvent compter sur nous ! Mais nous refusons, et refuserons toujours (du moins je l'espère) de nous soumettre au désir de toute puissance des féministes.

9. Les erreurs du féminisme

Les féministes ont cru et croient encore que les hommes, les mâles, ont « pris » volontairement le pouvoir, qu'ils ont comploté pour les asservir et qu'ils complotent entre eux pour le conserver. Elles sont convaincues que, de tout temps, les hommes ont voulu les enfermer, d'abord dans les cavernes, puis dans des maisons toutes équipées. Elles ont accusé les hommes d'avoir partagé les tâches en gardant pour eux les tâches épanouissantes et en leur confiant toutes les tâches ingrates : laver, torcher, cuisiner, changer les bébés de couche… Elles sont assurées que les hommes les réduisent à l'esclavage, qu'elles sont des esclaves au service de leur maître et au service des enfants. Elles ont accusé et continuent d'accuser l'homme d'être celui par lequel leur malheur arrive et d'être le responsable de la situation minable dans laquelle elles vivent depuis le début de l'humanité. Des centaines de livres ont été écrits sur ce sujet.

Heureusement, l'ouragan féministe américain est arrivé pour mettre fin à la suprématie des hommes. Les femmes ont manifesté contre la suprématie masculine : tout ce que les hommes peuvent faire, les femmes peuvent et veulent aussi le faire, et peuvent même le faire mieux. Vive l'égalité, à bas les différences. La femme ne veut plus être un objet. Elle veut libérer son corps de ses carcans : soutien-gorge et corsets. Elle veut faire de la politique, du syndicalisme, s'occuper d'économie, refaire les lois, humaniser la société, aller sur la lune... Qu'à cela ne tienne! Les soi-disant patriarches autoritaires leur font de la place.

Les femmes, grâce à ces féministes, se sont même libérées du joug sexuel dans lequel les tenaient leurs maris. Elles ont pu prendre en main leur sexualité et porté leurs soutiens-gorge au bout d'un bâton pour démontrer leur libération. Grâce à la pilule, découverte par Pincus (un homme), elles ont revendiqué l'orgasme à répétition et par masturbation. Elles ont même organisé entre elles des ateliers de groupe pour apprendre à connaître leur corps, leurs organes génitaux et apprendre à mieux en jouir. Elles ont demandé aux hommes d'exprimer leurs émotions, de leur communiquer verbalement tous leurs états d'âme. Encore là, plusieurs ont cherché à les satisfaire, même si la majorité des hommes ne sait pas vraiment à quoi elles font référence lorsqu'elles leur disent «Chéri, parle-moi!».

Grâce au féminisme, les femmes se sont libérées et sont devenues financièrement indépendantes. Les patriarches ont été détrônés et pris leur «trou». Aucun homme n'a le droit maintenant de dire à une femme quoi faire ou de limiter son autonomie. Mais est-ce une réelle libération? Les femmes sont-elles aujourd'hui dans une meilleure situation qu'il y a 50 ou 100 ans? La femme moderne est-elle plus heureuse que son arrière-grand-mère? Il semble bien que non si on observe la réalité et si l'on se fie aux recherches; ce serait même le contraire : la femme d'aujourd'hui n'a jamais été aussi angoissée.

Quand on constate que le risque de divorce est passé, depuis un siècle, de 5 à 67% pour un premier mariage et à 77% pour un second mariage, quand on constate que 80% des familles monoparentales ont une femme comme soutien de famille, quand on constate le nombre croissant de troubles d'apprentissages et d'échecs scolaires, quand on constate les tueries perpétrées par les adolescents et par de jeunes enfants, quand on constate que l'âge du suicide chez les jeunes continue de descendre, quand on constate que l'indice de natalité continue d'augmenter chez les jeunes filles de 15 à 20 ans, quand on constate le nombre croissant de toxicomanies, quand on constate le nombre grandissant d'unions libres, quand on constate le nombre effarant d'hommes qui se suicident, quand on constate le nombre croissant de drames familiaux se terminant dans le sang... on est en droit de se poser la question à savoir si tout va dans le bon sens ou si on n'est pas en train de faire fausse route. Le soi-disant esclavage conjugal et familial des femmes, prétendument entretenu par le patriarcat, s'est plutôt étendu pour inclure maintenant aussi l'esclavage professionnel; contrairement à ses espoirs, la femme a encore moins de temps pour elle-même et se retrouve de plus en plus souvent seule pour effectuer toutes les tâches nécessaires à sa survie et à l'organisation de sa vie.

L'Humanité est passée d'un style de vie nomade à un style de vie sédentaire, avec le développement de l'agriculture, il y a de cela à peine 20 000 ans. Nous sommes passés d'une famille tribale à une famille nucléaire, toute structurée autour de la mère, quoique patrilinéaire. Ne retrouverons-nous bientôt, si la tendance se maintient, que des familles monoparentales contrôlées à 80 % par les femmes, sans présence paternelle ? Continuerons-nous à nous arracher le pouvoir ou accepterons-nous d'assumer notre mission et nos fonctions d'hommes et de femmes, en exploitant réciproquement nos ressources sexuées ?

Suis-je en train de suggérer qu'il faille revenir aux rôles traditionnels et aux partages sexistes des rôles et des tâches ? Nenni ! Bien au contraire ! Le féminisme avait raison de remettre en question l'égalité des chances afin de faire disparaître des situations inacceptables. Mais le féminisme, en associant l'égalité des sexes à la similarité de ceux-ci, a jeté le bébé en jetant l'eau du bain. On ne s'élève pas en rabaissant les autres. En dévalorisant le rôle vital des hommes et en banalisant, entre autres, la fonction de père (voir chapitre Un père, pour quoi faire) tout en se l'appropriant, les féministes n'ont pas servi la cause de l'humanité.

Les hommes ne sont pas les mauvais garnements décrits par les féministes ; ils ne sont pas les uniques responsables du malheur des femmes. Ils sont, au contraire, remplis de bonne volonté, toujours prêts à innover (ils l'ont fait depuis toujours et le feront probablement toujours) pour améliorer la condition humaine, c-à-d. leur propre situation et celle de leurs compagnes et de leurs enfants. Les hommes et les femmes se retrouvent dans un même bateau, soit l'évolution de l'humanité, bateau qu'ils doivent apprendre à gérer ensemble, bateau qu'ils ont le devoir de mener à bon port en tenant compte de leurs possibilités, connaissances, ressources et limites individuelles. Et cette évolution ne peut se faire que dans le respect mutuel.

Notre société, une société patriarcale ? Laissez-moi rire ! Même Jung qualifiait l'inconscient collectif de féminin. Pour utiliser sa typologie, on pourrait associer l'anima au chromosome X et l'animus au chromosome Y, un X handicapé à qui il manque une patte, disait l'autre. Pour exister, l'animus doit s'extirper de l'anima pour développer ses propres caractéristiques et lutter pour sa survie contre l'anima toujours prête à réintégrer l'animus en son sein. Pour devenir un homme, le petit garçon doit se différencier de sa mère en s'opposant à celle-ci, avec l'aide ou non de son père.

Pour Moussa Nabati,

« Contrairement aux idées reçues, l'une des réussites les plus estimables du patriarcat était d'avoir établi l'égalité, dans la différence, l'égalité entre l'homme et la femme : Tu crées la vie et moi je l'entretiens. Tu n'es pas toute, ni moi rien. Toi pas homme et moi pas femme. »[15]

Moi, Tarzan, ! Toi, Jane !

Résumé du chapitre

Dans ce chapitre, on apprend que :
- Le patriarcat serait une illusion.
- Le sexe de base est le sexe féminin.
- Les hommes ont peut-être le pouvoir social, politique, juridique et économique, mais que le vrai pouvoir, le pouvoir occulte, est entre les mains des femmes.
- Les mythologies font une grande place aux femmes.
- Dieu, lui-même, craint la femme.
- Les patriarches sont au service des matriarches.
- Le désir féminin est tout puissant.
- Le sexe mâle constitue une stratégie de survie de l'espèce femelle.
- Nous sommes toutes conçues femmes.
- 98 % des sociétés animales sont matriarcales.
- Seulement 2 % des espèces vivantes sont monogames et paritaires.
- Le mâle ne sert, au pire, qu'à la reproduction et, parfois, à pourvoir et partager quelques tâches éducatives.
- Les féministes ont erré en associant égalité et similarité des sexes.
- Il ne sert à rien de chercher un coupable et il vaut mieux collaborer selon son potentiel sexué.

2

Les femmes qui haïssent les hommes

Vous croyez que j'exagère en affirmant qu'il existe des femmes qui haïssent les hommes. Pourtant, je suis sûr que vous en avez rencontrées au cours de votre vie. Que, parfois, des femmes puissent détester les hommes pour ce qu'ils ont fait ou ce qu'ils leur ont fait, rien n'est plus compréhensible. Je peux aussi comprendre et accepter qu'elles n'approuvent pas certains comportements mâles ou certaines de leurs priorités de vie. Mais que des femmes érigent en système la haine des hommes, il y a là un pas qu'aucun homme, à mon avis, n'a encore franchi, même s'il existe des misogynes. Vous ne me croyez pas? Lisez ce qui suit[1] et donnez m'en des nouvelles à info@optionsante.com. Si vous dénichez d'autres «perles» du genre, surtout en français, j'aimerais beaucoup que vous me les fassiez parvenir.

C'est la dynamique action-réaction, comme nous l'avons vu, qui permet de comprendre les raisons qui motivent les féministes à montrer les hommes d'un doigt dénonciateur et à les accuser d'être responsables de tous les crimes odieux et tous les actes d'exploitation; elles s'affichent alors en victimes tout à fait innocentes et impuissantes. Mais saviez-vous que s'il y a des dictateurs, c'est parce que des personnes acceptent d'être des esclaves? C'est ce que l'on nomme, en psychologie, la relation sado-masochiste.

C'est cette dynamique action-réaction qui renforce chez l'homme sa tendance à la culpabilité et confirme chez la femme l'illusion qu'elle est exploitée par lui.

La femme passive qui ne fait que réagir doit évidemment refouler des dimensions importantes de sa réalité et ne peut, à la longue, qu'accumuler de la rage, rage exprimée dans les énoncés de ce que certaines femmes ont écrit ou publiquement dit, même si par la suite certaines se sont rétractées ou ont essayé de minimiser le sens de leurs pensées disant que leurs dires étaient sortis de leur contexte. Il est vrai que certaines de ces femmes, par contre, ont fait amende honorable en admettant qu'elles étaient allé trop loin. Mais la plupart ne se sont jamais excusées et continuent de professer leurs perceptions. Les phrases suivantes sont écrites par des femmes d'influence : auteures, éditrices, professeures chargées de cours universitaires sur la condition féminine (Women's Studies programs), stars de cinéma, politiciennes... Donc, de prime abord, des femmes instruites et... intelligentes.

1. L'homme, l'ennemi à abattre

« Je crois que haïr les hommes est honorable et politiquement correct, que les opprimés ont le droit d'haïr leurs oppresseurs.... Établissons une bonne chose une fois pour toutes : les hommes mentent lorsqu'ils disent qu'eux aussi sont victimes de sexisme ; il est impensable qu'il puisse exister un mouvement de libération des hommes... À long terme, la libération des femmes libérera évidemment les hommes, mais à court terme, cela leur coûtera la perte d'énormes privilèges qu'ils lâcheront volontairement ou facilement. Le sexisme n'est pas la faute des femmes : accuser vos pères, pas vos mères. »

Robin Morgan, éditrice de *MS Magazine*

«Mes sentiments au sujet des hommes sont le résultat de mes expériences. J'ai très peu de sympathie pour eux ... Ils ne valent pas un haussement d'épaules. Ce qu'ils sont en tant que personnes, leurs hontes ou leurs désirs me laissent totalement indifférente.»

Marilyn French, *The Women's room*

«J'ai de la difficulté à imaginer l'homme idéal. En tant que je suis concernée, l'homme est le résultat d'un gène endommagé. Les hommes prétendent être normaux, mais tout ce qu'ils font, assis là, avec des sourires insignifiants dans leur face, c'est de produire du sperme. C'est ce qu'ils font tout le temps. Et ils n'arrêtent jamais.» Germaine Greer, en réponse à une entrevue où elle niait avoir déjà dit que «l'homme idéal était une femme avec un concombre.»

«Plus j'ai de renommée et de pouvoir, plus j'ai de possibilités d'humilier les hommes.»

Sharon Stone à une émission de David Letterman

«Je crois que les femmes ont une capacité de compréhension et de compassion qu'un homme, à cause de sa structure, ne peut avoir. Il n'a pas cette capacité parce qu'il ne peut l'avoir. Il en est incapable.»

Barbara Jordan, Former Congresswoman

«Le mâle: (il) représente une variante ou une déviation d'une catégorie de femelles. Les premiers hommes étaient des mutants ... le sexe mâle représente une dégénération et une déformation de la femelle... L'homme: une forme de vie dépassée ... une créature ordinaire à surveiller ... un homme-bébé... Empoisonnement à la testostérone: Jusqu'à maintenant on croyait que le taux de testostérone de l'homme était normal ... Mais quand on considère l'anormalité de leurs comportements, on ne peut qu'émettre l'hypothèse que tous les hommes souffrent d'empoisonnement à la testostérone.»

A Feminist Dictionary, éd. Kramarae & Treichler, Pandora Press, 1985

« Qui se préoccupe des sentiments des hommes ou de leurs supposées souffrances ? Ils ont eu 2 000 ans de domination et regardez le gâchis qu'ils ont fait. C'est maintenant à notre tour. Mon seul commentaire face aux hommes qui n'aiment pas mes propos, c'est tant pis pour vous, et si vous vous mettez sur mon chemin, je vous écrase. »

Liberated Women, Boronia, Herald-Sun, Melbourne, 09.02.1996

« Contrairement aux femmes, les hommes n'ont pas d'ennemi contre qui lutter... C'était facile pour les femmes de diriger leur rage contre le sexe opposé. »

Susan Faladi, *Stiffed : The Betrayal of the American Man*

« À quel point, les hommes obsédés et assoiffés de pouvoir qui achètent du matériel pornographique impliquant des enfant, sont-ils différents de tous ces hommes dits « normaux » qui sont convaincus de la nécessité d'être violents et de conquérir sexuellement la femme, et qui croient avoir la permission de le faire ? »

Gloria Steinem, éditrice

« Les femmes sont réduites à l'impuissance parce que les hommes contrôlent tous les mécanismes fondamentaux de notre système social. » Kate Millet, *Sexual Politics*

« Si on enseignait aux hommes que la femme est supérieure, nous aurions une foule de petits garçons pleurnicheurs dans les bras et ils s'accrocheraient à nos jupes. Mieux vaudrait qu'ils continuent de croire qu'ils sont les maîtres de la situation et que nous continuions de nous appuyer sur eux, de dépendre d'eux pour les contrôler et les manipuler comme nous l'avons fait jusqu'à maintenant. » Anonyme

« L'ovule, cent fois plus gros que le spermatozoïde qui le fertilise, contient tout le bagage génétique dont l'enfant aura besoin. La femme constitue donc le sexe originel, le sexe de base, la norme biologique dont l'homme est seulement une déviation.»

Rosalind Miles, *Times Higher Educational Supplement*

2. La sexualité masculine
ou l'asservissement des femmes

«Tous les hommes sont des violeurs, et rien d'autre.»

Marilyn French, *The Women's Room*

«J'affirme qu'il a viol chaque fois que la relation sexuelle n'est pas initiée par la femme, à partir de son désir et dans un contexte de sincère affection.» Robin Morgan, *Theory and Practice; Pornography and Rape*, 1974

«Jusqu'ici, dans ma vie, la sexualité a été quelque chose de banal, au mieux un acte de tendresse, au pire une corvée. Je ne comprends pas pourquoi on en fait un tel plat.»

Robin Morgan, *The Demon Lover*, 1989, p. 229

«Le viol est l'exemple parfait de la sexualité masculine dans une culture patriarcale, c'est l'ultime symbole de la domination, de la violence, de l'assujettissement et de la possession.»

Robin Morgan, éditrice de *MS Magazine*

«La relation hétérosexuelle est l'expression la plus pure, la plus formalisée du mépris pour le corps de la femme... Le viol est le modèle hétérosexuel primaire de la relation sexuelle. Le viol est le modèle primaire de l'amour romantique. Le viol est le moyen par lequel une femme est initiée à sa féminité, telle que définie par l'homme... Le viol est la conséquence logique d'un système de définitions de la normalité. Le viol n'est pas excessif, ni aberrant, ni un accident, ni une erreur, c'est l'incarnation de la sexualité telle que définie par la culture.»

Andrea Dworkin, *The Rape Atrocity and the Boy Next Door*

« Si le violeur professionnel doit être distingué du mâle hétéro-sexuel dominant moyen, cette différence ne peut être qu'essen-tiellement quantitative. »

Susan Griffin, *Rape : The All-American Crime*

« Les rapports hétérosexuels sont anti-féministes. »

Ti-Grace Atkinson, *Amazon Odyssey*, p. 86

« Le viol n'est rien d'autre qu'un processus plus ou moins conscient d'intimidation par lequel tous les hommes maintiennent toutes les femmes dans un état de peur. »

Susan Brownmiller, *Against Our Will*, p. 6

« Quand une femme orgasme dans les bras d'un homme, elle colla-bore avec le système patriarcal, elle érotise sa propre oppression. »

Sheila Jeffrys

« L'homme moyen, y compris l'étudiant de gauche moyen, veut un objet sexuel passif, une ménagère et une infirmière pour enfants qui nettoie ce qu'il salit, pendant qu'il joue à l'homme d'affaires important ou à Che Guevara : cet homme est mon oppresseur et mon ennemi. »

Martha Selly, poétesse

3. La famille, principal obstacle à la libération des femmes

« Comment réussir à détruire l'unité familiale ? ... afin que les femmes puissent établir une communauté d'entraide et de combat collectifs. En quittant leur mari, les femmes se sentiront plus libres et deviendront économiquement indépendantes, soit par le travail ou l'assistance sociale. » Roxanne Dunbar, *Female Liberation*

«La croyance que la famille basée sur un couple marié est supérieure est probablement le préjugé le plus envahissant de l'Occident.»
Judith Stacey

«Les féministes présentent le mariage comme un moyen dangereux d'opprimer les femmes et de les rendre esclaves.»
Barbara Findlen, *MS Magazine*, 1995

«Nous ne ferons pas disparaître les inégalités entre les hommes et les femmes tant que nous n'aurons pas détruit le mariage.»
Robin Morgan, *Sisterhood Is Powerful,* p. 537

«Les féministes critiquent depuis longtemps le mariage parce que c'est un lieu d'oppression, de dangers et d'esclavage pour les femmes.»
Barbara Findlen, Is Marriage the Answer?
MS Magazine, may-june 1995

«La majorité des femmes/mères mettent de côté ce qu'elles ont d'unique et d'humain lorsqu'elles se marient et élèvent des enfants.»
Phyllis Chester, *Women and Madness*, p. 294

«Nos recherchent nous indiquent que 50 % des femmes mariées sont battues.»
Lenore Walker, *SF Chronicle*

«Le mariage est une institution dérivée de la pratique du viol. Le viol devint mariage suite à la capture. Le mariage signifie que le viol perdure dans le temps, il devient un signe de propriété.»
Andrea Workin

«La famille nucléaire doit être détruite et remplacée par une meilleure façon de vivre… Les familles supportent l'oppression en séparant les individus en petites unités isolées, incapables de s'unir pour défendre des intérêts communs.»
Linda Gordon, *Functions of the Family*

« La famille rend possible la sur-exploitation de la femme en les conditionnant à voir le travail extérieur comme secondaire à leur vrai rôle... Dans la baise, tout comme dans la reproduction, la sexualité et l'économie sont inextricablement liées. Dans les sociétés patriarcales, les femmes représentent la chair ; les femmes sont des objets sexuels. L'homme qui désire une femme veut du sexe. Il peut le voler (prostitution), le louer sur une longue période (mariage style américain) ou le posséder complètement (mariage dans la majorité des autres sociétés). Un homme peut faire l'un ou l'autre ou les trois, encore et toujours. »   Andrea Workin, *Letters from a War Zone*

« Nous vivons un véritable retour aux valeurs familialistes » déplore Michèle Asselin, coordonnatrice de la Coalition féministe pour une transformation du système de santé et des services sociaux.
Rapporté par la *Gazette des femmes*, vol. 23, no 1, p. 8

La principale menace à l'égalité s'avère... les enfants. Parce qu'ils rendent les femmes pauvres.   Élizabeth Fox-Genovese,
Gazette des femmes, vol. 20, no 3, p. 24

Comment voulez-vous qu'avec de tels messages, les femmes en général ne développent pas de suspicion envers les hommes ? Comment voulez-vous réagir à de tels énoncés ? Par le silence ? Les féministes vous affirmeront que : Qui ne dit mot, consent, prouvant par là qu'elles ont raison. Par la défensive ? Elles répliqueront qu'on ne se défend pas lorsqu'on ne se sent pas attaqué, ce qu'elles utilisent encore pour prouver qu'elles ont raison. C'est une voie sans issue que nous ne pouvons trouver que malheureuse. Il n'y a aucun doute que ce type de féminisme se dirige dans la mauvaise direction et qu'il est aussi nuisible aux femmes qu'aux hommes. Heureusement que toutes les féministes ne sont pas aussi extrémistes et que le véritable féminisme se dissocie de plus en plus de ces « dérapages ».

4. Les hommes qui détestent les hommes

Il n'y a pas que des femmes qui détestent les hommes, certains hommes aussi ne peuvent sentir leurs semblables. À preuve, Martin Dufresne, porte-parole du Collectif masculin contre le sexisme, dont nous reproduisons intégralement l'article intitulé : *Où en est la mysogynie ?*[2] présenté lors d'un rappel du malheureux événement de l'École Polytechnique :

> «Onze ans après l'acte terroriste de Polytechnique, que l'on persiste à qualifier d'isolé, les indices se multiplient d'une montée et d'une banalisation de la haine sexiste chez les hommes, une haine attisée par le «mouvement masculiniste».

> On recense à ce jour plus de 600 femmes et enfants tués par des hommes au Québec depuis le 6 décembre 1989, ces meurtres sexistes constituant, d'année en année, une proportion croissante de l'ensemble des homicides, soit de 28 à 35 % en 11 ans.

> Maintenant qu'ils ne peuvent plus imposer le silence à ce sujet, des hommes utilisent d'autres stratégies pour rendre acceptable leur violence anti-femmes :

> a) accusations hautement médiatisées d'une violence équivalente chez les femmes ou de «fausses allégations», montées de toutes pièces à l'aide de statistiques biaisées et de cas d'exception montés en épingle ;

> b) valorisation d'une «agressivité naturelle» que les hommes devraient réinvestir au nom de l'éternel masculin (Guy Corneau), ce qu'ils font au sein du Réseau Homme-Québec ;[3]

c) chantage à la castration des garçons par un système scolaire qui brimerait leur «expression» (Cloutier/Dulac) et que l'on s'affaire à réformer pour y favoriser ouvertement *Les boys*;

d) humour machiste omni-présent qui vend, par exemple, des voitures avec des images de femmes ligotées et bâillonnées (Guy A. Lepage/Ford Focus).

Sous les images médiatiques de «bons pères s'occupant de leurs enfants», il importe de reconnaître le «lobbying» incessant des groupes de pression masculinistes qui regroupent surtout des agresseurs (batteurs d'enfant, violeurs d'enfants) et des voleurs de pensions alimentaires. Connaissez-vous seulement le programme politique de ces groupes, financés par l'État, accueillis dans nos CLSC et exploitant toutes les tribunes pour attaquer leurs ex-conjointes et réclamer le retrait aux femmes et aux enfants des droits les plus élémentaires ? Par exemple, en plus de se battre contre la perception automatique des pensions, le Groupe d'entraide aux pères et de soutien à l'enfant (GEPSE)[4] réclame l'arrestation et l'interrogatoire policier des femmes battues qui appellent le 911, soit disant pour «décourager les menteuses». Cela se fait déjà aux États-Unis où les masculinistes sont encore plus organisés et les femmes battues n'osent déjà plus appeler à l'aide.

Le Gouvernement canadien parle d'une réforme imminente de la Loi sur le divorce, où l'État fédéral abolirait le droit à la garde des enfants et, en grande mesure, le droit à une pension alimentaire. Cet immense pas en arrière est une des principales revendications du mouvement masculiniste. En pratique, il équivaudrait à supprimer le divorce comme sortie de secours pour les mères et enfants victimes d'agressions intra-familiales.

Aujourd'hui où tous et chacun tentent de nous convaincre que les femmes ont été assez ou même «trop loin», parce que «les hommes souffrent», n'oublions pas que c'est l'idéologie misérabiliste du mouvement de plainte des hommes qui a poussé jusqu'au *gynocide*[5] l'assassin de l'école Polytechnique; Lépine citait mot pour mot les arguments masculinistes dans la lettre qu'il a laissée pour bien intimider les femmes qu'il n'avait pas pu tuer.

Aujourd'hui où nous nous remémorons les 14 femmes abattues, il y a 11 ans, soyons solidaires des 586 autres femmes et enfants tombés depuis pour la même raison: la stratégie de certains hommes de mettre les privilèges masculins à l'abri de l'équité. Et notre trop grande tolérance face à eux.»

Même si tous s'accordent sur l'horreur du drame de l'École Polytechnique, utiliser ce drame pour mettre dans le même panier tous les hommes qui veulent faire respecter leurs droits et appliquer la justice de façon égale pour tous relève de la plus pure démagogie. À croire qu'il n'y a que lui à avoir raison contre tous les hommes (scientifiques, universitaires, professionnels) qui se questionnent et cherchent une justice pour tous, hommes ou femmes. Une telle attitude provocatrice ne peut qu'engendrer des réactions toutes aussi extrêmes telles celles de certains groupes d'hommes qui les mettent en garde contre des regroupements de femmes prêtes à venir en aide aux hommes, comme l'Association des secondes épouses et conjointes du Québec[6] ou The Second Wife Ressource Center[7]. Ces hommes accusent les secondes épouses d'être aussi des ex-femmes qui oppriment leur premier mari et que, même si elles semblent aider les hommes, elles ne le font que pour des intérêts purement personnels et égoïstes. D'après eux, les hommes doivent se méfier de ces secondes épouses, car si jamais leur couple tourne mal, elles se retourneront contre leur deuxième mari, révélant ainsi leur véritable nature vicieuse et cupide. Ce genre de polarisation ne sert évidemment ni la juste cause des femmes, ni celle des hommes, et ce sont nos enfants qui risquent le plus d'en souffrir.

C'est ce même Martin Duchesne qui accuse Guy Corneau[8] d'être «Le plus macho des Québécois, le plus attendrissant, celui dont l'apparente sensibilité, l'apparent pacifisme redore le rêve et recrée l'effet de séduction tout en redonnant ses lettres de noblesse à l'agressivité «essentielle», à l'homme et au pouvoir masculin.»

D'après Martin Dufresne,

> «On voit les médias inventer de toutes pièces des hommes battus, assassinés, dépossédés d'enfants qu'ils n'ont jamais réclamés; tout le monde cite le cas d'un homme qu'ils connaissent que son divorce a réduit à la pauvreté la plus abjecte, serait-ce le même pour tout le monde, la plupart du temps un gars qui a volé son ex-famille durant des années et qui joue au martyr pour faire annuler ses arrérages et recommencer à zéro? Des pères se plaignent haut et fort dans Le Journal de Montréal de ne pas avoir vu leur enfant depuis trois ans, sans préciser que c'est parce qu'ils sont en tôle pour inceste ou meurtre de leur ex-conjointe, ou, plus souvent, en fuite pour continuer à ne pas verser de pension alimentaire à ces mêmes enfants... Tout se passe comme si, après savoir refusé la symétrie aux femmes, les hommes se drapent dedans pour maquiller le sens véritable d'une virilité devenue péjorative.»[9]

Il conclut sa démonstration en affirmant que la «perception de la position masculine (est) foncièrement inégalitaire, par stratégie de constitution d'identité dominante.» Comme loup dans la bergerie, on ne fait pas mieux.

Ce genre de démonstration provoque généralement la démonstration inverse, comme nous le prouve Rick Zubaty[10] dans son livre *Surviving the Feminization of America* :

> «Les femmes américaines sont les plus saines, les plus choyées et les mieux protégées de toute la planète. On ne les oblige pas à aller à la guerre, dans les mines de charbon, à étendre de l'asphalte ou à poser des briques. Les femmes reçoivent du bien-être social grâce au travail des hommes. Les femmes sont une majorité exaltée, non une minorité victimisée.»

On n'en sort pas. Et on accuse l'autre sexe d'être de mauvaise foi.

Certains hommes décident volontairement de se mettre du côté des féministes, d'épouser leur discours et de combattre leur propre sexe. Par contre, d'autres, en toute bonne foi, sont les victimes de leur propre sentiment de responsabilité qui souvent se transforme en sentiment de culpabilité et d'auto-flagellation. C'est ainsi que Ashley Montagu[11], anthropologue mondialement reconnu et dont les contributions dans le domaine des sciences sociales et biologiques sont incontestables, a pu exprimer tout au long de son œuvre de graves accusations contre les hommes tout en encensant les femmes.

> «La femme crée et alimente la vie ; l'homme a automatisé et détruit la vie… La femme aime le genre humain ; l'homme agit comme s'il le détestait… La femme a la responsabilité d'enseigner à l'homme à être humain… Parce qu'elle a dû être généreuse, patiente, maternelle et

se sacrifier, la femme sait plus que l'homme ce que signifie être humain… La femme s'est profondément engagée à vivre tandis que l'homme semble s'y être superficiellement engagé. Comparez l'amour d'un homme pour une femme à l'amour d'une femme pour un homme et vous verrez un écart qui ressemble à celui qui existe entre un petit ruisseau et le vaste et profond océan. »[12]

La bonne foi de Montagu ne peut être mise en doute ; on ne peut que déplorer qu'il se soit fait piéger par le discours féministe. Il a par la suite regretté d'avoir écrit ce livre qui donnait aux femmes des arguments biologiques de se croire supérieures aux hommes. Montagu n'est pas le seul à s'être fait piéger. Le psychiatre Lester Gelb écrivait dans un essai : «J'ai réfléchi plusieurs années avant de m'apercevoir qu'une femme avait le plus souvent raison lorsqu'elle disait que nombre d'hommes voulant la fréquenter étaient des vauriens. »[13]

On pourrait aussi se demander si les politiciens, des hommes en majorité, ne détesteraient pas aussi leurs semblables : au Canada, on reporte d'année en année le même nombre de nouveaux cancers du sein et de la prostate, soit environ 18 000. Or, en 1997, le budget annuel consacré à la recherche sur le cancer du sein était de six millions de dollars, celui du cancer de la prostate, de 600 000 $. Autre exemple : les subventions accordées aux groupes d'aide pour hommes en difficulté sont dérisoires par rapport aux montants accordés aux groupes d'aide pour les femmes en difficulté.

5. La mauvaise foi féministe

Tous les hommes le savent : peu importe ce qu'ils font, il y a toujours quelque chose qui cloche. Le plus grand reproche que mes clients hommes ont le plus souvent répété au cours de mes vingt-cinq années de pratique psychothérapeutique, c'est que les femmes critiquent tout le temps. Peu importe ce qu'ils font pour essayer de leur plaire, ce n'est jamais suffisant. Ce qui se vit individuellement et quotidiennement dans le couple s'observe aussi au plan social.

Par exemple, depuis longtemps, les femmes demandent aux hommes d'être plus tendres, plus sensibles, plus expressifs, plus romantiques, plus sociables, plus compatissants... Les féministes ont fait toute une liste de récriminations, d'accusations et de demande de changements : les énoncés mentionnés ci-dessus sont un résumé de leurs perceptions. Quand les hommes admettent le bien fondé de leurs perceptions (certaines vraies, d'autres exagérées, d'autres complètement fausses), agissent en fonction de ces demandes et s'organisent en groupe d'hommes pour amorcer des changements, croyez-vous qu'elles applaudissent. Non ! Lisez plutôt ce qu'en pense Elizabeth T. Knuth[14] :

« Quand les hommes affirment solennellement qu'ils essaient d'intégrer leur côté féminin ou d'aimer la femme qui existe en eux, je reçois ça comme la plus grande hérésie mâle. Pourquoi se préoccuperaient-ils de femmes réelles en chair et en os quand ils ont le béguin pour la femme qui existe en eux-mêmes ? »

Un auteur, malheureusement inconnu, a concocté un petit test pour évaluer les attitudes féministes envers les hommes et le sexisme, test qu'il a appelé Male Gender Bias Test[15] et dont vous pouvez retrouver la version originale sur le Web. Je me suis amusé à en faire l'adaptation.

1. Les féministes se plaignent depuis longtemps que les femmes sont traitées comme des objets sexuels. Par exemple, les annonceurs font la promotion de leurs produits en

mettant en valeur le corps féminin. Si les choses étaient inversées et qu'à partir de maintenant seul le corps de l'homme était ainsi exploité, les féministes

a) se plaindraient que le corps de la femme n'est pas traité de la même façon que celui de l'homme ;
b) se plaindraient que le corps de l'homme est mieux considéré que le corps de la femme ;
c) cesseraient de se plaindre.

2. Les féministes se plaignent qu'il existe un double standard sexuel qui profite aux hommes. Ce standard encourage l'activité sexuelle des hommes et dévalorise l'activité sexuelle des femmes. Si les choses étaient inversées et que maintenant on encourageait l'activité sexuelle des femmes et dévalorisait l'activité sexuelle des hommes, les féministes

a) se plaindraient que ce nouveau double standard frustre les femmes qui voudraient davantage de sexe qu'il y en a de disponible ;
b) se plaindraient que le double standard enlève du pouvoir aux femmes en les rendant dépendantes de l'offre sexuelle ;
c) cesseraient de se plaindre.

3. Depuis le début du mouvement d'émancipation féminine, les féministes se sont plaint du chauvinisme mâle qui fait passer les dames en premier. Si les choses étaient inversées et qu'on demandait maintenant aux femmes de laisser les hommes passer et s'asseoir en premier, les féministes

a) se plaindraient que les rôles féminins sont des rôles de service ;

b) se plaindraient que les femmes américaines soient traitées comme les femmes musulmanes ;

c) cesseraient de se plaindre.

4. L'une des premières victoires des femmes fut de changer la tradition qui donnait aux ouragans des noms de femmes. Alléguant que nommer les tempêtes d'après le nom de femmes renforçait le stéréotype que les femmes sont dangereuses et imprévisibles, les féministes ont insisté pour qu'il y ait un nombre égal de dénominations masculines. Si les choses étaient inversées et que l'on avait toujours utilisé des noms d'hommes pour désigner les ouragans, les féministes

b) se seraient plaint que le pouvoir de ces tempêtes était associé seulement au masculin ;

c) se seraient plaint que le nom des femmes n'était pas considéré ;

d) ne se seraient jamais plaint.

5. Devant le fait que seuls les hommes pouvaient faire leur service militaire, l'Organisation Nationale des Femmes s'est plaint que l'exemption des femmes perpétuait l'idée de l'impuissance et la dépendance des femmes, et que cela empêchait les femmes de faire carrière dans l'armée. Si, à partir de maintenant, on ne forçait que les femmes à faire leur service militaire, les féministes

a) se plaindraient que les lois sont plus exigeantes pour les femmes que pour les hommes ;

b) se plaindraient qu'on mette leur vie en danger pour protéger la vie des hommes, ce qui signifierait que la vie des hommes a plus de valeur ;

c) cesseraient de se plaindre.

6. La majorité des divorces est initiée par les femmes. Les féministes proclament que cela confirme que les femmes doivent se libérer par elles-mêmes de relations insatis-faisantes et opprimantes avec leur mari. Si les choses étaient renversées et que les hommes initiaient la majorité des divorces, les féministes

   a) se plaindraient que les hommes abandonnent leurs familles et refusent d'assumer leurs responsabilités;
   b) se plaindraient que les hommes ont peur de l'engage-ment et de l'intimité;
   c) cesseraient de se plaindre.

7. Les féministes se plaignent que le niveau de vie des femmes chute lorsqu'elles divorcent (elles perdent un gagne-pain), alors que celui des hommes divorcés s'élève (il perd ses enfants). Si les conséquences du divorce étaient maintenant inversées et que les femmes perdent leurs enfants alors que le niveau de vie des hommes chute, les féministes

   a) se plaindraient qu'il n'y a pas pire perte que la perte de ses enfants;
   b) se plaindraient du fait que, si le divorce fait baisser le niveau de vie, c'est une façon insidieuse d'encourager le mariage parce que celui-ci augmente le niveau de vie;
   c) cesseraient de se plaindre.

8. «Si les hommes pouvaient devenir enceints, l'avortement serait un sacrement» entend-on fréquemment. Actuellement, d'après le magazine *Glamour*, un peu plus d'hommes que de femmes sont en faveur de l'avortement. Si les choses changeaient et que seulement les hommes vivaient des grossesses et se faisaient avorter, les féministes

a) se plaindraient que les hommes ne veulent pas accepter les conséquences de leur conduite sexuelle ;
b) se plaindraient que les hommes en faveur de l'avortement sont typiquement des hommes violents ;
c) cesseraient de se plaindre.

9. Lors d'un débat télévisé, une féministe se plaignait récemment que de limiter les rôles de bouffons aux hommes enlevaient des opportunités aux actrices. Si les choses étaient inversées et que seules les actrices faisaient des bouffonneries, les féministes

a) se plaindraient que la télévision ne présente que des images négatives des femmes ;
b) se plaindraient que la télévision fait la promotion de la misogynie ;
c) cesseraient de se plaindre.

10. Une autre commentatrice féministe se plaignait aussi dernièrement que les seuls produits d'hygiène personnel annoncés à la télévision étaient des produits féminins. Elle se plaignait que ces annonces ne respectaient pas l'intimité des femmes. Si les choses changeaient et que seulement les produits d'hygiène pour hommes étaient annoncés, les féministes

a) se plaindraient que les annonceurs ignorent les consommatrices ;
b) se plaindraient que la société ne se préoccupe pas de la santé et de l'hygiène des femmes ;
c) cesseraient de se plaindre.

11. Les féministes se plaignent que le rôle d'initiateur des relations est un exemple du pouvoir mâle. Elles disent que les hommes peuvent aborder n'importe quelle femme qui leur plait alors que les femmes doivent attendre que les hommes aillent vers elles. Si les choses s'inversaient et qu'à partir de maintenant ce soit seulement les femmes qui initient les contacts amoureux, les féministes

    a) se plaindraient que les hommes ne veulent pas prendre l'initiative de faire les premiers pas;
    b) accuseraient les hommes d'avoir un ego trop sensible pour se mettre dans des situations de rejet potentiel;
    c) cesseraient de se plaindre.

12. Les féministes disent que les hommes couvrent les femmes de bijoux afin de symboliser leur succès et leurs richesses. Si, maintenant, c'étaient les femmes qui devaient orner les hommes de bijoux, les féministes

    a) accuseraient les hommes d'être vaniteux et exigeants;
    b) se plaindraient d'être obligées de faire des dépenses pour entretenir des relations avec ces hommes;
    c) cesseraient de se plaindre.

13. Les femmes consultent les psychiatres beaucoup plus souvent que les hommes. Dans son livre *Toward a New Psychology of Women*, la Dre Jean Baker Miller se plaint que la discrimination dont sont victimes les femmes provoque chez elles plus de problèmes d'ordre psychologique. Si les choses étaient inversées et que la majorité des hommes étaient les patients, les féministes

    a) diraient que les hommes sont psychologiquement perturbés;

b) se plaindraient que le système médical ne s'occupent que des besoins des hommes ;

c) cesseraient de se plaindre.

14. Lors d'une émission télévisée sur le suicide, il fut démontré que les hommes se suicidaient quatre fois plus souvent que les femmes. L'invité féministe dit que les hommes étaient chanceux qu'on ne les ait pas conditionnés à la passivité et que, lorsqu'ils avaient un problème, ils pouvaient toujours réagir d'une façon ou d'une autre. Si, au contraire, c'était les femmes qui se suicidaient quatre fois plus souvent que les hommes, les féministes

a) se plaindraient que la vie est à l'évidence plus difficile pour les femmes que pour les hommes ;

b) se plaindraient que la violence envers les femmes est si forte qu'elles apprennent à la retourner contre elles-mêmes ;

c) cesseraient de se plaindre.

15. Une chroniqueuse du *Boston Globe* se plaignait de la discrimination des lignes aériennes qui accordaient des compensations moindres lorsque les victimes d'accidents d'avion étaient des femmes. Ces compensations sont basées sur les revenus projetés, lesquels sont en général moindres pour les femmes. Si la situation était inversée et que les familles des femmes décédées lors d'accidents d'avion recevaient des compensations supérieures, les féministes

a) se plaindraient de la discrimination faite aux veuves parce que les compensations qu'elles recevraient lors de la mort de leur mari seraient moindres ;

b) se plaindraient que les hommes sont évalués en tant qu'êtres vivants alors que les femmes deviennent des sources potentielles de revenus, une fois mortes ;

c) cesseraient de se plaindre.

16. Dans un article du magazine *Glamour*, Beth Cannon faisait écho à une chroniqueuse féministe affirmant que « le monde appartient aux hommes » en expliquant que c'était générale-ment les hommes qui payaient les dépenses du couple. Si maintenant la situation était inversée et que les femmes payaient les dépenses lors des sorties de couple, les féministes

a) diraient que les hommes exploitent les femmes ;

b) se plaindraient d'être obligées de pourvoir aux besoins des hommes ;

c) cesseraient de se plaindre.

17. Jane Bryant Quinn écrit une chronique sur les 55-64 ans dans *Newsweek*. Elle fit un jour ressortir que le pourcentage d'hommes toujours au travail avait diminué autour de 67 % alors que le pourcentage de femmes continuant de travailler était stable (à 45 %). Elle expliquait que c'était parce que les femmes gagnaient moins que les hommes qu'elles étaient obligées de continuer de travailler plus longtemps. Si la situation était inversée et que c'était le taux des travailleuses qui diminuait à 67 % alors que le taux des travailleurs restait stable à 45 %, les féministes

a) se plaindraient que 67 % des femmes soient obligées de travailler contre seulement 45 % des hommes, prouvant par le fait même que les femmes travaillent davantage que les hommes ;

b) se plaindraient que la récession touche davantage les femmes qui travaillent ;

c) cesseraient de se plaindre.

18. Dans la controverse des implants mammaires, les médias ont fait remarquer que les personnes qui font appel à la chirurgie esthétique sont des femmes en très grande majorité. Une critique féministe s'est plainte que les chirurgiens plastiques préféraient opérer les femmes car elles devenaient impuissantes sous anesthésie. Si la situation était inversée et que ce soit surtout les hommes qui fassent appel à la chirurgie esthétique, les féministes

a) se plaindraient que les hommes sont vaniteux ;

b) se plaindraient que le système médical dominé par les hommes ne profitent qu'aux hommes ;

c) cesseraient de se plaindre.

19. Les féministes se plaignent que le système médical dominé par les hommes développe davantage des produits contraceptifs pour les femmes parce que les hommes refusent de prendre leurs responsabilités dans la contraception. Si la situation était inversée et que les hommes pouvaient choisir parmi un large éventail de produits contraceptifs alors que les femmes ne pouvaient obtenir que des chirurgies contraceptives difficilement réversibles ou ne pouvaient compter que sur des condoms minimisant leurs sensations érotiques, les féministes

a) se plaindraient que les femmes ont peu de choix comparé aux hommes ;

b) se plaindraient que les femmes qui ne veulent pas subir de chirurgie et qui veulent conserver tout leur potentiel de sensations érotiques deviennent dépendantes de leur partenaire pour le contrôle des naissances, donnant ainsi aux hommes le contrôle total de la capacité de reproduction ;

c) cesseraient de se plaindre.

20. Dans un rapport sur le sexisme dans les écoles, l'American Association of Women University s'est plaint que les professeurs discriminaient les filles en ne les critiquant pas aussi souvent que les garçons. Pour les féministes, la critique constructive peut aider l'évolution de l'enfant, et ces professeurs en privent les filles. Si, au contraire, les professeurs étaient maintenant plus critiques envers les filles, les féministes

a) se plaindraient que les garçons ont plus de liberté ;
b) se plaindraient que les garçons profitent de la sympathie de leurs professeurs ;
c) cesseraient de se plaindre.

21. La Dre Francis Conley, qui démissionna de son poste de professeure au Standard University's School of Medecine parce qu'elle ne pouvait tolérer davantage le sexisme de ce bastion machiste, s'est plaint que les médecins praticiens considéraient davantage les femmes comme clientes potentiels à traiter. Si, maintenant, ces praticiens considéraient davantage les hommes comme clients potentiels, les féministes

a) se plaindraient que les médecins prennent les besoins des hommes plus au sérieux ;
b) se plaindraient que les médecins ignorent les maux exprimés par les femmes ;
c) cesseraient de se plaindre

22. Une offensive féministe du début des années 90 força le système médical à investir davantage de ressources pour la santé des femmes, laquelle santé était pourtant évaluée meilleure que celle des hommes. La plainte principale était que les expérimentations s'effectuaient davantage sur des sujets hommes. Si, maintenant, ces expérimentations se faisaient davantage sur des sujets femmes, les féministes

   a) se plaindraient que les femmes sont traitées comme des cobayes ;
   b) se plaindraient que les femmes sont considérées comme rentables ;
   c) cesseraient de se plaindre.

23. Une commentatrice sportive déclara que la gymnastique féminine est devenue l'événement médiatique le plus populaire des Jeux Olympiques. Elle accusa de sexisme les hommes qui regardaient ces jeunes gymnastes habillées de justaucorps ; elle déclara qu'observer les nageuses et les coureuses était aussi du voyeurisme. Si, à partir d'aujourd'hui, les sports olympiques féminins recevaient moins d'attention de la part des médias, les féministes

   a) se plaindraient que les hommes ne savent pas apprécier les femmes fortes, talentueuses et habiles ;
   b) se plaindraient de discrimination contre les femmes sportives ;
   c) cesseraient de se plaindre.

24. Une étude américaine sur l'activité sexuelle posa la question suivante : « Quel est le meilleur moment de la relation sexuelle ? » Parmi les principales réponses des hommes, la plus populaire fut : « L'orgasme de ma partenaire. » Cette

réponse ne figurant pas au palmarès des femmes, les féministes accusèrent les hommes d'être plus préoccupés de performances que d'intimité. Si la réponse des hommes avaient été : « Mon propre orgasme », les féministes

a) accuseraient les hommes d'être centrés sur eux-mêmes ;
b) se plaindraient que les hommes ne se préoccupent pas du plaisir des femmes ;
c) cesseraient de se plaindre.

25. Lors d'une entrevue, Gloria Steinem déplora que, dans les films érotiques, on ne montrait que la femme en train de jouir. Elle se plaignait que « les hommes se contrôlent et ne veulent pas paraître vulnérables. » Si, à partir de maintenant, les réalisateurs ne montraient dans leurs films que des hommes en train de jouir, Mme Steinem

a) déclarerait que la sexualité féminine est jugée trop « sale » ou menaçante pour être montrée dans ces films ;
b) se plaindrait que le plaisir féminin ne stimule pas les hommes et amène les femmes qui visionnent ces films à se sentir coupables ;
c) cesserait de se plaindre.

Accordez-vous un point à chaque fois que vous avez répondu c) et aucun point pour les réponses a) et b). Si, d'après l'auteur, vous avez plus de 0 points, vous possédez une vision très irréaliste des politiques féministes.

Autre exemple de mauvaise foi féministe. Il existe en France un mouvement pour la **parité**. Ces féministes ne luttent pas seulement pour obtenir l'égalité des droits (politique, intellectuel, économique, exécutif, administratif…) et des chances (éducation, emploi…), elles veulent **obliger** toutes les organisations (gouvernementales et privées) à être composées également d'hommes et de femmes. Au plan politique, par exemple, chaque département devrait élire un homme **et** une femme pour siéger au Parlement. Passe encore si, effectivement, le nombre de candidats potentiels et de candidates potentielles est égal, mais que se passe-t-il s'il y a cinq candidats pour une candidate? Où est la justice? Où s'en va la démocratie?

Mais il y a pire. Elles voudraient élargir le corps électoral à l'ensemble réel des citoyens (hommes, femmes et enfants) afin de donner un poids politique aux familles. Les parents, dans ce scénario, obtiendraient un bulletin de vote pour les enfants mineurs dont ils sont juridiquement responsables et voteraient pour lui, après discussion. À défaut d'entente entre les parents, celui des deux qui est effectivement chargé de l'éducation de l'enfant exercerait ce droit.

Comme 50 % et plus des couples divorcent et que 80 % des enfants se retrouvent sous la garde de leur mère, cette parité devient le germe de la «matriarchie[16]». Pour Alain-Gérard Slama[17], la parité exigée par les féministes est anti-démocratique et la discrimination positive constitue la base du totalitarisme. Que la parité existe au niveau des droits, des chances et des moyens (y compris financiers), soit! Mais, l'imposer comme résultat serait ouvrir la boite de Pandore qu'utiliseraient tous les groupes minoritaires. Pour lui, le pouvoir politique (la souveraineté) appartient au peuple et ne peut être divisé entre homme et femme. L'obligation de résultat serait contraire au libre choix de l'électeur.

Dernier exemple de mauvaise foi féministe. Créé en 1988 par Michèle Dayras, radiologue, Françoise d'Eaubonne, écrivaine, et Fabienne Siegwart, SOS Sexisme[18] est un excellent site internet très actif dont l'objectif principal est de **lutter contre le sexisme sous toutes ses formes** et d'effectuer des recherches scientifiques, historiques et culturelles nécessaires pour cette lutte. J'y suis abonné depuis fin 1999 et je n'y ai encore vu aucune dénonciation de sexisme envers les hommes, sauf peut-être les homosexuels. On n'y parle que de sexisme et de violence faites aux femmes dans le monde. Malgré tout le bien-fondé de cette démarche, ce site manifeste aussi une mauvaise foi car, à mon avis, la lutte contre le sexisme ne doit pas être sexuée, elle doit être humanisée. C'est l'être humain, homme ou femme, qui doit être libéré du sexisme. Les femmes, tout comme les hommes, peuvent aussi être sexistes. J'espère que ce chapitre vous en convainc.

Il est toutefois évident que je ne peux qu'être d'accord avec les actions de ce regroupement, lesquelles s'articulent autour des droits suivants des femmes : libre disposition de leur corps, autonomie financière, halte à la violence contre les femmes, lutte contre la montée de l'ordre moral (islamisme, Opus Dei, intégrisme juif orthodoxe). Il n'y a que leur dernière action qui me grafigne, soit la solidarité internationale avec les femmes victimes du **patriarcat.**

6. Égalité, similarité ou parité.

Comme les règles du jeu sont différentes pour les hommes et les femmes, égalité signifie la plupart du temps être traité par l'autre sexe comme on se traite à l'intérieur de son sexe. Quand les hommes traitent les femmes à égalité, ils les traitent de la même façon qu'ils traitent les autres hommes. Par exemple, les hommes se lancent continuellement des défis, sont en compétition les uns avec les autres, se testent tout en s'amusant et, vainqueurs ou vaincus, vont aller prendre une bière ensemble pour discuter de ce qui est arrivé et des stratégies utilisées de part et d'autre. Ils apprennent ainsi l'un de l'autre.

Pour les femmes, être traitées en égale signifie 1. être traitée par l'homme comme les autres femmes les traitent, c'est-à-dire avec des égards pour ses sentiments, par exemple, et 2. faire en sorte qu'il y ait toujours deux gagnantes, quitte à changer les règles du jeu en cours de route pour que toutes les joueuses soient gagnantes et puissent continuer d'être en relation harmonieuse. Pour les femmes, égalité signifie similarité, et même parité comme on l'a vu. Pour elles, être à égalité ne veut pas dire être traitée comme un homme : elles se sentent alors insultées. Il est difficile d'imaginer, pour reprendre l'exemple ci-dessus, qu'après une négociation où l'homme serait le vainqueur et la femme vaincue, que les deux aillent fêter leur « bataille », car la femme aurait l'impression d'avoir été bafouée et que l'homme n'a pas tenu compte d'elle en tant qu'être humain, alors que pour l'homme cette « bataille » n'est qu'un jeu. À l'inverse, si c'est la femme qui est vainqueur[19] et l'homme vaincu, croyez-vous qu'elle accepterait d'aller fêter sa victoire avec un adversaire qu'elle a vaincu ?

Quoique les hommes et les femmes parlent le même langage, la conception que tous deux ont des mots est très différente et les deux demandent rarement à l'autre la signification des mots utilisés : les deux partent du principe que l'autre comprend le message qu'il envoie, ce qui n'est malheureusement pas le cas et qui explique la « guerre des sexes ». C'est le psychologue Herb Goldberg[20] qui, déjà en 1979, écrivait que le mouvement de libération des femmes naît de la rage de celles qui ont l'impression d'être les victimes des hommes. Pour elles, l'homme est l'oppresseur, l'escroc, le dominateur, le prédateur, l'exploiteur, le misogyne, le phallocrate tandis que la femme est l'opprimée, la proie, la maltraitée, l'exploitée, la calomniée, la passive, la victime faible et sans reproche. Non seulement, il disait que cette conception de la femme opprimée par l'homme malveillant était déséquilibrée, injuste et sans valeur psychologique et scientifique, mais il ajoutait que :

« Pour chaque phallocrate qui exploite une femme, il y a une femme qui se sert de la timidité, de l'impuissance, de la ruse et d'autres moyens de manipulation féminins pour arriver à ses fins et inciter l'homme à prouver qu'il est fort et dominateur, qu'il veut réussir et n'a jamais peur, qu'il est un protecteur puissant. Pour chaque femme qui est frigide parce que son mari est insensible et brusque, il y a un homme insensible et brusque parce que sa femme est frigide. »[21]

7. Le paradoxe du féminisme

On peut diviser les féministes en deux groupes en fonction de l'importance qu'elles donnent, ou non, aux différences sexuelles. Le premier groupe minimise ces différences et les explique par l'influence du milieu culturel. Ces féministes réductionnistes énoncent alors qu'il n'existe aucun obstacle fondamental à ce que les femmes puissent occuper les mêmes places que les hommes dans le monde des affaires, de la politique, de l'économie et de la religion, et ce dans la même proportion que les hommes. Et qu'en retour, les hommes peuvent s'impliquer dans le monde de l'éducation, des soins, de l'émotivité exactement de la même façon que les femmes le font. Les rôles sexuels et les fonctions sexuelles sont, pour elles, facilement interchangeables.

L'autre groupe, au contraire, accentue ces différences et impute à la biologie la responsabilité d'avoir fait des hommes des agresseurs, des violeurs, des abuseurs d'enfants, des guerriers... des êtres inhumains, quoi! Ce qui les disqualifie de faire partie de la civilisation moderne. Les femmes doivent donc prendre la relève et le pouvoir pour «humaniser» la planète, ce que, d'après ces féministes extrémistes, les femmes peuvent faire bien mieux que les hommes.

La réalité est que la nature a créé des différences entre les hommes et les femmes et que, quelque part, cette nature devait certainement avoir de bonnes raisons pour le faire. Et je suis profondément assuré qu'une de ces raisons est que la nature veut que les hommes et les femmes agissent ensemble et de façon complémentaire.

Résumé du chapitre

Dans ce chapitre, on apprend que :
* Il existe des femmes qui détestent les hommes.
* Pour ces femmes, l'homme constitue l'ennemi no 1.
* Des femmes considèrent toute activité sexuelle comme l'expression de la domination violente des hommes.
* La famille constitue le principal obstacle à la libération des femmes
* Certains hommes aussi détestent les hommes et épousent le discours féministe, volontairement ou inconsciemment.
* Il existe une mauvaise foi féministe qu'un simple test peut révéler.

* Même lorsqu'elles auront obtenu la parité, les féministes continueront d'exiger d'autres privilèges.
* Les hommes et les femmes diffèrent quant à la définition de l'égalité.
* La meilleure façon de lutter contre le sexisme, c'est de lutter contre tous les sexismes, peu importe le sexe qui en fait les frais.
* Il existe au moins deux formes de féminisme.

3

Les préjugés
contre les hommes

Les hommes font-ils quelque chose de correct aujourd'hui? On pourrait en douter, à entendre les féministes qui les décrivent comme insensibles, mauvais au lit, dangereux pour les enfants, incapables d'exprimer leurs émotions, incapables de réelle intimité, incapables de contribuer à la vie de famille… L'augmentation des fausses accusations de viol, les énormes pensions alimentaires à payer, les enfants confiés à 80 % aux mères lors du divorce, la discrimination positive en faveur des femmes sur le marché du travail, la présentation d'une mauvaise image des hommes dans les films, télé-séries et annonces publicitaires, les incessantes accusations de harcèlement sexuel et l'incarcération beaucoup plus fréquente des hommes[1]… sont autant d'exemples de cette misandrie, cette haine des hommes.

Sans aller jusqu'à dire que les hommes font pitié, il faut faire quelque chose, et vite, pour combler l'abîme qui sépare de plus en plus les sexes afin de sauver la génération de garçons qui nous suit. À plusieurs reprises au cours des années passées, lorsque je disais que je travaillais à la rédaction d'un livre sur la condition masculine avec une ligne directrice pro-hommes, les femmes réagissaient sur un ton ironique disant: «Ah, oui! C'est vrai, hein, ces pauvres petits hommes…», alors que les hommes s'enflammaient pour dire qu'il y avait effectivement des hommes qui subissaient des injustices et qu'il fallait agir. Par contre, les femmes réagissaient très positivement lorsqu'au lieu de parler des préjugés contre les hommes, je leur disais que j'écrivais un livre pour dire aux hommes comment se tenir debout devant la nouvelle femme moderne.

Qu'est-il arrivé à la réputation de l'homme ? Il fut un temps où « être homme » signifiait être admiré et envié. Une véritable « andro-phobie » a déferlé sur le monde occidental moderne, nourrie par un féminisme extrémiste accusant l'homme d'être la source de tous les maux de l'histoire de l'humanité. Assez, c'est assez. Nous devons proclamer notre droit et notre fierté d'être homme, sans honte ni culpabilité. Il nous faut revaloriser la masculinité et recons-truire des modèles de masculinité générateurs de repères sains pour les jeunes des deux sexes. Il nous faut agir, plutôt que de se limi-ter à réagir aux attaques féministes sur la vilenie masculine. Devrions-nous créer un Conseil du Statut de l'Homme ou de la Condition Masculine ? La question est posée.

La condition masculine a mauvaise presse. L'homme est actuelle-ment le seul sujet sur lequel on peut déblatérer sans risque de réactions. À preuve les différents préjugés[2] suivants.

Préjugé #1 : Tout homme est un violeur en puissance

Qui, parmi la génération des baby-boomers, ne se souvient pas du film québécois *Mourir à tue-tête*[3], l'un des films les plus bouleversants que j'ai eu l'occasion de visionner, et au début duquel la réalisatrice montre une horrible scène de viol présen-tée, non pas comme un acte sexuel violent, mais comme l'expres-sion du pouvoir de l'homme sur la femme ? Qui, parmi les hommes qui ont vu ce film, n'en a pas regretté la fin tragique, le suicide de la victime, malgré un fiancé on ne peut plus présent, compa-tissant et affectueux qui, après tous ses efforts, démissionne devant l'incapacité, ou le refus, de cette femme violée de sortir de ce traumatisme ? Qui, parmi ceux qui ont analysé ce film, n'a pas compris que le message de la réalisatrice était de faire passer tous les hommes, même ceux qui sont aimants et présents, comme des violents et des violeurs en puissance ?

De tous les préjugés anti-homme, celui-ci est probablement le plus dommageable de tous. Les statistiques féministes veulent nous faire croire qu'une femme possède une chance sur huit d'être victime de viol. Certaines « études » féministes disent même qu'une femme mariée sur trois est victime de viol conjugal. Pourtant les statistiques officielles démontrent que seulement une femme sur 200 risque annuellement d'être victime de viol ou de tentative de viol (ce qui reste néanmoins inacceptable). Vous avez en fait plus de risques, dans une proportion de 5 à 1, de vous faire voler votre voiture que d'être victime de viol.

Loin de moi l'idée de laisser croire que le viol n'existe pas ou qu'il n'est pas un traumatisme épouvantable. Le seul point que je veux faire ressortir est qu'il est dommageable pour tous de présenter l'homme comme une bête assoiffée de sexe toujours prêt à sauter sur la femme. « Tous les hommes sont des violeurs et c'est tout ce qu'ils sont. » fait dire Marilyn French a l'une de ses protagonistes de *The Women's room*[4]. Il existe des violeurs qui doivent être empêchés de nuire ou, dans le meilleur des cas, être traités.

Cette image de l'homme violeur est dommageable pour l'homme lui-même, victime de cette étiquette, lequel peut trouver suspecte sa propre sexualité. Ce préjugé est aussi dommageable pour sa partenaire, et la femme en général, laquelle percevra le côté intrusif de la sexualité masculine comme un acte agressif et violent. C'est dommageable pour nos garçons qui hésiteront à s'identifier à un tel homme/père violeur en puissance. C'est dommageable, enfin, pour nos filles, qui seront toujours sur leurs gardes dans le processus de séduction et auront peur de faire confiance aux hommes.

Il est triste de constater que cette propagande anti-homme a mené des millions de pères à s'éloigner de leurs filles devenues adolescentes de peur d'éprouver des réactions sexuelles, réactions somme toutes compréhensibles, mais contrôlables. Ces filles vivent l'éloignement paternel non pas comme une protection de leur sexualité, mais comme un abandon au moment même, comme l'a bien démontré Guy Corneau[5], où elles ont tellement besoin d'être confirmées dans leur féminité naissante.

Il est tout aussi triste de constater que cette propagande a mené des professeurs à refuser de toucher leurs étudiantes adolescentes et éviter de se retrouver seul à seule avec l'une d'entre elles, dans leur bureau ou ailleurs. Ils n'osent plus leur exprimer de chaleur humaine ou les encourager physiquement dans leur apprentissage. Ceux qui ont passé outre à cet interdit l'ont payé très cher. On ne compte plus les fausses allégations de harcèlement sexuel de la part de jeunes filles, se sentant appuyées par cette même propagande, pour se venger de leurs professeurs, peu importe les motivations à la base de ce désir de vengeance.

La pire histoire jamais rapportée concerne un étudiant noir, de surcroît handicapé, de l'université de la Californie du Sud (USC)[6] qui fut arrêté par cinq gardes de sécurité armés et trouvé coupable d'intimidation verbale pour avoir dit à l'éditrice en chef du Feminist Law Review qu'il la trouvait « belle ». Elle s'était sentie sexuellement harassée et l'accusait d'être un danger public permanent parce qu'il avait aussi, selon les témoignages d'étudiants en lois féministes, dit à d'autres femmes qu'il les trouvaient « magnifiques » (gorgeous). Que lui serait-il arrivé s'il les avait traitées de « laiderons » (ugly) ?

D'un côté, les mères se plaignent de l'absence d'implication des pères dans l'éducation des enfants et la vie de famille, et de l'autre côté, les féministes présentent les hommes comme la pire des menaces pouvant exister pour les enfants. On installe des tables pour changer les couches dans les toilettes publiques pour homme, mais on organise un branle-bas général lorsqu'un homme amène sa fille de quatre ans dans les vestiaires de piscine des hommes[7] alors que les femmes posent le même comportement sans qu'il y ait la moindre objection. C'est ce double standard que je réfute.

Il y a quelque temps, aux différentes chaînes québécoises de TV, passa une annonce de savon « bon pour la peau de bébé » pendant laquelle on voit la main d'une femme descendre tout le long du corps du bébé, de la tête aux pieds, en passant évidemment sur les fesses rebondies de celui-ci. Imaginez ce qu'eut été la réaction des associations féministes si cette main avait été celle d'un homme ! Rappelez-vous leur réaction, presque hystérique, suite à l'annonce par affiche de la bière Old Milwaukee « Le bon goût est dans la bière », sur laquelle on voyait une jolie femme à côté d'une bouteille de bière. Même *la Gazette des femmes*[8] y a fait référence. La compagnie récupéra la controverse en remplaçant la femme par un homme. Cette idée humoristique fit disparaître toute réaction, mais l'agence de publicité avait atteint son but : faire connaître cette sorte de bière. Elle ne savait pas qu'elle serait fortement aidée par les associations féministes.

Préjugé #2 : L'homme est un être violent

D'après Lenore Walker, du San Francisco Chronicle, les recherches indiquent qu'une femme américaine mariée sur deux est victime de la violence des hommes. Selon Adair[8], il y aurait aux États-Unis une femme battue par un homme à toutes les huit secondes. Plus près de nous, le québécois George Dupuy, auteur de *Coupable d'être un homme*, nous confirme les mêmes chiffres et nous rapporte des titres de journaux démontrant la méchanceté des hommes : «99 % des femmes de la région métropolitaine de Toronto subissent des sévices sexuels, au dire d'un panel» (*Toronto Star*, 30.06.93) ; «50 % des femmes rapportent des agressions» (*Globe and Mail*, 19.11.93). Il rajoute que, malgré les preuves scientifiques de la violence des femmes, les médias en parlent rarement. La croyance : la femme victime/l'homme violent. Le tabou : la femme violente/l'homme victime.

La différence entre les hommes et les femmes concernant la violence conjugale réside dans le fait que les femmes se sont très bien organisées pour lutter, non pas contre la violence conjugale, mais contre la violence faite aux femmes autant dans le cadre du mariage que dans le cadre social et professionnel. D'après George Dupuy, «On peut se réjouir de leur succès grandissant. Sauf que ce succès a conduit à une aberration auprès de la police : sur simple dénonciation ou allégation, une femme peut priver son conjoint de son logement et de ses enfants.»[10]

Lorsqu'on utilise la définition de la violence conjugale élaborée par les femmes, on se trouve confronté à un paradoxe : d'après cette définition, ce serait les femmes qui seraient plus fréquemment violentes que les hommes. Toutefois, les statistiques démontrant la violence des femmes ne sont pas médiatisées tout simplement parce qu'elles viendraient contredire la propagande de l'homme violent : ce n'est pas «in» de parler de violence féminine, malgré son horrible réalité. C'est beaucoup plus vendeur de parler des voyeurs, des exhibitionnistes, des pédophiles, des violeurs et tueurs d'enfants en série[11], des pères et frères incestueux et autres perversions mâles. L'homme est la bête sexuelle, pas la pauvre femme. Espérons que cela va changer.

La réalité semble être que les hommes sont beaucoup moins violents que les statistiques nous le font croire et que les femmes seraient plus violentes que la réalité statistique et médiatique nous renvoie (voir chapitre La violence faite aux hommes). De plus, selon Alan Dershowitz[11], professeur de Droit à l'université Harvard,

«Les nouvelles données suggèrent fortement que les meurtres familiaux ne sont pas fondamentalement dirigés des hommes vers les femmes, tel que présenté par les féministes radicales et les médias. C'est plutôt la conséquence psychologique d'une violence familiale issue de toutes parts, générée par des interactions familiales passionnelles. Sous-estimer cette composante psychologique importante entraîne une fausse perception qui retarde le traitement approprié et la guérison.»

En gros, pour Dershowitz, la violence, masculine ou féminine, n'est pas le problème, mais la conséquence d'un problème à rechercher dans les interactions homme-femme. Il existe tout un réseau de maisons pour femmes violentées et beaucoup de services et de spécialistes leur viennent en aide; l'équivalent pour les hommes victimes de violence conjugale n'existe pas.

La prévalence de la violence masculine est un mythe. Elle est égale, sinon inférieure, à celle des femmes. Sortez et observez: vous constaterez que la majorité des hommes maîtrise très bien leur force physique, partant leur violence, si telle elle existe. L'homme, avant de passer aux gestes violents, envoie des messages à sa partenaire dont les principaux sont la hausse du ton et l'injonction (la supplication?) «Arrête!». Ce n'est que lorsque tous ses signaux n'ont pas été entendus que l'homme frustré s'affirmera par la violence physique.

Encore faut-il distinguer les conduites des personnes. Ce n'est pas parce que, une fois, un homme a posé un geste violent, que cela fait de lui un homme violent. Un geste colérique ne fait pas de l'homme un agresseur à vie. Tout comme ce n'est pas parce qu'il existe un tueur en série que cela fait de tous les hommes des tueurs en série potentiels.

La violence n'est pas masculine, elle est humaine. Les hommes, les femmes, les enfants tous utilisent la violence, la subissent et en souffrent. La racine de la violence est à rechercher dans les blessures et les souffrances plutôt que dans la génétique ou les hormones. Sans blessure ni détresse, selon Pierre l'Heureux, animateur de l'atelier sur le pouvoir lors du 1er forum québécois sur la condition masculine, aucun être humain ne serait violent. On ne naît pas violent, on apprend à l'être. La violence n'est pas que physique, elles est aussi verbale, émotive, sociale, économique et politique.

Préjugé #3 : L'homme abuseur d'enfants

Les enfants sont malheureusement souvent victimes d'abus physiques ou sexuels. L'abuseur est souvent présenté comme un inconnu qui surveille les enfants à la sortie de l'école pour leur offrir des cadeaux et ainsi gagner leur confiance afin de leur faire un mauvais parti : les violer, les vendre sur le marché de la prostitution infantile, les torturer et même les tuer et marchander leurs organes. Il est aussi présenté comme le père autoritaire et autocratique qui utilisera la violence physique pour assurer son pouvoir patriarcal, souvent à la demande de la mère. Même si les cas de figure présentés ici sont malheureusement réels, ils ne représentent qu'une infime partie de la réalité.

D'après une étude de David Thomas[13], les infanticides sont, au Royaume-Uni, plus fréquemment le fait des mères sur des enfants de moins d'un an que le fait de leurs pères. Il a mis en évidence le fait que les statistiques officielles ne comptabilisent pas ces infanticides dans la catégorie des meurtres et, de plus, que les mères sont rarement condamnées pour ces crimes. Elles sont plutôt «justifiées» ou «excusées» par la dépression post-partum, l'isolement ou le stress intense. Par contre, il est impossible d'obtenir des fonds de recherche pour essayer de comprendre et d'aider les hommes abuseurs afin d'élaborer des stratégies de prévention. Toujours d'après Thomas, la violence masculine est présentée comme intrinsèque et ne peut en aucune façon être excusée : on ne peut excuser la «bête» perverse qui existe en tout homme. Par contre, les mères violentes sont perçues comme les victimes de leur environnement ou de leurs tempêtes hormonales. Le phénomène du double standard ne se fait pas qu'à l'encontre des femmes, les hommes aussi en sont parfois les victimes.

Dans le domaine de la sexothérapie et psychothérapie modernes, sciences fortement influencées par la présence féministe, la mode est à la recherche d'incestes occultés dont les effets nocifs pourraient se faire sentir 30 ou 40 ans plus tard. Si vous avez des problèmes psychologiques, sexuels, relationnels ou conjugaux, c'est que vous avez probablement dû être incestée dans votre jeune âge. Si vous le désirez, on pourrait utiliser l'hypnose ou l'association libre pour retrouver ce souvenir enfoui dans votre inconscient. Et de partir, des heures durant, à la recherche ou à la construction de (faux) souvenirs d'incestes ou d'abus sexuels dont le coupable ne peut évidemment qu'être le père, le frère, le grand père, l'oncle, le beau-père ou un ami (masculin) de la famille.

La majorité des enfants a vécu des activités sexuelles, la plupart avec des enfants de leur âge, parfois avec des enfants plus âgés de quelques années, plus rarement (mais c'est déjà trop) avec des adultes et ce, études et témoignages à l'appui, sans aucun préjudice sur leur développement sexuel ou affectif. La plus célèbre de ces études fut réalisée par le Dr Michael Baurmann[14] auprès de 8 000 enfants allemands impliqués dans des activités sexuelles avec des adultes (des deux sexes). Celle-ci a démontré que la plupart d'entre eux n'avaient subi aucun dommage physique ou émotif. Ce qui n'est évidemment pas un prétexte pour excuser ou justifier la pédophilie.

Pourquoi l'abus sexuel, généralement accompli sans violence physique, serait-il plus dommageable pour l'enfant que l'abus physique ou le fait d'avoir été privé d'amour parental ou humilié ? Voilà une question qu'il est interdit de poser. Toutes les demandes de subventions de recherche pour investiguer cette question ou la question de la violence féminine sont systématiquement déboutées : ces subventions ne sont pas « politically correct ». Et l'on essaie de nous faire croire que la politique est sous le contrôle des patriarches.

Encore une fois, la perception de la réalité, la fausse croyance en la vilenie des hommes et l'interprétation catastrophique des abus peuvent provoquer des réactions pires que la réalité de ces abus. Les rares recherches et commentaires d'enfants « abusés », sexuellement ou physiquement, jettent une nouvelle lumière sur la situation. Dans de nombreux cas, la réaction exagérée ou hystérique des parents, surtout les mères, à de tels évènements ou le trop grand zèle de certains spécialistes à la recherche de conséquences négatives de tels « traumas » ont provoqué plus de dommages que la situation elle-même. Des dommages irrémédiables ont ainsi été causés à des enfants selon, entre autres, la Dr Marietta Higgs du Australian Middlesborough Hospital[15].

Que l'on me comprenne bien : je ne nie pas les dommages causés par les sérieux abus physiques ou sexuels. Je dis qu'il faut être vigilant et sensible à la réaction des enfants et dédramatiser la situation plutôt que de l'empirer. La déculpabilisation est beaucoup plus thérapeutique que l'exagération et la dramatisation. Faire à une petite fille des commentaires tels : « Mon Dieu, que va-t-il arriver de toi ? » « Cela doit être à cause de ce que ton père t'a fait que tu es comme ça ! »…, et relier tous ses comportements « inadaptés » à l'abus, cause à court, moyen et long terme, plus de dommages qu'une attitude d'écoute non accusatrice face à un souvenir qui s'effacera avec le temps. Sinon, nous serions probablement tous des handicapés, émotifs ou sexuels.

Préjugé #4 : L'homme irresponsable

Si vous feuilletez les magazines féminins ou regardez les annonces publicitaires mettant en scène des pères et des enfants, vous vous rendrez compte que l'image présentée est loin d'être favorable aux hommes. Au contraire, les messages sous-jacents laissent entendre que les hommes ne savent pas s'occuper des enfants, qu'eux-mêmes sont de grands enfants, qu'ils ne sont pas nécessaires à l'éducation des enfants, qu'ils ne savent pas comment aimer ou aider leurs enfants, qu'ils ne savent pas comment entrer en contact avec ceux-ci… Avez-vous remarqué que le médecin de la famille est toujours Dr Maman, que c'est elle qui sait quel est le bon médicament, même lorsqu'un pharmacien, mâle de surcroît, est présent[16]. Et pourtant, il n'y a pas si longtemps, c'était « Papa a raison ! »[17]

Ce qu'il faut comprendre ici pour sortir du dilemme de l'homme/père irresponsable, c'est que les critères utilisés pour évaluer les comportements des pères sont élaborés par les femmes. Si l'homme agit comme sa femme le lui a demandé, il est responsable ; s'il agit de bonne foi, à partir de ses propres critères masculins, il est irresponsable ; s'il n'utilise pas la bonne façon, c-à-d. celle de la mère, il ne sait pas comment faire. Et évidemment la bonne façon passe nécessairement par la communication verbale, sur-utilisée par les femmes, et l'expression des émotions.

S'il tire les bébés dans les airs, s'il les élève à la dure, s'il garde le silence lorsqu'il partage des activités avec ses enfants (par exemple, lorsque qu'il va à la pêche ou pratique des sports avec eux), tout cela ne peut être utile aux enfants. Les enfants ne pourront pas ainsi apprendre à s'élancer dans la vie, maîtriser les situations difficiles ou développer une vie intérieure et réfléchir avant de parler. Non, d'après certaines féministes, l'éducation doit se faire par la parole, de préférence émotive, et non pas par l'action physique. Pourtant, tous les psychologues vous le confirmeront, les enfants, surtout les garçons, apprennent par le jeu, c'est-à-dire l'action.

Une recherche effectuée par le sociologue Michael Bittman pour l'Office for the Status of Woman[18] prouva, si on tenait compte du travail rémunéré des hommes et des femmes, en plus du travail non rémunéré effectué à la maison, que les femmes travaillaient au total moins d'une heure de plus par jour que les hommes, lorsque les deux sont sur le marché du travail. On met, comme toujours, la pression sur l'homme/père pour qu'il en fasse toujours plus, pour qu'il soit non seulement un pourvoyeur de sécurité financière, mais aussi un pourvoyeur de soins aux enfants, de petites attentions à sa femme et un pourvoyeur de sécurité émotive pour tous. Et c'est exactement ce que la majorité des hommes cherchent à faire toute leur vie pour ceux qu'ils aiment.

Les femmes veulent que leur prince charmant se transforme en roi tout puissant pourvoyant à tous ses sujets. De nombreuses recherches anthropologiques démontrent que ce «pouvoir royal» est le facteur principal de séduction qui attire les femmes, féministes ou non, que les femmes épousent un «potentiel» et non pas un homme humain ayant droit à l'erreur et à la possibilité de ne pas toujours être à la hauteur des aspirations de leur partenaire. Pourtant, ma pratique psychothérapeutique (conjugale et sexuelle) m'amène à ne pas douter de la bonne foi des hommes qui voudraient tout faire pour satisfaire les attentes de leurs femmes et faire d'elles des reines.

Quand il n'agit pas selon les normes ou attentes de sa femme, l'homme est alors accusé de faire exprès pour ne pas comprendre; il est culpabilisé, traité d'irresponsable, d'incompétent. Quand, au contraire, il réussit à pourvoir à toutes les attentes de sa partenaire, il se fait dire par les féministes qu'il doit cesser d'être un simple pourvoyeur. Il est facile de comprendre que dans ces conditions de plus en plus d'hommes démissionnent ou refusent de s'engager. Les hommes ne sont pas foncièrement différents des autres êtres humains: encouragez-les, félicitez-les, approuvez-les, ils feront des merveilles. Critiquez-les, ils démissionneront et vous aurez raison de les qualifier d'irresponsables. Mais qui est le (la) véritable responsable dans cette dynamique?

L'ex-ministre démissionnaire du Gouvernement québécois, Lise Payette, alors responsable du Conseil du Statut de la Femme, a dit, ou écrit quelque part:

> «Les hommes se plaignent de ne plus avoir de modèles, de ne pas savoir ce que nous, femmes, voulons. Nous leur avons proposé d'être des hommes roses; ils ont accepté, et nous sommes déçues. Comment voulez-vous qu'ils répondent à nos demandes si celles-ci ne sont pas claires?»

Se doutait-elle jusqu'à quel point elle avait raison. Les hommes ont de plus en plus l'impression de ne plus savoir quoi faire, comment se comporter face à leur partenaire et leurs attentes. Ils ont plutôt l'impression de n'avoir jamais la bonne réponse, que peu importe ce qu'ils feront, elles auront toujours quelque chose à redire.

Devant cette situation, les hommes ne possèdent qu'une seule solution : cesser d'utiliser les femmes ou les valeurs féminines comme points de références, reconnaître ces valeurs pour ce qu'elles sont, mais ne plus les utiliser comme normes d'évaluation des comportements masculins. Ils doivent reprendre contact au plus tôt avec les valeurs fondamentalement masculines qui ont fait leurs preuves à travers l'Histoire. Redéfinir l'homme par rapport à lui-même, en tenant compte des nouvelles données environnementales, sociales et culturelles. Continuer d'être responsable, quoi ! Comme nous l'avons toujours fait, du moins pour la très grande majorité d'entre nous.

Préjugé #5 : L'homme, un incompétent au lit

Le dicton qui a le plus influencé la sexualité des hommes québécois est probablement celui qui dit que : « Il n'existe pas de femme frigide, il n'y a que des hommes maladroits. » La première fois que j'entendis ce dicton, j'avais 15 ans et j'avais cru entendre « ...des hommes qui ont mal au doigt. » Ce n'est que beaucoup plus tard que je compris mon erreur et, en même temps, toute l'horreur de cette phrase.

La première fausseté de ce dicton est de rendre l'homme responsable du succès ou non de la vie sexuelle du couple et de l'épanouissement sexuel de sa partenaire. La deuxième est de présenter la sexualité comme quelque chose que l'homme fait « à » la femme et non « avec » sa femme. Cette croyance présente évidemment la femme comme un objet sexuel incapable de prendre la responsabilité de sa sexualité et de sa jouissance. Paradoxalement, ce préjugé a surtout été véhiculé par les femmes ; les hommes l'ont plutôt subi.

Nos arrière grands-mères ne remettaient pas en question le droit de l'homme à la sexualité, même si malheureusement elles en étaient souvent réduites à faire leur devoir conjugal, sous l'instigation des différentes Églises qui voulaient ainsi augmenter leur nombre de fidèles et, partant, leurs revenus. « Vos enfants sont votre seule richesse » leur disait-on. Heureusement, ces temps sont révolus, du moins dans les pays développés. De toute façon, je suis loin d'être sûr que nos arrière grands-pères ont eu tout le sexe qu'ils ont désiré et surtout la qualité du sexe aujourd'hui disponible.

Les femmes se sont libérées, grâce en grande partie à la fameuse pilule (inventée par un homme !). Elles ont appris qu'elles avaient le droit de dire « Non » et de faire respecter ce non. Les hommes sont devenus, là aussi, complètement à la merci des femmes. Celles-ci utilisent même la capacité d'un homme à « deviner » le moment où elle a envie de faire l'amour, la façon dont elle veut le faire et ce qu'elle a le goût d'entendre comme critères romantiques. Le bon amant doit être devin, sinon il est incompétent et il ne mérite pas de récompense.

« Les femmes pensent naturellement que leur façon à elles de faire l'amour, d'une façon langoureuse, est la meilleure façon » disait la Britannique Irma Kurtz[19], « et elles ont raison... pour elles. » L'homme ne devient pas nécessairement devin en devenant amoureux et n'a pas nécessairement envie de faire l'amour de façon lente et langoureuse comme le voudrait sa partenaire, du moins pas tout le temps. Les hommes doivent apprendre à plaire aux femmes et ils y mettent tous leurs efforts, même s'ils n'y arrivent pas tout le temps.

« Essayer de plaire aux femmes » dit Bettina Arndt du Sydney Institute « est une tâche difficile non-enviable à laquelle les hommes doivent faire face. Chaque jour, ils sont confrontés à la distance croissante entre ce qu'ils sont et ce que les femmes voudraient qu'ils soient. Aider les hommes à négocier cette distance est rendu infiniment difficile à cause des fausses croyances, distorsions et mensonges véhiculés par les médias qui exagèrent les déficiences des hommes et diminuent leurs talents et performances. La réalité est qu'aucun des deux sexes ne détient le monopole du vice ou de la vertu, mais les hommes ont un sérieux travail à faire pour restaurer leur réputation abîmée. »[20]

Préjugé #6 : L'homme insensible

Il est de notoriété publique que l'homme manifeste une froideur rationnelle et s'investit plus dans son travail et ses loisirs que dans ses relations humaines. Comme si la sensibilité devenait le critère de la normalité et de l'épanouissement personnel. Pourtant, à la fin du XIXe siècle, l'émotivité, surtout passionnelle, était perçue comme dangereuse et même qualifiée d'hystérique. Encore aujourd'hui, au Japon par exemple, c'est l'impassibilité ou la capacité de ne pas laisser transparaître ses émotions qui est valorisée et qui fait dire aux Japonais qu'ils sont le seul peuple civilisé, car les autres se laissent trop aller à leurs émotions.

Pourquoi pleurer, exprimer ses craintes et incertitudes seraient-ils soudainement devenus ce qu'il y a de plus hautement souhaitable ? Et l'inverse, la non expression verbale des émotions, un signe d'insensibilité ? D'après une étude de Germain Dulac, «Les hommes ont développé une incapacité d'exprimer leurs émotions et transforment leur détresse en action »[21]. Cette assertion est-elle une constatation scientifique ou un jugement de valeur ? Pourquoi l'expression verbale devrait-elle être valorisée au détriment de l'expression non verbale ? Pourquoi serait-il meilleur de parler plutôt que d'agir ? Quand on sait que parler, surtout d'émotions, est un besoin typiquement féminin et que l'action est plutôt le choix masculin, on est en droit de se demander dans quelle société, matriarcale ou patriarcale, nous vivons. L'action constitue la manière privilégiée des hommes d'exprimer et d'utiliser leurs émotions. Je ne vois pas pourquoi on devrait leur en tenir rigueur ou les traiter de sous-humain pour autant.

Si les hommes ont appris à ne pas exprimer verbalement leurs émotions, cela ne date pas d'hier. D'après John Gray[22], l'homme des cavernes a dû taire ses sensations et ses émotions pour pouvoir affronter les dangers de la nature d'alors (prédateurs, température, rugosité du sol …) afin d'aller chasser et assurer la survie alimentaire des membres de sa tribu. Ce n'est que lorsque l'homme se sent en pleine confiance (lorsque tous les dangers sont disparus), que sa sensibilité refait surface et qu'il peut alors l'exprimer, comme on le constate fréquemment en thérapie. Mais ce n'est pas parce que l'homme n'exprime pas verbalement ou facilement ses sensations et émotions que cela fait de lui un être insensible ou névrosé.

Préjugé #7 : L'homme n'exprime pas ses émotions

Demandez à n'importe quelle femme ce que signifie « exprimer ses émotions » ou de quelles émotions il s'agit lorsqu'elle parle d'expression émotive, et vous risquez fort d'être surpris. En gros, pour une femme exprimer ses émotions veut dire tout d'abord parler, parler de ses craintes vis-à-vis l'avenir (insécurité financière), être rassurée verbalement sur l'état de sa relation conjugale (insécurité émotive), partager ses préoccupations par rapport à ses enfants, parents et amis (insécurité relationnelle) et exprimer sa tristesse (là, par contre, elle s'exprime souvent non-verbalement). Pour la femme, parler est une espèce d'auto-thérapie, surtout si elle trouve un écho favorable chez son interlocuteur, plus souvent son interlocutrice : « Oh, oui ! Moi aussi… ». D'après une étude rapportée par l'Ordre professionnel des psychologues du Québec, près de 80 % des femmes croient que parler aide à résoudre les problèmes de couple contre à peine 27 % des hommes qui croient la même chose. Un fossé qui peut, en partie, expliquer les problèmes de communication entre les sexes, surtout si l'on cherche à savoir qui a raison ou si on « normalise » l'expression verbale et dévalorise tout autre type d'expression.

Dire de l'homme qu'il n'exprime pas ses émotions parce qu'il n'en parle pas, c'est vraiment prendre des vessies pour des lanternes. Un proverbe féminin nous dit que « Ce qui ne s'exprime pas s'imprime et nous déprime. » Une croyance populaire cherche à nous convaincre que les hommes qui n'expriment pas leurs émotions ou ravalent leurs émotions développent des ulcères d'estomac. Pourtant des recherches récentes en virologie ont démenti cette croyance en prouvant que les ulcères d'estomac sont provoqués par un virus. Si l'expression verbale des émotions libère tant, comment expliquer que ce sont surtout les femmes qui dépriment, dans une proportion minimale de trois femmes pour un homme, certaines études allant jusqu'à cinq et parfois sept contre un. La vérité ne serait pas plutôt : « Ce qui s'exprime ne s'imprime pas et laisse un grand vide. » La tristesse est-elle la conséquence de la dépression ou sa cause. À force d'exprimer des émotions dites « négatives », cette expression n'aurait-elle pas plutôt tendance à entretenir les émotions plutôt qu'à en libérer les femmes.

Évidemment, il n'est pas question ici de refoulement d'émotions lorsque l'expression de celles-ci devient la meilleure chose à faire, comme dans le cas de la perte d'un être cher, par exemple. Il est simplement question, ici, de différences de réactions entre l'homme et la femme face aux émotions : alors que, pour la femme, l'émotion devient une source d'interactions par la parole, l'émotion devient pour l'homme une source d'action. Il n'y a pas là de quoi avoir honte ! Les hommes sont des êtres sensibles et expressifs, mais différemment des femmes, un point, c'est tout.

Pour l'homme, l'émotion représente un problème ; s'il y a un problème, il y a certainement une cause. Il recherche alors la cause afin de régler le problème et retrouver sa paix intérieure. L'émotion pousse donc l'homme à l'action pour trouver les causes du problème et les faire disparaître. C'est la raison pour laquelle il offre des solutions à sa partenaire lorsqu'elle lui exprime verbalement ses émotions ou préoccupations. Il se fait souvent répondre qu'il n'est pas empathique, qu'il ne comprend rien ou qu'il fait exprès pour ne pas comprendre et que, de toute façon, il est insensible à ces choses-là. Les psychologues, qui connaissent bien le mécanisme de la projection, vous diront que celui qui dit que l'autre ne comprend pas est probablement celui qui loupe quelque chose : ce n'est pas parce que l'homme ne répond pas ce qui est attendu que cela signifie qu'il ne comprend pas ou qu'il ne peut pas compatir ; cela signifie qu'il a un point de vue différent.

L'homme, au contraire de la croyance populaire, exprime ses émotions. Il ne les exprime peut-être pas en paroles, mais il les exprime tout de même pour ceux qui savent observer. Au lieu de dire qu'il est en maudit, il boude. Au lieu d'exprimer verbalement son amitié pour ses copains, il leur offre ses services, sa force de travail et leur donne de bonnes claques dans le dos. Au lieu d'exprimer sa tristesse, il se retire. Au lieu de dire qu'il est enthousiaste, il argumente et s'enflamme. Frustré, il « bardasse » et ferme les portes et panneaux d'armoire avec force. En colère, il claque la porte et va prendre une marche ou (malheureusement) il frappe la source de sa colère. Devant une situation insoluble, il fuit. Découragé, il se suicide. Ainsi de suite.

Que les hommes possèdent une certaine pudeur émotive ne fait aucun doute. Pour Laura Doyle[23], demander à un homme comment il se sent ou ce qu'il ressent équivaut à demander à une femme combien elle pèse ou quel âge elle a. Au mieux, cela la met mal à l'aise, et au pire, cela l'embarrasse. Il en va de même pour les émotions masculines. Pour la socio-linguiste Déborah Tannen, dire que les hommes parlent de sports pour éviter d'avoir à parler de leurs sentiments revient à dire que les femmes parlent de leurs sentiments pour éviter d'avoir à parler de sports.

Préjugés #8: Ces hommes qui ne s'engagent pas ou qui ont peur de l'intimité

C'est immanquable, lors de la période de questions qui terminent mes conférences publiques, il y a toujours une femme qui émet le commentaire suivant: «Comment se fait-il que nous ayons toujours l'impression que ce sont seulement les femmes qui font tout pour que le couple marche? Pourquoi est-ce toujours aux femmes de changer pour que le couple s'améliore?» Ce à quoi je réponds généralement que les hommes ne s'engagent peut-être pas de la façon dont les femmes le voudraient, mais que cela ne veut pas dire que les hommes ne s'engagent pas dans le couple ou qu'ils ne font pas tout, eux aussi, pour améliorer le couple.

J'ai très rarement, en plus de vingt-cinq années de pratique conjugale, rencontré des hommes non-aimants et dépourvus de bonne volonté. La très grande majorité des clients que j'ai reçus voulaient que leur couple fonctionne et faisaient, ou voulaient faire, tout leur possible pour cela; la preuve, ils venaient en thérapie se remettre en question. À quelques exceptions près, ces hommes avaient changé et étaient encore prêts à changer pour satisfaire les attentes de leur partenaire. Que les hommes n'aient pas la même définition de l'intimité que les femmes ne fait aucun doute, mais que les hommes n'engagent pas toutes leurs ressources dans le couple et la famille, cela relève du préjugé. Ce livre démontre que, au contraire, les hommes font beaucoup plus qu'on ne le pense.

Que des hommes démissionnent lorsque leur façon de faire n'est pas appréciée ou est continuellement critiquée est tout à fait compréhensible. Les femmes ont alors raison de dire que les hommes ne s'engagent pas dans le couple, l'éducation des enfants ou les travaux ménagers, mais elles ne peuvent s'en prendre qu'à elles-mêmes. Les femmes veulent un partage 50-50 des responsabilités du couple mais, comme elles veulent contrôler le 50 % relevant de la responsabilité de leur partenaire, elles se retrouvent généralement avec 95 % des responsabilités conjugales et familiales.

À preuve ce client qui disait toujours se retrouver dans une position perdante, malgré tous ses efforts pour répondre aux attentes d'intimité de sa femme.

> « J'ai vraiment essayé de faire ce qu'elle disait vouloir. Réellement. Mais, je jure qu'il doit exister quelque part un livre de directives accessible seulement aux femmes, livre qui leur dit ce qu'est une émotion, ce qu'elle n'est pas et comment montrer que vous éprouvez quelque chose. D'après elle, je ne suis jamais correct : ou bien, je ne suis pas vraiment honnête dans ce que je dis, ou bien, ce n'est pas vrai. »

Les femmes continueront toujours d'avoir l'impression que les hommes ne s'engagent pas dans le couple si elles veulent qu'ils le fassent comme elles, c-à-d. surtout par la communication. Par contre, si elles observent comment les hommes s'impliquent réellement, différemment d'elles, elles constateront que les hommes expriment leur amour en faisant des choses : réparer le grille-pain, jouer avec les enfants, tondre la pelouse, travailler à la sueur de leur front (et souvent tard le soir ou les week-ends) pour ramener de l'argent, faire de la menuiserie…en fait, tout ce qu'ils ont toujours fait, mais ce pour quoi ils n'obtiennent plus le crédit d'antan parce que l'emphase mise par les femmes sur l'expression verbale de l'amour dévalorise ces actions qui sont, pour les hommes, des preuves d'amour.

Préjugé # 9 : L'homme, un père manquant

Guy Corneau a réalisé, en 1989, une brillante analyse des conséquences de l'absence physique, mais surtout psychologique, du père. Selon sa thèse, garçons et filles ont besoin d'images maternelle et paternelle pour se réaliser en tant qu'homme ou femme, ce avec quoi nous ne pouvons qu'être d'accord. Si le père ne remplit pas sa double fonction en s'interposant entre la mère et l'enfant pour permettre à l'enfant de se séparer de sa mère et de rappeler à la mère qu'elle est aussi une femme, il deviendra spectateur de la relation dyadique et symbiotique mère-enfant. L'instinct maternel risque alors d'étouffer les enfants et d'en faire des garçons et des filles manqués, lesquels répèteront, une fois adultes, la dynamique déséquilibrée de la relation conjugale parentale.

Contrairement aux femmes qui se voient transformées par un apport important de progestérone lors de leur grossesse, l'homme doit apprendre à devenir père et, pour cela, il a besoin d'encouragement dans sa propre façon de faire. Il se doit de prendre sa place et faire face au complexe «maman-je-sais-tout-mieux-que-toi» dans les soins à prodiguer aux enfants. Cette lutte pour le pouvoir parental se termine malheureusement par la démission de deux hommes sur trois en tant que père. Pourquoi est-ce encore lui qu'on accuse d'être l'irresponsable qui fuit ? Ne pourrait-on voir cette démission comme la conséquence d'une dynamique relationnelle père-mère ?

Ne pourrait-on pas accuser la mère d'évincer le père pour mieux satisfaire son besoin de symbiose?

Là aussi, l'homme est victime de préjugés sociaux comme le démontrent deux faits réels. Le fait que les tribunaux, dans les cas de divorce, confient la garde des enfants à la mère dans plus de 80% des cas. Et le fait que les hôpitaux, sous l'égide des gouvernements, mettent sur pied des Centres mère-enfant, au lieu de créer des Centres père-mère-enfant, où le rôle du père pourrait être valorisé, ou plutôt revalorisé. On accuse les hommes de ne pas assumer leur rôle de pères, mais rien n'est réellement fait pour leur faciliter la tâche et les aider à devenir pères.

Pourtant, plusieurs recherches ont démontré, sans l'ombre d'un doute, que l'absence, physique ou psychologique, du père provoque des conséquences négatives sur le développement des enfants. Les taux de délinquance, de problèmes socio-affectifs, d'échecs scolaires, de pauvreté, de drop-out, de suicide... sont moins élevés dans les familles où le père est non seulement présent, mais pro-actif auprès de ses enfants. D'autres recherches démontrent que la façon traditionnelle des pères de se comporter avec leurs enfants leur offre une stimulation nécessaire à leur développement: les jeux, quoique parfois rudes et décriés par les mères, que les pères effectuent avec leurs enfants stimulent leur maîtrise de soi et la confiance nécessaire pour apprendre à se débrouiller par eux-mêmes. Les contacts, même silencieux, des pères avec leurs enfants développent chez eux une autre forme d'intimité: les activités ainsi partagées leur démontrent qu'on peut être relié sans nécessairement être obligé d'échanger verbalement nos émotions et états d'âme.

Voici un exemple tiré d'une saynète de l'émission américaine *Roseanne*. Le mari de Roseanne, Dan, fait une remarque à sa fille qui se met à pleurer: «Oh Dan, tu... tu...tu es tellement... homme!»

s'exclame Roseanne qui court réconforter sa fille. Perplexe, le fils de Dan lui demande : « Papa, pourquoi maman t'a-t-elle traité d'homme ? » Et Dan de répondre : « Parce qu'elle est fâchée contre moi. » « Mais je croyais que c'était correct d'être un homme. » rétorque le jeune garçon. « Oh non, mon fils. Pas depuis le début des années 60. » conclut Dan.

Préjugé #10 : L'homme veut tout dominer

« Tu veux toujours avoir raison. » « Tu veux toujours avoir le dernier mot. » « Tu veux toujours faire à ta façon. » entend-on souvent lors de discussions entre mari et femme. Si les femmes possèdent une approche égalitaire, les hommes eux ont développé une approche hiérarchique. Ce n'est pas tant qu'ils veuillent toujours dominer qui les motive comme de savoir « qui dirige ici », qui est le chef, qui est responsable de l'ordre. Si les hommes argumentent lors de leurs conversations plutôt que de simplement échanger des points de vue, c'est parce qu'ils veulent savoir à qui ils peuvent faire confiance. Et généralement, celui qui amène le meilleur argument, ou un argument de plus, obtiendra le respect des autres : on lui reconnaîtra les compétences pour diriger. Mais le pouvoir du chef n'est que celui que ses sujets veulent bien lui confier. Cette approche hiérarchique est habituellement perçue par les femmes comme une tentative de domination, ce qui n'est pas du tout le cas.

Dans une cuisine, à l'occasion de la préparation d'un repas, deux femmes vont discuter de choses et d'autres, tout en partageant, spontanément et sans distinction, les différents préparatifs. Si le repas est préparé par deux hommes, l'un se met au service de l'autre qui départage les tâches, et les deux concentreront probablement leur discussion sur la tâche à accomplir, chacun s'instruisant l'un l'autre sur la manière de préparer tel ou tel aliment. Si un homme et une femme se retrouvent dans la même cuisine, la femme part du principe que l'homme sait tout ce qu'il y a à faire, alors que l'homme part du principe qu'elle, ou lui, dirige les opérations et que l'autre se met à son service. Il n'est pas surprenant que la préparation de certains repas tournent parfois au vinaigre.

Préjugés #11 : Ces hommes qui ne communiquent pas

La sociolinguiste Déborah Tannen[24] a réalisé une excellent étude démontrant qu'il n'y avait rien de plus faux que la croyance que les hommes ne parlent pas, ne communiquent pas. Ses recherches l'ont amené à conclure que les hommes parlent autant que les femmes, mais pas des mêmes sujets, ni dans les mêmes conditions, ni pour les mêmes raisons. Alors que la femme parle de ses relations, l'homme parle de ses actions. Alors que la femme parle de ses émotions, l'homme parle de ses projets. La femme échange, l'homme argumente. La femme adore parler dans l'intimité, l'homme préfère aimer en silence.

Pour l'homme, communiquer veut dire échanger de l'information ; pour la femme, cela signifie partage, intimité, plaisir. La femme s'attend à retirer de ses conversations un important soutient émotif, l'homme s'attend à des conversations rapides, pratiques, utiles et amusantes. L'homme ne parle que lorsqu'il l'estime nécessaire, la femme adore « parler pour parler ». L'homme a besoin d'un cadre et d'un sujet précis pour communiquer ; la femme peut parler de tout de façon informelle et spontanée. La femme remplit les silences, l'homme les utilise pour réfléchir. La femme parle plus facilement lorsqu'elle est regardée, l'homme, lorsqu'il est touché. L'homme adore que l'on fasse appel à ses compétences, la femme, à son support émotif. L'homme s'exprime directement et franchement, la femme est plus diplomate et se préoccupe de la réaction et des susceptibilités de l'autre.

Il est compréhensible que les hommes et les femmes aient de la difficulté à bien se comprendre lorsqu'ils communiquent.[25] La responsabilité des mauvaises communications ne peut toutefois être imputée qu'à l'«homme qui ne communique pas»; il y a aussi énormément de «femmes qui n'écoutent pas».

Préjugé #12:
Les hommes sont tous des maudits cochons

D'après certaines femmes, les hommes ne pensent qu'au sexe. Matin, midi et soir. Il n'y a que cela qui les intéresse vraiment. «Est-ce moi que tu aimes ou seulement mon corps?» est une question que probablement toutes les femmes ont posée un jour ou l'autre à leur conjoint. S'il est vrai que les hommes possèdent un taux de testostérone (hormone du désir sexuel) de 5 à 25 fois plus élevé que celui des femmes, cela ne veut pourtant pas dire qu'il est un obsédé sexuel. Les hommes, contrairement aux femmes, vivent l'apogée de leur désir sexuel dès l'acquisition de leur maturité sexuelle, soit à l'âge de 15 ans. Par la suite, leur libido se maintiendra à un haut niveau jusqu'à 30 ans, pour ensuite diminuer progressivement avec les années en laissant plus de place à la sensualité et à l'intimité. Mais il est vrai qu'au début de l'âge adulte, l'homme pense au sexe plusieurs fois par jour. Toutefois, la majorité pense aussi à assurer leur avenir, et celui de leur famille, en étudiant ou en travaillant. Et de plus, la société leur enseigne à maîtriser cette pulsion, tout comme elle leur enseigne à contenir leur agressivité.

D'un autre côté, heureusement que les hommes sont ancrés dans leur désir sexuel concret, car cela leur permet d'initier leurs compagnes au plaisir de la sexualité. À 15 ans, la majorité des adolescentes «rêvent». Ce n'est souvent, sauf exception, que sous l'instigation de ses compagnons et par accumulation d'expériences romantiques, sensuelles, érotiques et génitales, que la jeune femme découvre lentement le plaisir sexuel. Son apogée se situe habituellement entre 30 et 45 ans. La génitalisation de la sexualité de l'homme compense très bien le romantisme sexuel de la femme.

Pourquoi continuer la guerre des sexes alors que l'on se complète si bien ?

Préjugé #13 : Les hommes sont tous infidèles

Ce préjugé est un corollaire du précédent. Pourtant, les études récentes démontrent que, depuis l'arrivée des femmes sur le marché du travail, il y a autant de femmes infidèles que d'hommes infidèles. Ces études démontrent aussi que, quoique le prétexte à l'infidélité puisse être d'ordre sexuel, l'homme recherche généralement beaucoup plus que du plaisir sexuel dans ses infidélités. Il recherche ce qu'il ne trouve plus dans son couple : l'admiration, la confiance, le respect et le sens de la fête. Toutes choses qu'il retrouve dans les bras de sa maîtresse, laquelle maîtresse n'est pas nécessairement plus belle ou sexy que sa propre femme, mais certes plus compréhensive (elle veut le conquérir) et moins contrôlante (du moins au début). Il ne faudrait pas oublier non plus que s'il existe des hommes infidèles, c'est parce qu'existent des femmes qui acceptent de coucher et d'aimer des hommes mariés. Un homme heureux avec sa femme, à moins d'avoir une dynamique auto destructrice, n'est jamais infidèle. Les hommes trompent leur femme par colère ou solitude ou parce qu'ils ont acquis la conviction, après des années, qu'ils ne satisferont jamais leurs besoins sexuels, somme toute légitimes, avec leur partenaire.

Autres clichés et mythes sexuels

La liste est encore longue de préjugés contre les hommes. Citons entre autres :

- Les hommes ont un égo sensible.

- Les hommes utilisent les femmes comme des objets sexuels.

- Les hommes ne se préoccupent pas des femmes lorsqu'ils font l'amour ; ils ne pensent qu'à eux.

- Les hommes sont fondamentalement polygames.

- Les hommes de 40-50 ans veulent avoir des relations sexuelles avec de jeunes femmes parce qu'ils paniquent à l'idée de vieillir et essaient de nier leur âge en prouvant leur virilité.

- Les hommes se sauvent lorsque les femmes prennent l'initiative sexuelle.

- Tous les hommes sont de grands enfants.

- Les hommes sont... (je suis assuré que vous pouvez en ajouter.)

Ce n'est évidemment pas parce que certains hommes agissent dans le sens des préjugés ci-dessus que l'homme ou chaque homme est et agit comme décrit ci-dessus.

Conclusion

Le plus tragique de tout, c'est que beaucoup d'hommes finissent par «acheter» cette mauvaise image d'eux-mêmes. Dans l'introduction de *Pères manquant, fils manqués*, Guy Corneau rapporte qu'aucun homme, lors d'un atelier, ne répondit positivement à la question «Vous sentez-vous homme ?» même si le reste de la journée donna lieu à des confidences fulgurantes et au désir des participants de continuer de se rencontrer sur une base régulière[26].

Germain Dulac, quant à lui, rapporte que

> «Des hommes provenant de différents milieux socio-
> économiques font état d'un malaise profond et manifes-
> tent une honte d'être hommes, qui plonge ses racines dans
> l'association de la catégorie homme à des comportements
> immoraux. On peut risquer l'hypothèse que de telles
> sensibilités puissent donner prise au ressentiment tel qu'il
> s'exprime dans certains groupes de pression.»[27]

C'est grave!

De grâce, cessons de croire que c'est en rabaissant les hommes que notre évolution sera facilitée. Reconnaissons plutôt l'apport des hommes et complétons-le par celui des femmes. Sinon, hommes et femmes continueront leurs luttes stériles à chercher qui est le coupable, qui a fait le plus de torts à l'autre, qui devrait dominer la société, qui est le meilleur des deux, qui a raison, qui fait mieux que l'autre. Nous sommes deux dans ce bateau de la vie, et c'est en unissant nos efforts, nos perceptions, nos ressources que nous pour-rons assurer notre survie et celle de nos enfants. À mon avis, la cul-pabilité ne sert absolument à rien, sauf à nous enliser dans la torture de nous-même et des autres. Par contre, si nous transformons cette culpabilité en véritable sens des responsabilités, nous aurons des chances d'améliorer nos conditions de vie sur cette terre.

Certes, il y a eu des guerres, des religions, l'Inquisition, des dictatures, des génocides… Il y en aura malheureusement encore. Oui, il y a encore beaucoup à faire pour créer sur notre planète un paradis ter-restre. Oui, il y a encore des injustices, du sexisme, du racisme, de l'«androcentrisme», du paternalisme, de l'autocratie, du machisme, du despotisme… Mais ce n'est pas en remplaçant les «ismes» ci-haut par du «féminisme extrémiste» ou du «gynocentrisme» que l'on améliorera l'humanité, mais en remplaçant tous ces «ismes» par un plus grand **humanisme**. On ne corrige pas une injustice en la remplaçant par une autre; l'Histoire devrait pourtant nous avoir appris cette leçon!

Pourquoi les femmes voudraient-elles prendre nos places et nous reléguer à notre tour aux fourneaux et aux couches? Parce qu'elles sont jalouses de nous? Parce qu'elles sous-estiment leurs propres œuvres? Parce qu'elles croient que l'herbe est meilleure dans le champ du voisin? Ne sont-elles pas en train de troquer ce qu'elles appelaient l'«esclavage» de la maternité, pour l'«esclavage» du travail? Ne deviennent-elles pas doublement esclaves sous prétexte de libération? Ne devraient-elles pas plutôt revaloriser leurs fonctions biologiques de «mères nourricières» et de gardiennes de la vie et de l'amour? Ce qui ne veut absolument pas dire de les limiter à leur fonction maternelle. Ne pourraient-elles pas infuser ce qu'il y a de féminin en elles dans nos politiques, nos économies, nos structures sociales... plutôt que nous convaincre que nous avons tout faux et qu'elles peuvent faire mieux que nous?

En psychothérapie conjugale, les femmes reprochent aux hommes de ne pas s'occuper assez d'elles, les hommes reprochent aux femmes de toujours critiquer et de ne jamais reconnaître leurs efforts ou leur bonne volonté. En psychologie conjugale, on découvre que les couples heureux qui surmontent les difficultés inhérentes à la vie de couple sont ceux qui se valorisent mutuellement et évitent la critique et la fuite. Pourquoi ne pas faire la même chose au niveau social: nous respecter et nous faire confiance, plutôt que de croire à un complot anti-femmes fomenté par des patriarches qui veulent conserver leurs privilèges[28].

Celui, ou celle, qui défend publiquement les hommes ou supporte leurs actions est immanquablement traité de sexiste, partant du principe que défendant les hommes, on écrase nécessairement les femmes. L'homme qui fait la promotion du rôle du père est perçu comme critiquant les mères célibataires ; l'homme qui supporte sa femme dans son choix de femme au foyer à temps plein est accusé de vouloir ruiner sa carrière et ses ambitions professionnelles. L'homme est piégé de toutes parts par ce type de raisonnement.

Les hommes ont commencé récemment à s'organiser entre eux pour mettre un frein aux exagérations de certaines féministes extrémistes et rétablir l'image ternie des hommes. Leur slogan : « It's OK To Be a Man » (que je traduit par **Homme, et fier de l'être**) fait contrepoids à « There Are No Good Man » (Il ne peut y avoir d'homme bon), titre d'une circulaire distribuée par l'Office for Women's Issues. Des centaines d'associations masculines et de regroupement d'hommes à travers le monde ont vu le jour depuis une décennie pour défendre les droits des hommes (avec un petit h) et ceux de leurs enfants. Ce mouvement est irréversible.

Gageons que devant cette montée d'associations masculines, devant des recherches de plus en plus nombreuses (et non publiquement subventionnées) qui rétablissent les faits et corrigent les préjugés dont les hommes sont victimes, devant les gains faits et à faire par les hommes pour être vraiment à égalité avec les femmes (par exemple, la garde partagée et la responsabilité économique des enfants lors des divorces)… les féministes radicales essayeront probablement de nous passer un nouveau sapin : la croyance qu'il existe un complot fomenté par les gouvernements et les médias (tous deux, d'après elles, sous domination masculine) pour promouvoir un retour en arrière et perpétuer le système patriarcal. Remarquez qu'il n'y a là rien de nouveau ; lisez *Le sexe médiateur* de Béatrice Majnoni d'Intignano[29] et vous aurez tous les tenants et aboutissants de ce complot : le fameux « plafond de verre »[30] en est le plus bel exemple.

Résumé du chapitre

Dans ce chapitre, on apprend que :
- Le sexisme envers les hommes existe.
- La perception de la condition masculine s'est grandement détériorée depuis 50 ans.
- La croyance que tout homme est un violeur en puissance a des répercussions néfastes pour le monde.
- Les femmes peuvent être aussi violentes que les hommes.
- Les enfants peuvent être victimes d'abus par leurs mères.
- La psychothérapie peut créer de faux souvenirs.
- La réaction de l'entourage peut avoir des effets plus négatifs que le trauma.
- Les critères utilisés pour évaluer les hommes et les pères sont élaborés par les femmes.
- L'harmonie sexuelle entre hommes et femmes est difficile à atteindre.
- L'homme est un être plus sensible qu'on ne le croit.
- L'homme exprime ses émotions de façon comportementale.
- L'homme s'engage différemment de la femme dans le couple et l'éducation des enfants.
- L'homme doit lutter contre sa femme pour prendre sa place en tant que père.
- L'homme possède une approche hiérarchique, la femme, une approche égalitaire.
- Il est faux de croire que les hommes ne parlent pas autant que les femmes.
- Les hommes sont fortement influencés par tous les préjugés existant contre eux.
- Les hommes et les femmes ont avantage à collaborer.
- Il existe de plus en plus de regroupement pour défendre les droits des hommes.

Chapitre

4

La violence
faite aux hommes

1. Des statistiques surprenantes

Le féminisme nous a ouvert les yeux sur la violence conjugale et
a contribué et continue de contribuer à l'évolution positive de notre
société. Certaines féministes, par contre, n'ont ouvert qu'un seul
œil sur cette violence : celle faite aux femmes. Elles ont délibérément fermé l'autre œil sur la violence faite aux hommes. La
raison en est très simple : elles ont fait de la violence conjugale un
débat politique, où l'homme est perçu comme l'abuseur et la femme
la victime, plutôt que de présenter la violence comme un réel
phénomène social dont les solutions ne sont pas d'ordre politique
ou sexuel. À mon avis, la principale cause et les solutions
sont d'ordre socio-économique. La plus belle illustration de
cette politisation outrancière du débat se trouve sur le site Internet
http://perso.club-internet.fr/sexisme/index2.htm, site par ailleurs très
bien documenté consacré aux droits des femmes contre le sexisme.

Pour la majorité des gens, hommes et femmes confondus, parler
d'hommes battus est incroyable. Lorsque, autour de moi, autant
dans ma vie personnelle que professionnelle, je rapporte les
statistiques officielles concernant la violence faite aux hommes, on

a peine à me croire. Le sujet est tabou et peu documenté. Les médias n'en parlent pas, sauf à de très rares exceptions (par exemple, le cas Lorena Bobbit). La majorité de mes collègues à qui j'ai demandé des références sur le sujet de la violence des femmes envers les hommes n'en connaissait pas et ne savait même pas qu'il pouvait en exister. J'ai heureusement eu la chance de trouver le site Husband Battering http://www.vix.com/men/battery/battery.html. La suite de ce chapitre présente un résumé commenté des multiples données et points de vue que vous pourrez y trouver.

Basé sur les rapports de police ou les statistiques d'agences en service social, il y aurait de 12 à 15 femmes battues pour un homme victime de violence conjugale. Ces rapports ne décrivent pas la réalité, car ils ne compilent que les cas rapportés et non pas tous les cas de violence conjugale. Ces rapports ne décrivent pas la réalité tout simplement parce que les hommes vont rarement déclarer à la police ou à un travailleur social qu'ils viennent de se faire battre par leur femme.

Lorsque l'on compare, par contre, les statistiques officielles concernant les meurtres entre époux (qui eux sont tous compilés), l'on sait depuis plus de 50 ans que la différence est minime. Déjà en 1974, l'Américain Curtis[1] démontrait que le nombre de femmes tuées par les hommes (17,5 % de tous les homicides) était à peu près égal au nombre de meurtres d'hommes perpétrés par les femmes (16,4 % de tous les homicides). D'autres statistiques, datant de 1958, démontrent qu'entre 1948 et 1952 les victimes de meurtres conjugaux étaient des hommes dans 7.8 % des cas et des femmes dans 8 % des cas[2]. Des études plus récentes[3], démontre un ratio de 1.3 mari contre 1.0 femme tué par leur conjoint. En fait, toutes les études statistiques représentatives de la population prouvent que la violence conjugale des femmes envers leur conjoint est en hausse, alors que celle des hommes envers leur conjointe est en baisse. Et cela est particulièrement vrai pour la violence sévère, même si les médias publicisent davantage les meurtres commis par les hommes.

L'idée de la violence féminine à l'endroit des hommes est difficile à accepter parce qu'elle va à l'encontre du stéréotype de la « faible femme sans défense » que l'homme se doit de protéger. C'est pourquoi les féministes ont développé le « syndrome de la femme battue »[4] qu'elles utilisent à profusion pour déclarer que toute violence féminine ne peut être que de la légitime défense. Comment une « faible femme » pourrait-elle être l'initiatrice de comportements violents envers son conjoint, fort et plein de muscles ? Entretenir le mythe de la « faible femme victime du gros méchant loup » manifeste non seulement, à mon avis, une attitude violente et méprisante envers les femmes, mais c'est aussi faire fi des réalités suivantes :

- L'on sait depuis longtemps, parce que ce sont des statistiques irréfutables, que le meurtre d'enfants de moins de 17 ans est légèrement plus souvent le fait des mères que des pères. Le rapport de Daly & Wilson[5], en 1988, basé sur les statistiques canadiennes, démontre que 54 % des meurtres des enfants sont perpétrés par les mères. D'autres statistiques anglaises et américaines arrivent aux mêmes conclusions. Les garçons sont tués une fois et demie plus souvent que les filles, soit trois garçons pour deux filles.

- Les mauvais traitements infligés aux enfants sont le fait des mères dans 57 à 61 % des cas selon le Statistical Abstract of the United States. On peut admettre que les mères sont plus susceptibles d'être l'initiatrice de mauvais traitements aux enfants parce que plus souvent en contact avec eux que leurs conjoints, mais on ne peut certainement pas parler de légitime défense dans ce cas-ci.

- Et que dire de la violence des couples lesbiens ? La psychologue Vallerie Coleman[6], dans sa thèse de doctorat, démontre que 46 % des femmes membres de couples lesbiens ont vécu des incidents violents à répétition. La violence des couples lesbiens est un sujet tabou pour les féministes.

- Des études réalisées sur la violence prémaritale[7] démontrent, là aussi, que les femmes ont plus souvent agressé leur partenaire que l'inverse. Les différences sont de l'ordre de 5 à 10 %, dépendant des études.

- Les hommes âgés sont aussi plus souvent victimes de violence conjugale que la femme âgée[8].

- Lorsque interrogées, 39 % des femmes mariées ou en union libre admettent avoir menacé ou maltraité physiquement leur conjoint, contre 26 % des hommes qui reconnaissent la même chose[9].

J'ai délibérément utilisé les résultats des recherches les plus lointaines pour illustrer que le phénomène de la violence faite aux hommes par les femmes n'est pas récent. Il existe aussi des études beaucoup plus récentes sur le sujet[10], ne seraient-ce que les rapports annuels des différents offices gouvernementaux de la statistique de nombreux pays ou ceux de l'Organisation Mondiale de la Santé. Il existe actuellement au moins une centaine de recherches scientifiques basées sur des échantillons représentatifs démontrant que les deux sexes initient également la violence conjugale. Ces recherches sont mises de côté parce que « politiquement embarrassantes » ou « non politically correct ». Madeleine Gauthier, experte du dossier à l'Institut National de Recherche Scientifique (INRS-Culture et Société) du Québec rapporte s'être fait censurer plusieurs fois au cours des dernières années pour avoir osé s'inquiéter sur la place publique des méfaits du féminisme sur l'avenir des jeunes hommes[11]. Pourtant, dans de nombreuses études faites par sondage, ce sont les femmes elles-mêmes qui rapportent spontanément être plus souvent l'agresseur que l'agressée. Si certaines l'ont fait, à tort ou à raison, par légitime défense, il est tout à fait légitime de croire que certains hommes répondent, à tort ou à raison, à la violence par la violence, en légitime défense. En passant, saviez-vous que le mot agresseur est un adjectif et un nom masculins, que le féminin du mot agresseur n'existe pas dans nos dictionnaires!!!

Évidemment, les stratèges féministes tenteront de réfuter ces statistiques. Ils et elles s'en prennent parfois même aux chercheurs, hommes ou femmes, qui ont réalisé ces études. Certains ont reçu des menaces de violence. Entre autres, Suzanne K. Steinmetz qui, avec M. A. Strauss et R. J. Gelles, a mené plusieurs études sur les hommes battus, études qui l'ont poussée à conclure que «le crime le moins souvent rapporté n'est pas celui de la femme battue, mais plutôt celui de l'homme battu»[12]. Celle-ci reçut des menaces verbales et des appels téléphoniques anonymes de groupes féministes radicaux, menaces parfois adressées contre ses enfants. Un jour, un appel à la bombe l'empêcha de donner une conférence sur son livre The Battered Husband Syndrome. Ces faits prouvent que même les mouvements féministes anti-violence peuvent être violents, au même titre que les mouvements Pro-Vie utilisent parfois le meurtre pour faire passer leur message.

Mais, n'est-ce pas en soi une forme de violence que de nier ou de camoufler la réalité pour faire passer un point de vue, celui du mâle dominateur et violent dont il faut se méfier? Qu'il y ait des hommes violents batteurs de femmes ne fait aucun doute: c'est une triste réalité. Mais c'est aussi une triste réalité que de constater qu'**il y a autant, sinon plus, de femmes violentes batteuses d'hommes et d'enfants**. Il nous faut, si nous voulons contrôler la violence conjugale, cesser de la voir en termes de femmes battues et la considérer comme un acte commis par une personne (peu importe le sexe) contre une autre personne. C'est un problème humain et non un problème sexué. Aucun sexe ne possède le monopole de la souffrance ou de la violence : ce sont des personnes qui souffrent qui abusent.

2. Pourquoi les hommes n'en parlent pas

Il existe plusieurs raisons au fait que tant d'hommes refusent d'admettre qu'ils ont été victimes de brutalité de la part de leur partenaire. Les hommes sont censés être forts et capables de régler leurs problèmes seuls. Ils ont donc peur d'être tournés en ridicule et ils ont raison si l'on se fie aux vaudevilles et aux bandes dessinées. Toutes les institutions (services communautaires, police, groupes de femmes...) et beaucoup d'intervenants (médecins, psychologues, travailleurs sociaux) minimisent ou nient la violence faite aux hommes : pourquoi porter plainte si l'on sait d'avance que l'on ne sera pas crû. Ou se faire dire qu'ils doivent sûrement avoir fait quelque chose de grave pour mériter un tel traitement de la part de leur partenaire. Certains hommes battus, tout comme les femmes hystériques de Freud, occultent l'expérience violente. D'autres la rationalisent ou la banalisent. Quelques-uns ont peur de passer pour fous.

Mais la raison sous-jacente à toutes ces raisons, c'est la **honte**[13]. L'homme battu éprouve de la honte, son image est détruite, son identité réduite en pièces. **Cet homme ne peut être fier de lui**. Et, contrairement aux femmes qui malgré leur culpabilité, peuvent compter sur des ressources communautaires, l'homme, lui, se retrouve seul, sans support de sa communauté. La déresponsabilisation de la femme lui facilite probablement l'aveu de la violence subie, la culpabilisation de l'homme l'en empêche. L'homme battu et l'homme violent, à moins d'être psychopathe ou sociopathe, ont honte d'eux-mêmes et se sentent coupables. Ils sont dépassés par les événements. La femme violente, par contre, peut ressentir de la fierté à avoir battu plus fort qu'elle. Et la société ne la dénigre pas, elle cherche plutôt à la comprendre et à l'excuser, compatissant souvent à son sort.

Une autre forme de violence faite aux hommes est celle de deux poids, deux mesures, une forme de violence qu'à juste titre le féminisme dénonce, mais seulement lorsqu'elle se manifeste à l'encontre des femmes. Une femme condamnée pour le meurtre de son mari écope en moyenne de six années d'emprisonnement. Un homme condamné pour la même raison en obtient dix-sept[14]. Pouvez-vous imaginer des groupes de femmes ou des groupes d'hommes exiger plus de clémence pour les hommes ou plus de sévérité pour les femmes ? Le syndrome du SPM est souvent utilisé comme défense par les avocats. Quel syndrome hormonal pourrait être utilisé par les hommes pour se défendre ? Une forte poussée de testostérone, hormone dite de l'agressivité ? Cela jouerait plutôt contre eux. Un autre exemple du double standard est le principe qu'une femme en colère se défend ou défend ses droits, alors qu'un homme en colère est un tueur en puissance qu'il faut contrôler et même enfermer pour éviter le pire. Un homme qui bat une femme est une brute ; une femme qui bat un homme s'affirme. Quand une femme pique une crise, on la dit hystérique ou folle ; quand un homme pique une crise, il est déclaré fou et/ou dangereux. Deux poids, deux mesures.

3. Le cercle vicieux de la violence

La violence est la conséquence d'une dynamique relationnelle interactive, due à l'incapacité des deux partenaires à développer une intimité empreinte de respect et d'appréciation des différences existant entre l'homme et la femme. Comment expliquer, autrement, que la violence a tendance à se répéter à l'intérieur d'un même couple ? Comment expliquer qu'une femme battue par un conjoint se retrouve souvent avec un deuxième conjoint, parfois même un troisième conjoint, qui exercera lui aussi de la violence ? En accusant tous les hommes d'être des violents (ou des violeurs) en puissance ? Ou en supposant une co-responsabilité des deux conjoints dans la construction d'une situation qui mène immanquablement et inexorablement à l'explosion émotive et physique ? Pourquoi dit-on qu'il faut être deux pour se disputer, mais qu'on n'ose pas poser le même diagnostic lors de violence conjugale ? Pourquoi les policiers arrêtent-ils l'homme lorsque des voisins appellent pour tapage dans l'appartement d'à côté ? Pourquoi, sur simple allégation de sa conjointe, des maris passent-ils régulièrement la nuit en prison ? Parce que notre esprit humain, conditionné par la notion du bien et du mal, fonctionne de façon bipolaire et recherche donc **un** coupable et **une** victime. Tout cela ne peut qu'entretenir le cycle infernal de la violence.

Est-ce si difficile d'admettre qu'en dehors des quelques pourcentages (2 à 3 %) où l'agresseur(e) puisse être mentalement et profondément perturbé(e), il y a toujours deux victimes dans les cas de violence conjugale (sans compter les enfants témoins de cette violence) et deux co-créateurs de cette escalade vers l'explosion physique, peu importe le sexe de celui ou celle qui passe finalement à l'acte. Le refus ou la négation de cette double responsabilité constitue un obstacle à la prévention de la violence conjugale.

Les travaux rapportés par le psychologue Daniel Goleman[15] ont levé un voile sur la genèse de la violence relationnelle des «ennemis intimes» en disant tout d'abord que les scènes de ménage font beaucoup moins peur aux femmes qu'aux hommes. Les hommes sont plus rapidement submergés par l'attitude négative et les critiques de leur partenaire. Cette submersion se manifeste par de nombreux signes physiologiques : sécrétion d'adrénaline, augmentation de la tension artérielle, accélération du rythme cardiaque, tensions musculaires. La deuxième étape de l'escalade survient lorsque, pour retrouver son calme, l'homme se retranche dans le silence : c'est alors que toutes les réactions physiologiques décrites se déclenchent chez la femme. Pour elle, la solution consiste à rétablir la communication pour régler le différend, alors que pour lui c'est l'inverse. L'une poursuit, l'autre fuit. Plus elle s'acharne, plus la tension monte chez l'autre ; plus il garde le silence, plus il provoque la guerre. C'est l'impasse, qui se termine malheureusement trop souvent par la perte de contrôle des réactions physiques de l'un ou de l'autre. Cette dynamique inter-relationnelle qui génère la violence conjugale a aussi été démontrée par le psychiatre Robert Levenson[16] et le professeur de psychologie John Gottman.[17]

Tant et aussi longtemps que les femmes ne prendront pas leur part de responsabilité dans la genèse de la violence conjugale, elles resteront impuissantes, dépendantes des changements de leur partenaire et soumises à leur bonne volonté. Est-ce vraiment cela que les femmes désirent ? J'ose croire que non. J'ose croire que les femmes peuvent prendre conscience qu'elles ont des besoins, des priorités et des ressources qui leur sont propres et qu'elles prendront la responsabilité des stratégies à utiliser pour satisfaire ces besoins, faire valoir leurs priorités (sans « sataniser » celles de l'homme) et exploiter positivement leurs ressources au profit d'elles-mêmes, du couple, de leurs enfants et de la vie en général. Est-ce que je m'illusionne ? Est-ce me mettre le doigt dans l'œil que de croire que c'est ce que les hommes tentent de faire depuis le début de l'humanité : **améliorer la vie** ? Ne pourrait-on pas exploiter l'expertise des centres d'accueil pour femmes au profit des hommes battus et l'expertise des groupes d'entraide pour hommes violents au profit des femmes violentes ?

4. Les réactions féministes

Au début, les études sur la violence domestique tendaient à démontrer que la violence des hommes était plus sévère et qu'elle infligeait plus de blessures nécessitant des interventions médicales. Mais, depuis, il a été à maintes fois démontré que cette conclusion était erronée. Une étude rapportée par le journal American Behavioral Scientist, en mai 1993 et basée sur les rapports de police, dénombre des blessures graves chez 14 % des femmes victimes contre 38 % des hommes victimes de violence. Non seulement existent-ils des couples où la femme est plus «bâtie» physiquement que son partenaire, mais les femmes ont tendance à utiliser différentes «armes» beaucoup plus souvent que les hommes (86 % contre 25 % selon certains rapports[18]). Ces armes comprennent les couteaux, les ciseaux, les lampes, les poêles à frire, les bâtons de baseball, de l'eau bouillante et tout autre objet pouvant facilement être lancé par une «faible» femme. Dans ce contexte, les ongles peuvent aussi être considérés comme une arme, au même titre que les griffes des animaux. Quelqu'un parmi vous a-t-il déjà essayé de calmer une «furie»? Les femmes sont loin d'être faibles et sans défense. Le croire est non seulement une injure, mais c'est aussi une façon de conditionner les femmes à rester faibles et sans défense, leur enlevant ainsi tout pouvoir sur leur vie. Toutes les femmes ayant suivi un cours d'autodéfense sont étonnées de constater la puissance et la force qui les habitent.

Les féministes réagissent fortement à la responsabilisation de la femme dans le cycle de la violence, criant au lavage de cerveau cherchant à culpabiliser la femme et lui faire croire que c'est elle qui provoque la violence dont elle est victime. Non seulement cette réaction est paranoïde, mais, en refusant la part de responsabilité des femmes, cette attitude les convainc qu'elles n'ont aucun pouvoir de changement sur la situation à la source de la violence. Les hommes ne peuvent pas être alors accusés de garder les femmes dans la dépendance si elles-mêmes ne se reconnaissent pas comme des êtres autonomes, responsables de leurs conditions de vie et dignes de respect et d'estime.

Peut-on réellement accorder du pouvoir (économique, politique, social...) à des êtres qui croient profondément que l'autre (l'homme) est responsable de son bonheur ou de son malheur? Peut-on trouver crédible un sexe qui accuse l'autre sexe d'être le seul responsable des malheurs de l'humanité tout entière? Comment, en toute sécurité, transférer des responsabilités à des gens qui s'estiment irresponsables? Comment, à l'inverse, prendre des responsabilités si je m'en sens indigne? Heureusement que toutes les féministes (que toutes les femmes) ne partagent pas ce sentiment d'impuissance sur leur vie. Que deviendraient les hommes autonomes, responsables, bien dans leur peau, sans partenaire à leur égal? Il est facile de comprendre pourquoi tant d'hommes ne veulent pas « s'engager » avec des femmes si « aimantes », mais dépendantes.

5. Pourquoi les hommes vivent avec des femmes violentes

Pourquoi des hommes, à l'instar de nombreuses femmes, restent-ils dans des relations teintées de violence? Pour les mêmes raisons que les femmes: des raisons d'ordre économique et pour les enfants. Le marché du travail étant de plus en plus incertain, de plus en plus d'hommes se retrouvent dépendants du salaire de leur femme: où iront-ils, où sont les centres d'hébergement pour hommes en difficultés? Lorsqu'ils existent, ces centres sont généralement réservés aux gais. Et je ne crois pas, comme certaines anecdotes le prouvent, qu'ils seront bien reçus dans les centres d'hébergement pour femmes. Ces hommes hésitent aussi à partir, sachant très bien que les femmes obtiennent, lors du divorce, la garde (souvent exclusive) des enfants dans une proportion de 80 à 85 % des cas. Les hommes subissent la violence répétée de leur conjointe pour d'autres raisons : devant la violence de leur femme, des hommes se contiennent de peur de leur propre force ; d'autres paralysent, n'ayant jamais appris à se défendre ; d'autres se sentent responsables ou démunis, ne sachant comment réagir à la violence de leur partenaire.

La croyance illusoire que « l'amour peut surmonter tous les obstacles » amène des femmes (et des hommes) à espérer que, malgré les évidences et les conseils des parents, amis et spécialistes, la situation s'améliorera et que cet amour finira par transformer le partenaire violent en un doux amoureux. Dire que les hommes sont plus susceptibles que les femmes d'exprimer physiquement leur colère est aussi une autre fausse croyance. Croire cela, c'est oublier que notre culture enseigne aux petits garçons et aux jeunes hommes qu'un « vrai homme est capable d'en prendre », spécialement de la part des femmes, et qu'il ne doit jamais lever la main sur une femme. Alors que depuis quelques décennies, notre société a encouragé les femmes à prendre leur place, à revendiquer, à contester, à descendre dans la rue pour faire valoir leurs droits (dont plusieurs sont tout à fait légitimes), celle-ci apprend aux garçons à tenir leur place, à se contrôler, à dominer leurs impulsions, à être raisonnables. Au lieu de canaliser la puissante activité masculine vers la réalisation de soi, on apprend plutôt aux garçons à se tenir tranquilles et on utilise même des camisoles chimiques pour ce faire. En réaction à cette répression savamment orchestrée, les garçons deviennent hyperactifs, décrocheurs et délinquants. Administrer du Ritalin© pour contenir l'activité mâle des jeunes garçons ou emprisonner les jeunes délinquants (comme le voudrait le Gouvernement canadien) au lieu de faire de la réhabilitation sont deux autres formes de violence faites aux hommes.

6. Pour mettre fin à l'impasse

Il est temps que tout cela cesse. Et pour que cela cesse, il nous faut reconnaître la réalité. Il nous faut revaloriser les caractéristiques masculines et les mettre au service de la société, au même titre que l'on doit intégrer les valeurs féminines d'égalité et de partage (certains diraient socialistes) à notre désir de justice égale pour tous. «Démoniser» le pouvoir de l'homme ou nier celui de la femme ne rend service à personne; au contraire, cela entretient une lutte des sexes stérile et destructrice pour l'avenir de l'humanité. L'homme et la femme doivent se responsabiliser et cesser de diviser le monde en bourreaux et victimes. **La violence sous toutes ses formes doit être éradiquée.** Évidemment, «blâmer la victime» n'est politiquement pas correct. Pourtant, les criminologues connaissent parfaitement le «complexe de la victime» et tous les statisticiens vous confirmeront qu'une personne ayant déjà été, par exemple, impliquée dans un accident d'automobile a significativement plus de «chances» d'être à nouveau impliquée dans un accident. Pourrait-on appliquer la théorie de ce même complexe aux victimes de violence conjugale, peu importe le sexe? Une grande partie des femmes violentes ont été violentées; ainsi en est-il de l'homme battu qui risque à son tour de devenir violent. Le cycle de la violence ne pourra ralentir que lorsque les hommes et femmes battus, ainsi que les hommes et les femmes violents pourront trouver de l'aide.

L'ultime tentative politique des groupements féministes (souvent composés d'hommes) pour contrer le mouvement que l'on pourrait appeler hoministe (quant à moi, je préfèrerais l'épithète humaniste) consiste à ridiculiser les hommes et femmes soucieux de présenter la réalité de la violence féminine à l'encontre des hommes. Ne pouvant détruire le message, ils essaient de détruire le messager. Ils les accusent d'être anti-femmes et de présenter les hommes battus comme de «pauvres petites bêtes faisant pitié, là, là» et qui voudraient que les femmes (maman) les défendent contre leurs méchantes sorcières[19] d'épouses. N'est-ce pas là ce que les psychologues appellent de la projection? Les féministes ont présenté les femmes comme des victimes[20] et elles refusent maintenant la représentation des hommes comme victimes, même si cela n'exprime pas du tout l'intention des défendeurs de la réalité de la violence conjugale dans laquelle les conjoints, sauf exception, sont vus comme co-responsables de la situation. Ce genre de féminisme constitue le sexisme moderne, le sexisme à l'envers. On est loin de la discrimination positive.

Vous croyez que j'exagère?

Faites les expériences suivantes. Demandez autour de vous si les gens connaissent des hommes battus. Demandez aux hommes de votre entourage s'ils ont déjà été giflés, grafignés, poussés, mordus, retenus de force ou si on leur a déjà lancé des objets. Demandez aux hommes et aux femmes de votre milieu de qui, papa ou maman, ils ont reçu des fessées. Ne parlez pas de violence verbale ou psychologique, seulement de violence physique. Si vous avez connaissance de couples amis qui sont violents, demandez à votre propre partenaire ce qu'elle en pense. Si vous êtes témoin d'une dispute de couple, vers qui croyez-vous que les policiers vont aller en premier? Qui défendrez-vous?

Si vous connaissez des féministes activistes, posez-leur les mêmes questions et écoutez-les. Si vous en avez le courage, faites-leur une allégation, vraie ou fausse, de violence contre vous par votre femme. Refaites cette allégation à vos parents ou amis. Dites que vous êtes un homme battu et observez les réactions de votre entourage. Si jamais, votre partenaire exerce réellement de la violence à votre égard, appelez le 911 et entrez en contact avec un avocat. Essayez d'obtenir la garde partagée de vos enfants, si vous décidez de vous séparer. Vous me direz, par la suite, si j'exagère, ainsi que des millions d'autres hommes sur cette terre. Faites ces différentes expériences et lisez par la suite le livre de Georges Dupuy, *Coupable d'être un homme*[21]. Vous serez probablement plus sensible à leur cause et à celle de leurs enfants.

En terminant ce chapitre sur la violence faite aux hommes, j'aimerais paraphraser Stuart A. Miller et Sharad Sharif[22] qui affirment, suite à leurs investigations, que c'est avec son père biologique que l'enfant est le plus en sécurité et que c'est aussi avec le père biologique de ses enfants que la femme mariée est le plus en sécurité. Cette affirmation est basée sur les statistiques du Justice Department of America (juillet 1994) qui démontrent qu'après la mère naturelle, c'est par l'ami de cœur ou le deuxième mari que les enfants ont le plus de risques d'être tués. Il a aussi été démontré, hors de tout doute, que la très grande majorité des conjoints violents proviennent de familles où le père est absent et que l'éclatement de la famille est en partie responsable de l'augmentation de la délinquance, de la prostitution, des toxicomanies et de la criminalité. La prévention de la violence sous toutes ses formes passe donc par la promotion du mariage et la prévention du divorce. Messieurs, refusez l'image négative que l'on fait de vous et revalorisez votre rôle en tant qu'homme (J'espère que la deuxième partie de ce livre vous y aidera.)

Heureusement, les psychologues ont commencé à étudier les couples heureux. Ceux-ci possèdent de plus de plus de connaissances scientifiques pour faire de chacun des couples un milieu d'épanouissement pour chacun de ses membres. Il reste à instruire la population dans son ensemble des stratégies efficaces pour faire de son couple un havre de bonheur et d'épanouissement personnel. Qu'attend-on pour créer un Ministère du Bonheur Conjugal? Le couple constitue la cellule de base de la société; si le couple va mal, et le couple va actuellement très mal, c'est toute la société qui s'en ressent.

Résumé du chapitre

Dans ce chapitre, on apprend que :

- De plus en plus de recherches font la preuve de la violence féminine faite aux hommes.
- La société entretient le mythe de la faible femme victime du gros méchant loup.
- Les garçons ont plus de probabilités d'être tués ou battus que les filles.
- Il existe plus de mères meurtrières que de pères meurtriers.
- Près de 50 % des couples lesbiens vivent de la violence.
- Le mot agresseur est un adjectif et un nom masculin ne possédant pas de féminin.
- Dans les catégories nosologiques de la psychiatrie, il existe un syndrome de la femme battue, mais pas de syndrome de l'homme battu.
- Les hommes ne parlent pas de la violence qui leur est faite parce qu'ils ont honte.
- Les hommes violents obtiennent des condamnations plus sévères que les femmes violentes.
- Une femme qui pique une crise est considérée comme hystérique, l'homme comme dangereux.
- Il existe une explication psycho-physiologique du cercle vicieux de la violence.
- Le mouvement féministe extrémiste déresponsabilise les femmes et les garde dans un état de dépendance.
- Les femmes utilisent très souvent différentes armes dans leur violence.
- Les hommes violentés demeurent avec leur partenaire pour les mêmes raisons que les femmes violentées, et pour d'autres aussi.
- La croyance que « l'Amour peut tout arranger » est une illusion.

- On enseigne aux petits garçons à contenir leur agressivité et à être raisonnables. On utilise même des camisoles chimiques pour ce faire.
- C'est la violence sous toutes ses formes qui doit être éradiquée, pas seulement la violence domestique.
- Il existe un complexe de la victime.
- Les féministes cherchent à ridiculiser les données sur la violence féminine.
- Chacun(e) peut vérifier la violence faite aux hommes autour de lui (elle).
- C'est avec son père biologique que l'enfant est le plus en sécurité et c'est aussi avec le père biologique de ses enfants que la femme mariée est le plus en sécurité.

Chapitre 5

Le divorce et le suicide au masculin

1. Le divorce

Comme suite à l'arrivée de la pilule, au mouvement hippie des années 60-70, à la baisse de la pratique religieuse, au mouvement de libération de la femme et l'acquisition de leur indépendance financière, au divorce sans coupable, aux lois plus libérales... le taux de divorce a grimpé en Amérique, en Europe et dans tous les pays pour lesquels l'Organisation Mondiale de la Santé compilent les statistiques. De 5 % à 10 % qu'il était en 1890, il est passé à 18 % en 1920 et à 30 % en 1950. Pour les couples mariés dans les années 70, le risque de divorce est de 50 %. On évalue les probabilités de divorce des couples mariés depuis 1990 à 67 %[1]. Croyez-vous que les deuxièmes mariages ont plus de chances de réussite? Détrompez-vous, car les deuxièmes unions ont un taux supérieur de 10 % à ces chiffres.

De plus, les principales raisons invoquées de l'échec du mariage résident maintenant dans l'incompatibilité de caractères, le désaccord au sujet des priorités de vie, le partage non-équitable des tâches... motivations hautement plus égoïstes que les raisons traditionnelles, quoique toujours valables du divorce: violence, non-consommation

141

du mariage, alcoolisme, refus de pourvoir ou infidélité. Les gens, hommes et femmes, divorcent parce qu'ils ne se sentent pas heureux en mariage ou parce qu'ils ne réussissent pas à se développer au plan personnel. Et les femmes, plus que les hommes ont l'impression, que les liens du mariage les transforment et les étouffent, leurs plus grandes attentes n'étant pas satisfaites.

D'après la sociologue française, Evelyne Sullerot[2], féministe de la première heure, mais reconvertie après la fondation de l'organisme Retravailler où elle a reçu plus de 500 000 femmes, dont beaucoup étaient divorcées,

> «Il ne faut pas oublier que ce sont les femmes, dans trois cas sur quatre, qui demandent la séparation… Et pourquoi la demandent-elles? Diverses études montrent que la cause numéro un est le désappointement… Elles ne supportent pas le quotidien sans la romance: je m'ennuie, donc je veux refaire ma vie…
>
> Vous n'êtes pas tendre envers les femmes… s'exclame la journaliste.
>
> Non. Je crois qu'elles n'ont pas très bien géré la formidable liberté qui leur avait été donnée. Je pense que tout cela est rattrapable. Mais je voudrais leur dire qu'elles ne sont pas les propriétaires de leurs enfants.»

Ce qui fait du divorce, selon Germain Dulac[3], une question d'intérêt public, c'est justement que des enfants sont impliqués, qu'ils sont confiés à la mère dans 80% des cas et que la relation père-enfant est tellement fragilisée que ceux-ci deviennent orphelins de leur père malgré tout vivant. En effet, pour différentes raisons, les pères divorcés deviennent généralement de plus en plus étrangers à leurs enfants. Dulac a très bien décrit ce phénomène dans « Les moments du processus de déliaison père-enfant chez les hommes en rupture d'union. »[4] Quoique les pères ne s'éloignent pas délibérément de leurs enfants, ce mécanisme s'amorce immédiatement ou progressivement après la décohabitation et atteint son apogée deux ans après la rupture.

Le divorce se fait dans la majorité des cas dans un état de forte tension émotive entre les époux, tension qui perturbe le lien conjugal. Les époux, n'ayant pas « réussi » leur mariage, ne parviennent pas non plus à « réussir » leur divorce. Les liens restent tendus et les enfants se sentent partagés entre leurs deux parents dont ils continuent pourtant d'avoir besoin pour leur bon développement psychoaffectif. La fréquence des contacts père-enfant diminue progressivement ou se limite à des sorties de fin de semaine et/ou à des activités sportives ou de loisirs. Il n'est pas rare en effet, surtout avec de jeunes enfants, de voir réunis plusieurs pères divorcés discutant entre eux pendant que leurs enfants jouent dans les parcs des restaurants McDonald.

Nous reparlerons des conséquences du divorce sur les enfants, mais soulignons ici que les enfants de familles séparées divorcent plus que les autres. Les conflits parentaux entourant le divorce provoquent souvent des effets désastreux chez les enfants, dans la mesure où ceux-ci s'en sentent coupables et forcés à choisir un camp. Certains spécialistes diront que ce n'est pas tant le divorce en lui-même que la relation parentale tumultueuse pré et post-divorce qui traumatise, mais dire qu'un divorce réussi est meilleur qu'un mauvais mariage revient à choisir entre la peste et le choléra. Depuis le changement des lois sur le divorce, en 1980, le discours dominant était de relativiser les impacts du divorce. Mais nous sommes forcés aujourd'hui de constater les effets irrémédiables du divorce, tant chez les partenaires que chez les enfants. Ce qu'il ne faut jamais perdre de vue, c'est que dans un divorce, c'est le couple d'amants qui se sépare ; le couple de parent doit continuer d'assurer la parentalité[5] qui elle est indéniable, indissoluble, indéfectible et irréversible. Le couple de parent est lié à vie. Malheureusement, la majorité des couples divorcés entretient une lutte pour le pouvoir sur les enfants, qui deviennent trop souvent objets de chantage.

Le choix de l'enfant est toujours d'avoir une famille stable, si possible heureuse. Il semblerait de plus en plus que le profond traumatisme vécu par l'enfant, surtout les garçons, provient de l'éviction du père. Car éviction du père il y a, si l'on se fie aux statistiques. Au Québec, en 1997, selon Statistique Canada[6], 70 % des enfants de familles séparées étaient sous la garde exclusive de la mère, 15,2 % sous garde partagée et seulement 14,8 % sous la garde exclusive du père. Dans la majorité des cas, les pères sont relayés au rôle de simple guichet automatique tel que confirmé par la Ministre de la Condition féminine, Louise Harel, qui déclarait lors de la commission parlementaire sur la fixation des pensions alimentaires, le 3 septembre 1996 :

> « Je pense qu'il faut regarder une réalité qui est justement celle de motiver, d'encourager, d'inciter les pères à être des pourvoyeurs. On a beaucoup dévaloriser le fait d'être pourvoyeur. Je pense qu'il faut revaloriser ça dans notre société. »[7]

Il semble bien que ce rôle de pourvoyeur soit entretenu au-delà du divorce puisque que dans la très grande majorité des cas, l'homme doive payer à vie, ou du moins sur une période indéterminée, une pension alimentaire pour sa femme et ses enfants. Ce que dénonce fortement l'Action des nouvelles conjointes du Québec, surtout dans les cas où l'ex-conjointe aurait la possibilité de travailler. Pour Pierre Grimbert, membre de l'ANCQ :

« Le domaine du divorce est resté en grande partie un règlement de comptes entre deux protagonistes dans lequel la nature « compensatoire » reste prédominante. En d'autres termes, l'homme doit payer pour la pauvre femme qui a eu la malchance d'être mariée avec lui. En effet, dans la majorité des cas, l'homme paye. Sur le demi-million d'ordonnances alimentaires accordées depuis cinq ans et gérées par le Ministère du Revenu, 96 % sont payées par des hommes. »

Les hommes sont généralement surpris lorsque leurs femmes leur annoncent qu'elles veulent divorcer. Ce sont les femmes qui demandent le divorce dans une proportion de 65 à 80 %, dépendant des études. Même s'ils sont conscients de l'insatisfaction de leurs femmes par rapport à leur relation conjugale, ils n'imaginent pas que ces insatisfactions puissent être suffisantes pour provoquer la rupture du couple. Signe d'insensibilité à l'autre ou capacité plus grande des hommes à la frustration découlant d'une plus grande adaptabilité ? Les conséquences psychologiques du divorce sont par contre deux fois plus élevées chez les hommes que chez les femmes : ces conséquences peuvent les mener en psychiatrie ou au suicide.

2. Le suicide

Au Québec, comme dans beaucoup d'autres pays, le suicide est masculin : 80 % des suicides rapportés en 1997 avaient été commis par des hommes[8]. Quatre fois plus d'hommes que de femmes se suicident et ce sont les hommes de 20 à 40 ans qui présentent le plus haut taux de suicide. Le Québec compte l'un des plus hauts taux de mortalité par suicide chez les hommes des pays industrialisés. Entre 1976 et 1996[9], le suicide a augmenté de 25 % chez les femmes (passant de 6,8 à 8,5 pour 100 000) et de 78 % chez les hommes (soit de 17,4 à 31 pour 100 000). En 1996, 1463 personnes sont décédés par suicides, dont 1136 hommes, soit 3,11 suicides d'hommes par jour. C'est énorme. Sur ces 1136 suicides, 16 % (186) étaient le fait de jeunes de 15-24 ans, 66 % (753) le fait d'hommes adultes de 25 -54 ans et 17 % (193) d'hommes de plus de 55 ans. Selon Yves Coutu, président de Gepse[10], 2,4 des 3,11 suicides quotidiens sont commis par des hommes divorcés, poussés à cette solution par la discrimination dont ils sont victimes. Contrairement aux femmes qui utilisent le suicide comme un appel au secours, l'homme qui décide de se suicider veut véritablement mourir.

D'après Danielle Saint-Laurent, épidémiologiste au Ministère de la Santé et des Services sociaux du Québec,

> « Le suicide d'une personne est une tragédie. Le maintien de la progression de la mortalité par suicide serait une catastrophe. Les hommes adultes doivent être les premières cibles de nos actions préventives. Il est impératif de développer des approches pour les rejoindre, les accueillir adéquatement dans les services de première ligne et expérimenter des modes d'intervention pour agir auprès d'eux. »[11]

Le taux élevé de suicide serait dû, d'après Laurent Garneau, responsable du secteur communautaire du Centre de Prévention du Suicide de la Région du Saguenay-Lac-St-Jean, à différents facteurs dont l'absence de modèles masculins forts qui rend difficile l'acquisition des rôles masculins, la présence de préjugés très négatifs contre les hommes (voir Chapitre 3), une méconnaissance de ses propres signes de détresse et la dépendance affective de nombreux hommes à l'égard de leur femme en ce qui concerne leur santé, leur besoin d'aide et leur vie sociale en général.

L'homme qui souffre, contrairement à la femme, s'enferme trop souvent dans l'isolement. Il perçoit aussi toute demande d'aide comme un signe de « faiblesse », comme une atteinte à son image de « surhomme capable de tout prendre sur ses épaules et de régler tout seul ses problèmes ». Lorsqu'il ne parvient plus à être à la hauteur de cette image, il entrevoit la mort comme seule porte de sortie. Comme une tentative de suicide serait une autre démonstration de sa « faiblesse », l'homme utilisera des moyens plus meurtriers pour se suicider, un suicide réussi étant plus « viril ».

Les causes de suicides chez les hommes sont multiples et reliés à l'âge : agressivité, impulsivité, délinquance, drogue et alcool, découverte de son homosexualité, difficultés d'affirmation de soi, difficultés scolaires, solitude, effet d'entraînement, maladies physiques débilitantes (sida…) et la schizophrénie sont des causes fréquentes chez les moins de 30 ans. Chez les 30 à 44 ans, on rajoute comme causes probables : PMD et stress professionnel. De 45 à 64 ans, les modifications de la vie sexuelle, l'alcoolisme chronique, le plafonnement de la carrière, la modification de l'image de soi due au vieillissement sont des causes ajoutées à la liste des plus jeunes. Enfin, chez les hommes âgés de plus de 65 ans, les maladies chroniques, la souffrance, la mise à la retraite, une dépression non diagnostiquée deviennent de nouvelles raisons de vouloir en finir avec la vie.

Une seule cause n'a rien à voir avec l'âge : les peines d'amour. Qu'elles soient vécues comme un rejet chez un jeune homme, comme un divorce ou une séparation chez l'homme d'âge mûr ou comme un veuvage chez le vieil homme, l'isolement et la solitude consécutifs à une perte interpersonnelle constitue une cause toujours potentielle de suicide. La fonction biologique de l'homme (comme vu au Chapitre 1) étant d'être au service de ceux qu'il aime, d'être utile et performant, la perte de cet être aimé ou de ses êtres aimés (enfants) lui enlève souvent sa principale raison de vivre. **L'homme préfère mourir plutôt que de vivre inutilement**.

En effet, d'après différentes études, les hommes divorcés ou veufs se suicident dans une proportion de trois à six fois supérieures aux hommes mariés. Selon le psychiatre Jean-François Saucier, professeur à la Faculté de médecine de l'Université de Montréal[12], il existe une corrélation positive entre le divorce et le suicide : à chaque 1 % d'augmentation du taux de divorce correspond une augmentation de 0,33 % du taux de suicide[13]. Si cette corrélation est fondée, même si on ne peut démêler la cause de la conséquence, le taux de suicide des hommes continuera certainement d'augmenter dans tous les pays concernés. La différence est beaucoup moins grande entre les femmes divorcées et mariées parce que ce sont les femmes qui ont la garde des enfants après le divorce, ce qui constitue un facteur protecteur contre le suicide chez la femme.

Francine Gratton[14], professeure à l'École des Sciences infirmières de l'Université de Montréal, décrit le climat social du Québec comme facteur d'augmentation d'un risque suicidaire chez l'adolescent mâle. Alors que le taux de suicide des adolescentes de 15 à 19 ans est stable depuis 1980, celui des garçons a fait un saut impressionnant de 2 pour 100 000 en 1960 à plus de 16 en date d'aujourd'hui, et ce taux continue d'augmenter. L'hypothèse avancée par Mme Gratton serait que les gains dans le statut de la femme donnent un espoir dans l'avenir qui protégerait les jeunes filles contre le suicide. Par contre, les jeunes hommes, loin de voir ces acquis de façon positive, les ont plutôt perçus comme une perte de leur propre statut. Au lieu d'une plus grande égalité entre hommes et femmes, les adolescents se sentent plutôt dévalorisés devant les succès scolaires (l'école étant mieux adaptée aux filles) et professionnels (discrimination positive) de leurs compagnes.

On le sait, les hommes se préoccupent moins de leur santé que les femmes, lesquelles consultent plus, tant les médecins que les psychologues, et prennent davantage de médicaments. D'après Germain Dulac, docteur en sociologie,

> « Les hommes ont souvent de la difficulté à percevoir qu'ils ont un problème de santé car l'idée d'avoir un problème est incompatible avec les rôles masculins. La socialisation et les rôles masculins ne favorisent pas l'expression des sentiments et le contact avec la vie personnelle intérieure, mais requièrent plutôt la compétence, le succès et la réalisation de soi, la confiance en soi, l'agressivité, l'audace et la témérité. C'est pourquoi, un homme n'admet avoir un problème qu'après une longue période pendant laquelle il ne reconnaît pas les symptômes, aussi sérieux soient-ils. »[15]

Pour l'homme, être un homme signifie être autonome, comme l'illustre si bien l'appellation du groupe Auton'hommie[16]. Demander de l'aide est un aveu de faiblesse, d'incompétence, d'impuissance ou d'absence de puissance, c-à-d. de virilité. L'homme valorise l'indépendance, au détriment des interrelations, alors que la femme valorise la relation souvent au détriment de son indépendance.

Pour Marc Chabot, professeur de philosophie au Cegep Francois-Xavier Garneau, les hommes se suicident parce qu'ils sont des hommes...

> « ...à qui l'on dit, depuis une vingtaine d'années, qu'être homme est une maladie, à qui l'on dit qu'il devait même douter de son humanité parce qu'il est un homme. À qui l'on ne cesse de répéter qu'il est malhabile, qu'il est coupé de ses émotions, qu'il s'enferme dans son silence, qu'il est violent, qu'il est un mauvais père, un mauvais baiseur, un mauvais amant, un être sans compassion, un sous-développé affectif, un violeur potentiel. »[17]

L'homme se suicide, et ses adolescents à sa suite, parce qu'il vit de façon dramatique un problème d'identité, parce qu'il ne veut pas être l'homme que les féministes décrivent, parce qu'il ne sait plus vraiment ce que veut dire être homme.

C'est ce que je vais m'attarder à faire dans la deuxième partie de ce livre : décrire, selon moi et d'autres hommes, ce qu'est un homme et énumérer toutes les raisons d'en être fier. Mais, auparavant, examinons les conséquences de la normalisation féministe sur la sexualité masculine.

Résumé du chapitre

Dans ce chapitre, on apprend que :
- Le taux de divorce est passé de 5 % à 67 % en un siècle.
- Les raisons du divorce sont devenues de plus en plus égoïstes.
- Ce sont les femmes qui demandent le divorce dans 65 à 80 % des cas.
- La raison la plus souvent invoquée par les femmes : le désappointement.
- Les pères divorcés s'éloignent progressivement de leurs enfants.
- Rares sont les divorces réussis.
- Les enfants deviennent souvent des objets de chantage.
- Les parents, même divorcés, sont liés à vie à cause de la présence des enfants.
- Les hommes sont généralement surpris que leur partenaire veuille divorcer.
- Quatre fois plus d'hommes que de femmes se suicident.
- La majorité des hommes qui se suicident sont divorcés ou veufs.
- L'absence de modèles masculins forts serait une cause de suicide chez les jeunes.

- Les causes du suicide sont multiples, mais les peines d'amour seraient fréquemment impliquées, peu importe l'âge.
- Les hommes divorcés et les veufs se suicident dans une proportion 3 à 6 fois supérieure aux hommes mariés.
- Il y aurait un rapport direct entre le taux de divorce et le taux de suicide.
- Les adolescents mâles perçoivent comme des pertes les gains du féminisme.
- Les hommes en général se préoccupent moins de leur santé que les femmes.
- Les hommes se suicident parce qu'ils sont confrontés à une image sociale négative de l'identité masculine.

Chapitre

6

Féminisme et
éjaculation « précoce »

1. Égalité ou similarité

Les féministes ont décidé d'agir et de revendiquer l'égalité, et même la similarité, c-à-d. que les hommes doivent devenir comme les femmes pour mieux répondre à leurs besoins (à elles). Va pour l'égalité, mais pour la similarité, vous repasserez. Personnellement, je refuse d'être semblable à la femme. Je la préfère différente de moi, car je veux continuer à la désirer et découvrir la richesse du monde féminin que, j'espère, les femmes revaloriseront à leurs propres yeux, plutôt que de vouloir prendre la place des hommes. L'homme qui devient semblable à la femme, celui qui désire par-dessus tout lui plaire, ne peut que porter une atteinte sérieuse non seulement à son identité sexuelle, mais aussi à sa capacité sexuelle de jouissance, comme nous le démontre le fait que de plus en plus de jeunes hommes consultent pour des difficultés érectiles[1]. Ce qui signifie que de plus en plus d'hommes ont de la difficulté à se tenir debout devant les femmes.

Tout en reconnaissant parfaitement la nécessité du mouvement féministe pour l'obtention de l'égalité sociale, légale, juridique, professionnelle, culturelle, financière et j'en passe, la recherche féministe pour la similarité a provoqué chez l'homme une perte d'estime de soi et de plus en plus de difficultés à fonctionner normalement, en tant qu'être sexué. Le pire, c'est quand ces mêmes féministes accusent les hommes d'être les responsables de la condition des femmes : «C'est vous qui avez le pouvoir, donc c'est vous les responsables». J'ai l'impression de retourner sur les bancs d'écoles où j'ai appris la norme judéo-chrétienne du Bien et du Mal : si vous n'êtes pas comme nous, si vous ne partagez pas nos croyances et notre foi, donc vous êtes des hérétiques, donc vous êtes les «mauvais» et nous nous sommes les bons, les élus. Ce qui nous donne le droit de vous convertir, de gré ou de force, à notre cause, pour votre salut.

Le plus bel exemple de cette normalisation abusive se retrouve dans le domaine de la sexologie, domaine scientifique largement dominé par les femmes et leurs valeurs. Oui, il existe des sexologues mâles mondialement reconnus, mais connaissez-vous beaucoup d'émissions de télé ou de radio sur la sexualité animées par des hommes ? Lisez-vous beaucoup de chroniques publiées dans les quotidiens, hebdomadaires ou revues mensuelles écrites par des hommes ? Des courriers du sexe ou du cœur où le public échange avec un intervenant mâle ? Qui donne les cours d'éducation sexuelle à l'école primaire et secondaire ? Les sexologues mâles se consacrent généralement à la recherche fondamentale, à l'enseignement universitaire et élaborent des théories sexologiques ou écrivent des livres, mais ce sont les femmes qui sont en contact avec la population en général et qui peuvent ainsi faire la promotion des valeurs féminines. L'image du mâle violent, violeur, abuseur véhiculée par le mouvement féministe n'est probablement pas étrangère au fait que les médias fassent plus souvent appel aux sexologues femmes qui, elles, sont supposées être douces, sensibles et compréhensives.

Même le champ de la thérapie sexuelle n'échappe pas à leur présence. La sommité mondiale dans ce domaine s'appelle Helen Singer Kaplan, professeure de psychiatrie clinique au Cornell Medical Center du New York Hospital. Elle y est fondatrice et directrice du Human Sexuality Program. Membre de l'American Academy of Psychoanalysis, elle a écrit plusieurs livres internationalement connus dont entre autres *The New Sex Therapy et Disorders of Sexual Desire*. Elle est également responsable du Group for the Evaluation and Treatment of Sexual Disorders de la ville de New York et elle collabore au magazine *Redbook*. C'est à elle que nous devons la définition de l'éjaculation précoce adoptée par l'Organisation Mondiale de la Santé et de tous les Ordres professionnels de sexologie, médecine, psychologie et psychiatrie. Madame Kaplan n'est pas n'importe qui.

Involontairement et inconsciemment, par contre, c'est elle qui me donne le plus bel exemple pour illustrer l'étendue du pouvoir matriarcal dans ce qu'il y a de plus intime, de plus fondamental et de plus exclusivement masculin chez l'homme : son fonctionnement sexuel. Aucune femme ne peut savoir ce qu'est la jouissance masculine, mais Madame Kaplan s'arroge le droit de nous dire comment cela devrait se passer. Contrairement à la docteure Helen Singer Kaplan et autres sexologues, je ne crois pas que l'homme puisse apprendre à contrôler le réflexe de l'éjaculation. Parce qu'effectivement l'éjaculation est un réflexe et qu'il est impossible de contrôler un réflexe. Essayez donc de contrôler un éternuement ou votre réflexe rotulien lorsque le médecin utilise son marteau pour frapper votre genou. Non seulement, je ne crois pas que l'on puisse contrôler le réflexe éjaculatoire, mais je ne crois pas non plus que l'homme puisse même contrôler son excitation sexuelle. Pourquoi ? Tout simplement parce que l'excitation sexuelle est, là aussi, une réaction réflexe à une stimulation érotique, qu'elle soit visuelle, tactile, auditive, gustative ou olfactive. Essayez donc, par exemple, de ne pas réagir par des haut de cœur à une odeur de putréfaction avancée. N'importe quel homme (ou femme), s'il reçoit la stimulation appropriée en quantité suffisante, réagira à cette stimulation et verra son sexe et son corps s'envoler vers l'orgasme.

2. Définition de l'éjaculation « précoce »

L'éjaculation rapide, et non l'éjaculation précoce, est une caractéristique biologique de la sexualité mâle, comme nous le démontre d'ailleurs l'observation de la sexualité animale. Tous les mâles de toutes les espèces animales, sauf quelques rares exceptions[2], éjaculent à l'intromission du pénis ou quelques secondes plus tard, rarement plus d'une minute. Lors des jeux olympiques, les plus rapides sont couronnés ; dans le domaine de la sexualité, ils sont bafoués, montrés du doigt et qualifiés de sexuellement dysfonctionnels. Si l'on parle d'éjaculation précoce, on est en droit de se poser la question du critère : par rapport à quoi ou à qui est-on précoce, c-à-d. plus tôt que d'ordinaire. De quel critère s'agit-il ? Un critère temporel ? Les études démontrent que la moyenne du coït est passée de deux minutes à l'époque des études de Kinsey à sept minutes pour l'homme d'aujourd'hui. Un critère de satisfaction de l'homme ? Peu importe le temps pris, le plaisir orgasmique, du moins au point de vue physiologique, est le même. Un critère de satisfaction de la femme ? Les féministes se font suer à nous dire que c'est la stimulation clitoridienne qui les font jouir, non la stimulation vaginale. Quel est donc ce fameux critère qui démarque les hommes en fonctionnels et dysfonctionnels ?

Helen Singer Kaplan a découvert ce critère et l'écrit en grosses lettres dans son livre sur l'éjaculation : « **LE CRITÈRE ESSENTIEL DE L'ÉJACULATION PRÉCOCE CONSISTE EN L'ABSENCE D'UN CONTRÔLE ÉJACULATOIRE VOLONTAIRE ADÉQUAT, CE QUI A POUR CONSÉQUENCE UNE**

ÉJACULATION INVOLONTAIRE AVANT MÊME QUE L'HOMME L'AIT DÉCIDÉE»[3]. Vous imaginez, elle accuse les éjaculateurs précoces d'être des hommes sans volonté. Si vous ne contrôlez pas volontairement votre éjaculation, c'est parce que vous n'avez pas assez de volonté. Elle accuse ainsi les hommes d'être les responsables de l'échec des relations sexuelles puisque, semble-t-il, l'éjaculation de l'homme met fin à la relation. Si la femme n'a pas eu le temps de jouir, l'éjaculateur doit être montré du doigt.

Qui plus est, certaines sexologues utilisent d'autres hommes pour prouver aux éjaculateurs précoces qu'ils ne sont pas à la hauteur et qu'ils devraient aller se faire soigner. Pour vous en convaincre, lisez la préface de la traduction française du livre d'Helen S. Kaplan écrite par une autre femme, Louise-Andrée Saulnier, célèbre animatrice québécoise d'émissions télévisées sur la sexualité :

> «Ainsi la multiplication (de partenaires sexuels) a permis la comparaison : de plus en plus de femmes découvrirent que les hommes n'étaient pas tous rapides, que certains contrôlaient fort bien leurs éjaculations, les amenant ainsi vers des vagues de volupté dont elles devinaient déjà qu'elles ne pourraient que difficilement se passer… Les hommes qui se sont différenciés de leurs compères ont en quelque sorte prouvé qu'il était possible de transformer, voire d'améliorer ce dont la nature avait pourvu le mâle de l'espèce humaine.»[4]

Un tel discours est malheureux pour plusieurs raisons :

1. Il présente l'éjaculation rapide comme un problème, alors que c'est une tendance naturelle, biologique et normale chez le mâle.

2. Une nouvelle norme est établie, laquelle différencie les fonctionnels des dysfonctionnels.

3. Les hommes devenus ainsi «dysfonctionnels» se sentiront encore plus incompétents, ce qui ne peut qu'augmenter leur complexe de performance.

4. Ce discours laisse croire que l'homme fonctionnel, celui qui contrôle son éjaculation transporte sa partenaire au 7e ciel. «Bravo, Monsieur!»

5. Il confirme l'illusion féminine que l'homme peut être «amélioré», transformé[5].

6. C'est dire en d'autres mots: Messieurs les dysfonctionnels, réglez votre problème d'éjaculation précoce et tous les problèmes sexuels du couple seront réglés.

7. Il laisse entendre que les hommes sont responsables de l'épanouissement sexuel de leur compagne.

Mais, les hommes étant ce qu'ils sont, c'est-à-dire prêts à tout pour satisfaire leur partenaire et facilement porté sur la culpabilité, ils ont appris qu'il était possible de «tenir longtemps» et ils se sont mis à la tâche. Malheureusement, cette préoccupation s'est transformée en véritable obsession, comme me le confirment de jeunes hommes venus me consulter pour éjaculation «précoce» malgré le fait qu'il pouvait facilement tenir de cinq à dix minutes en pénétration intra-vaginale vigoureuse. Ils avaient tellement peur de se faire traiter «d'hommes immatures qui se masturbent dans le vagin» et de «purs désastres» pour utiliser les expressions de Zilbergeld[6]. Pourtant, il n'existe aucune preuve scientifique que la durée du coït augmente l'incidence de l'orgasme chez la femme; la seule chose qui puisse augmenter, c'est l'irritation des parois vaginales si la femme n'est pas suffisamment excitée et lubrifiée.

3. L'anorgasmie féminine

Jouons le jeu et acceptons la logique de mesdames Kaplan et Saulnier, mais inversons les sexes dans leur raisonnement. Définissons maintenant l'anorgasmie féminine, la dysfonction sexuelle la plus répandue chez la femme, comme suit: «**LE CRITÈRE ESSENTIEL DE L'ANORGASMIE FÉMININE CONSISTE EN L'ABSENCE D'UN CONTRÔLE ORGASMIQUE VOLONTAIRE ADÉQUAT, CE QUI A POUR CONSÉQUENCE UNE ABSENCE INVOLONTAIRE D'ORGASME, MÊME SI LA FEMME LE DÉSIRE**». Avez-vous compris mesdames? Il s'agit de vouloir pour pouvoir orgasmer. Et tant qu'à vouloir, organisez-vous donc pour vouloir dans les deux minutes suivant la pénétration, ce qui règlerait une fois pour toutes le problème de l'éjaculation «précoce» de l'homme puisque tous les deux auraient orgasmé. Et tant qu'à y être, organisez-vous donc pour orgasmer en même temps que nous au cours de ces deux minutes. On atteindrait alors le nec plus ultra: l'orgasme simultané.

Donc, à partir de maintenant, nous mettrons le blâme sur les femmes parce que:

1. C'est l'orgasme retardé ou absent qui est le véritable problème, peu importe que l'on n'ait jamais trouvé de signe évident d'orgasme chez les femelles animales. Cet argument ne vaut rien.

2. La nouvelle norme est maintenant établie: il y a des femmes «frigides» et des femmes matures, lesquelles sont capables d'orgasmer par la pénétration.

3. Tant pis si les femmes clitoridiennes se sentent incompétentes.

4. Ce sera maintenant grâce aux femmes si le couple s'épanouit sexuellement et si l'homme peut enfin découvrir l'extase sexuelle. «Félicitations, Madame!»

5. L'homme aura ainsi la certitude que la femme peut être réparée.

6. En réglant votre frigidité, mesdames, vous venez de régler tous les problèmes sexuels du couple.

7. Les femmes deviennent maintenant responsables de l'épanouissement sexuel de leur compagnon.

Mais, les femmes étant ce qu'elles sont, c'est-à-dire prêtes à tous les sacrifices pour que tout le monde soit heureux, elles apprendront qu'il est possible d'accélérer volontairement leur processus d'excitation au niveau de celui de leur partenaire et elles se mettront résolument à la tâche. Espérons toutefois que cette nouvelle préoccupation ne se transformera pas en véritable obsession, comme me le confirment de plus en plus de femmes qui viennent me consulter pour anorgasmie vaginale, malgré le fait qu'elles jouissent facilement par la stimulation clitoridienne. Elles ont tellement peur de se faire traiter «de femmes immatures» et de «pures égoïstes» pour utiliser des expressions psychanalytiques. Pourtant, il n'existe aucune preuve scientifique démontrant la supériorité d'un orgasme par rapport à l'autre, ni qu'ils soient physiologiquement différents. La seule preuve que nous possédions est que la stimulation clitoridienne est plus efficace.

4. Sexologie et sexisme

En inversant le discours, on constate facilement tout le sexisme sous-jacent aux propos des sexologues féministes. Mais, comme actuellement la mode est aux normes sexuelles et relationnelles féminines, ce sont les hommes qui deviennent les boucs émissaires des femmes et de leurs difficultés sexuelles, somme toute naturelles, biologiques et normales d'apprentissage du plaisir sexuel. Et en plus, elles le font de façon volontaire : elles accusent consciemment les hommes d'être les responsables de leur anorgasmie : il n'y a pas de femmes frigides, il n'y a que des hommes maladroits. Pire encore. Les femmes placent les hommes dans un paradoxe en leur disant d'un côté qu'ils auraient avantage à se laisser aller à leurs émotions, à être plus à l'écoute de leur sensibilité, et de l'autre côté, dans le domaine de la sexualité comme dans bien d'autres domaines, elles leur disent d'apprendre à se contrôler volontairement, à ne pas se laisser aller à leurs pulsions naturelles. Quel dilemme. Que diriez-vous, mesdames, si à partir de maintenant on inventait un nouveau dicton : il n'y a pas d'éjaculateurs précoces, il n'y a que des femmes qui souffrent d'orgasme retardé ?

Toutes les femmes savent très bien que l'orgasme n'est pas une question de volonté. Si tel était le cas, je suis sûr qu'on multiplierait par dix l'incidence de l'orgasme féminin. Pourquoi, lorsqu'il s'agit des hommes, en serait-il autrement ? Pourquoi l'éjaculation deviendrait-elle volontaire chez l'homme, alors que la contrepartie féminine ne l'est pas ? Cette définition, cette attitude est purement sexiste. Et les hommes ont laissé faire et laissé dire cette absurdité sexiste. Pire, plusieurs thérapeutes sexuels ont repris cette conception, en ont fait la leur et ont « thérapeutisé » des centaines d'éjaculateurs « précoces ». En ce sens, Louise-André Saulnier a raison lorsqu'elle dit, dans la même préface, que « ce sont les hommes eux-mêmes qui ont été les plus véhéments envers les éjaculateurs précoces » (même si je ne suis pas d'accord avec son explication basée sur la compétition masculine). Ça ne prouve qu'une chose : il est vrai que l'homme n'est pas en contact avec son corps, qu'il ne se fie pas à ses sensations et qu'il demande à la femme, qui même si elle ne possède pas de corps d'homme, de le guider dans l'apprentissage de ses sensations et de ses émotions. Mais, il faut dire que, si son père ne l'a pas confirmé dans son identité parce qu'absent, sa mère a eu beau jeu pour réprimer tout ce qu'il ressentait en tant que petit garçon et valoriser tout comportement qu'elle jugeait, elle femme, valable. Beaucoup d'hommes adultes continuent d'agir ainsi et marient leur « mère ».

5. La réalité sexuelle

L'homme adulte et doté d'un sain égoïsme est près de ses sensations et sent très bien l'intensité et la puissance de sa pulsion sexuelle. Il sent très bien qu'elle se canalise dans ses organes génitaux et qu'elle n'a qu'un objectif : exploser. L'homme de 50 ans toutefois, sait que cette pulsion n'est plus si intense et urgente qu'à 20 ans. Et généralement, l'homme de 50 ans maîtrise mieux la durée de ses pénétrations, non pas parce qu'il le veut volontairement, mais parce que son corps a changé et qu'il n'est plus aussi bon qu'il se reproduise (à cause de la moins bonne qualité de ses gamètes). Encore là, nous avons une preuve de l'aspect naturel de l'éjaculation rapide et de sa signification, soit d'augmenter les probabilités de reproduction. Sauf que la sexualité possède aussi une dimension ludique et relationnelle.

La réalité, tant pour l'homme que pour la femme, c'est que l'on ne peut contrôler que la source de l'excitation sexuelle, c'est-à-dire la stimulation. L'excitation et l'orgasme sont des réflexes. La stimulation, elle, par contre est contrôlable dans sa pertinence, sa qualité, sa quantité, sa rapidité et son efficacité. À chacun d'apprendre quelles sont les caresses qui peuvent le mieux accélérer ou décélérer l'excitation. Si le médecin ne vous donne que de petits coups avec son marteau, votre réflexe rotulien ne sera pas mis en branle. C'est sur ce plan que tout thérapeute sexuel devrait mettre l'accent dans ses interventions techniques après avoir modifié la conception de l'éjaculation précoce ou de l'anorgasmie pour faire baisser l'anxiété associée au sentiment d'inadéquation ou d'échec. Lorsque cela est fait, le reste s'ensuit rapidement et n'est qu'une question de technique et de temps.

La réalité sexuelle biologique fait en sorte que l'homme n'a pas besoin d'apprendre à orgasmer et que cet orgasme lui vient facilement et rapidement dès qu'il a atteint la puberté parce que l'orgasme masculin est nécessaire à la reproduction. Cependant, tous les hommes peuvent apprendre à faire durer le plaisir aussi longtemps qu'ils le désirent. Toutefois, ils doivent le faire pour leur propre plaisir et non par souci de performance ou pour faire plaisir à leur partenaire. Le complexe de performance et cet altruisme malsain sont deux des causes psychologiques des difficultés sexuelles des hommes. D'un autre côté, la biologie sexuelle féminine fait que les femmes, comme toutes les autres femelles animales, n'ont pas besoin d'orgasmer pour se reproduire. Elles doivent donc apprendre à avoir du plaisir pour arriver au chemin de l'orgasme. Et pour ce faire, elles doivent apprendre à se laisser aller et cesser d'espérer que l'autre va lui donner du plaisir, ce que toute femme peut apprendre. L'autre peut lui faire des caresses, mais il ne peut lui donner aucun plaisir, car celui-ci origine de l'intérieur, c-à-d. de sa réceptivité à la caresse.

6. Avantages du féminisme

Heureusement, le féminisme n'a pas que des effets négatifs. Il a permis à la femme de sortir de sa dépendance affective et financière et de devenir plus autonome. Le féminisme permet une remise en question des rôles sexuels. Il oblige l'homme à se questionner sur son nouveau rôle et à redéfinir ses relations avec la femme. Par dessus tout, et malgré elles, «les féministes ont effrité la conception rêveuse que les hommes avaient de la femme»[7]. L'homme devra maintenant apprendre à vivre avec la femme réelle, avec ses côtés lumineux et ses côtés sombres. À bas le complexe de la Madone !

D'un autre côté, de plus en plus de femmes se rendent compte aujourd'hui que l'homme qui apprend à exprimer ses émotions à la mode féminine, qui devient aussi charmant que le prince qu'elles imaginent, qui communique où, quand et comment elles le veulent... perd son auréole de mâle et qu'elles-mêmes perdent le désir de ce mâle devenu « rose ». Les Vénusiennes désirent encore de vrais Martiens et tout ce qu'ils leur apportent de nouveau, de différent et de complémentaire.

Les femmes qui veulent vraiment aider les hommes à « s'améliorer » n'ont qu'à leur foutre la paix et à s'occuper de leur propre croissance personnelle. En voulant les aider (à régler la rapidité de leur éjaculation ou quoi que ce soit d'autre), le message sous-jacent est toujours le même : c'est l'homme qui est le problème parce qu'il n'est pas comme il le faudrait. En ce faisant, ces femmes entretiennent les hommes dans leur sentiment de culpabilité et les maintiennent dans un état de dépendance affective. D'où la nécessité de se parler entre hommes.

Résumé du chapitre

Dans ce chapitre, on apprend que :
• De plus en plus d'hommes ont des difficultés érectiles.
• Le domaine de la sexologie est envahi par les femmes et ce sont elles qui établissent les nouvelles normes sexuelles.
• La définition de l'éjaculation « précoce » a été élaborée par une femme.
• L'excitation et l'éjaculation sont des réflexes.

- La rapidité des réactions sexuelles est une caractéristique biologique du mâle.
- Pour Helen S. Kaplan, le critère essentiel de l'éjaculation précoce consiste en l'absence d'un contrôle volontaire adéquat.
- Certaines sexologues font des comparaisons entre hommes pour stigmatiser les éjaculateurs précoces.
- Les hommes sont prêts à tout faire pour rendre leur partenaire heureuse.
- Il n'existe aucune donnée scientifique reliant la durée du coït et l'orgasme féminin.
- C'est parce que les femmes «souffrent» d'orgasme retardé que les hommes «souffrent» d'éjaculation «précoce».
- Les femmes sont prêtes à tous les sacrifices pour que tout le monde soit heureux.
- Il existe un dicton qui dit qu'il n'y a pas de femmes frigides, il n'y a que des hommes maladroits.
- Les hommes épousent souvent des femmes maternelles.
- L'homme doit orgasmer pour se reproduire, ce qui n'est pas le cas de la femme.
- L'homme et la femme ne peuvent contrôler volontairement que la stimulation sexuelle.
- Le mouvement féministe a permis de démontrer le côté sombre des femmes.
- Les femmes qui veulent aider les hommes n'ont qu'à les laisser tranquilles et arrêter de leur dire qu'ils ne sont pas corrects ou ce qu'ils doivent être.

2

Deuxième
partie

Être heureux
en tant qu'homme

Présentation

Nos partenaires se sont libérées; elles sont devenues autonomes financièrement; elles veulent plus de pouvoir. Qu'à cela ne tienne ! Accordons-leur cette égalité et cette liberté qu'elles chérissent tant et partageons équitablement avec elles toutes les tâches humaines, pas seulement les tâches agréables.

N'ayant plus à nous tuer à l'ouvrage, comme nos ancêtres, pour les supporter matériellement et assurer leur survie et celle de nos enfants, récupérons une partie de cette force de travail pour «travailler» sur nous-même. Profitons de cette énergie et de ce temps libérés pour explorer de nouvelles avenues de vie et améliorer nos conditions d'homme.

Et faisons-le entre nous. Car c'est seulement entre hommes que nous pouvons être reconnus, reçus, acceptés et confirmés dans notre identité. Comme le dit si bien Christian Lamontagne du réseau Protéus[1] «Il n'y a pas une femme qui puisse faire cela envers un homme et pas un homme qui puisse le faire pour une femme : seul le semblable peut reconnaître le semblable.» Cessons de rechercher l'approbation de nos femmes, de nos mères. Tournons-nous vers nos pères/pairs, car l'identité masculine se construit autour du sentiment d'appartenir à un groupe où l'homme se sent utile et essentiel. Ce faisant, nous retrouverons le courage, l'endurance, l'audace et la force qui ont toujours attiré nos partenaires, et nous pourrons jouir avec elles de nos nouveaux rapports.

7

Masculinité vs Féminité

1. Homme ou femme ?

Il semblerait que nous possédions tous en nous un côté féminin et un côté masculin. Notre biologie amène évidemment les femmes à être plus féminines que masculines et l'inverse chez les hommes. Quoique l'on ne puisse parvenir à l'état d'androgyne, les hommes peuvent culturellement développer leur côté féminin et vice-versa chez les femmes. Cette dualité existe chez tout être humain. Mais en quoi consiste la masculinité ? En quoi est-elle différente de la féminité ? En quoi l'homme est-il différent de la femme ?

De toutes les théories à ce sujet, c'est celle de John et Micki Bauman[2] qui a surtout retenu mon attention parce que très près de la réalité biologique et non sexuellement normative. Parce qu'aussi cette approche présente les aspects positifs et négatifs de la masculinité et de la féminité sans parti pris ni jugement de valeur. D'après ces deux auteurs, l'essentiel de la masculinité réside dans la force (puissance). La puissance est à une extrémité de l'échelle et l'impuissance (faiblesse) à l'autre extrémité. Chez la femme, l'essentiel de sa féminité est associé à la bonté. La bonté constitue une extrémité alors que la méchanceté se retrouve à l'autre extrémité. L'homme développe un sentiment de puissance lorsqu'il possède une croyance profondément ancrée dans la valeur de sa propre vie alors que la femme développe son sens de la bonté en ayant une foi profonde en la valeur de la vie des autres. L'équilibre entre le sentiment de puissance et le sens de la bonté est primordial, même si jamais parfaitement atteint. Si vous possédez un côté masculin hyper développé par rapport au côté féminin, vous pouvez être dangereux pour les autres ; à l'inverse, si votre côté féminin est surdéveloppé, vous pouvez être destructeur pour vous-même en étant trop généreux, en ne pensant qu'aux autres ou en vous sentant toujours coupable.

Au plan physique, en tant que masculin, vous avez la capacité de prendre le contrôle de votre propre vie alors que, du côté féminin, vous avez la capacité de ne pas essayer de contrôler la vie des autres. Un côté féminin fort vous empêche d'influencer les choix de vie que les autres ont le droit de prendre pour eux-mêmes. En termes d'énergie à utiliser, les masculins ont toujours de l'énergie disponible pour accomplir leurs activités, alors que les féminins ont toujours de l'énergie disponible pour faire ce qui est juste et bon. L'équilibre entre ces deux polarités ne détermine pas seulement la façon dont vous traitez les autres en relation avec vous-même (égocentrisme vs altruisme), mais aussi quel type d'émotion vous ressentez le plus intensément et le plus fréquemment.

Le fait d'être homme ou femme accentue évidemment la tendance à être plus masculin ou féminin. Qu'on le veuille ou non, les hormones jouent un rôle important dans notre identité, mais nous avons aussi un certain pouvoir psychique sur qui nous sommes, pouvoir fortement influencé par notre conditionnement culturel et éducatif.

2. La masculinité

La masculinité influence la «force du Soi» qui détermine notre timidité ou notre confiance en nous. La force de notre masculinité est directement proportionnelle à la valeur que nous nous accordons, au plus profond de notre être. Les psychologues l'appellent l'estime de soi. Cette estime nous fait sentir fort et confiant dans la gestion de notre vie. En étant confiant, nous retirons plus de la vie, ce qui, en retour, réconforte notre confiance en nous. Notre masculinité se renforce positivement à travers tous nos progrès et petites victoires, en expérimentant nos capacités, en réalisant des choses et en prenant une part active dans l'organisation de notre vie.

Les personnes au côté masculin fort regardent les autres dans les yeux, se tiennent droites et attirent l'attention lorsqu'elles passent quelque part, qu'elles parlent ou non. Ce charisme émane de leur force intérieure. À l'inverse, les masculins faibles entretiennent de nombreux doutes sur eux-mêmes et hésitent à aller de l'avant. La vie les intimide parce qu'ils ont peur d'échouer; ils ne prennent donc aucun risque. Par contre, ces personnes font étalage de leur valeur et de leur moindre succès. Les masculins forts ne sentent pas le besoin de faire le paon; ils se contentent d'être ce qu'ils sont. L'homme au côté masculin faible devient timide, la femme devient insécure.

Les masculins forts, d'un autre côté, sont capables de défendre et de réclamer leurs droits légitimes, tel le fait de pouvoir agir indépendamment des autres et de prendre leur place, comme ils le veulent, lorsqu'ils sont en société. Réclamer ses droits signifie, pour le masculin fort, la capacité de s'opposer à ceux qui veulent leur enlever ces droits, que ce soit par la force, l'intimidation, la manipulation, la fausse représentation ou la séduction. Cette masculinité se définit aussi par la capacité de prendre des risques calculés, de décider lorsque nécessaire ou de se fixer des buts à atteindre. De plus, elle vous rend capable de prévoir les façons de faire pour obtenir le maximum de ce que vous désirez de la vie, de manière responsable, réaliste et efficace.

3. La féminité

La féminité est aussi en soi une valeur. Toutefois, cette valeur, au lieu de reposer sur la personne elle-même, repose sur celle qu'intimement la femme investit sur les autres. Une espèce d'estime de l'autre qui affecte tout l'être féminin. Les personnes, au côté féminin fort, accordent beaucoup de valeur aux autres, sont généreuses et altruistes. Ces personnes savent intuitivement ce qui est bon pour les autres et agissent de telle sorte qu'elles aident les autres à obtenir le maximum de ce qu'ils veulent de la vie. Les féminins forts sont heureux lorsque, sans leur intervention, les autres obtiennent ce qu'ils veulent de leur vie mais, si nécessaire, ils sont toujours prêts à collaborer, coopérer, supporter ou conseiller les autres s'ils le demandent. Les gens sont confortables avec ce que les féminins forts donnent d'eux parce que ce don ne constitue pas une pression, mais une présence, une présence désintéressée.

Les féminins faibles sous-estiment les autres et n'expriment aucune générosité. Au contraire, ils sont cupides et solitaires. Ils sont solitaires parce qu'ils ne veulent pas partager ce qu'ils sont, ni donner ce qu'ils ont. Quoique le côté féminin ne soit pas aussi bien compris que le côté masculin, l'aspect négatif et égoïste de la féminité est quelque chose que tous reconnaissent, particulièrement chez les autres. En fait, c'est l'aspect le plus facilement reconnaissable parce que l'on se sent généralement très inconfortable en présence d'une personne narcissique. L'on dit des féminins très faibles qu'ils ont un «côté noir», qu'ils sont négatifs ou, même, démoniaques. Dans les pires cas, ces personnes sont réellement méchantes parce qu'elles ne se préoccupent que de leur profit propre, de telle sorte qu'elles se fichent complètement de l'effet que leurs actions peuvent avoir sur les autres. Tout ce qui les intéresse, c'est contrôler les autres. L'homme au côté féminin faible devient autoritaire, la femme au côté féminin faible devient critique.

Si vous avez une féminité forte, vous avez des comportements que l'on qualifie généralement de naturellement féminins. Vous faites les choses qui doivent être faites. Vous reconnaissez le droit des autres à diriger leur vie, de façon libre et indépendante. Vous permettez aux autres de faire ce que bon leur semble, quand bon leur semble et de la façon dont ils le désirent. En reconnaissant ces droits, vous leur permettez de vivre sans interférence ou manipulation de votre part. Les féminins forts sont enthousiastes, ont le goût de vivre et recherchent ce qui peut augmenter cet entrain. Ils sont aussi persévérants et tenaces, mais savent quand lâcher prise si leur énergie peut être mieux utilisée ailleurs. La féminité se définit aussi par la bienveillance, la compassion, la patience, la réceptivité aux besoins des autres, mais aussi par la connaissance des limites personnelles à ne pas enfreindre, sous risque de se retrouver vide d'énergie.

4. L'équilibre masculin / féminin

Cet équilibre est extrêmement important, plus important encore que la façon dont vous vous êtes développé en tant que personne. Même les personnes peu évoluées ou peu instruites traiteront les autres comme elles se traitent elles-mêmes si elles ont un bon rapport masculinité/féminité. Voilà exactement en quoi consiste cet équilibre : un équilibre entre le narcissisme et l'amour des autres. Un masculin hyper développé aura tendance à être arriviste et exploitera les autres. À l'inverse, un féminin trop développé se laissera exploiter et deviendra un véritable bouc émissaire.

Comment vérifier lequel de vos deux côtés est le plus développé? Tout dépend si vous éprouvez plus de colère ou de peur dans votre vie. Si votre masculin est plus développé que votre féminin, vous serez plus enclin à la colère qu'à la peur. Plus votre masculin sera fort, plus facilement vous aurez l'impression d'être maltraité injustement par les autres et plus rapidement vous deviendrez colérique et agressif envers les autres, parce que vous surévaluez exagérément vos droits par rapport à ceux des autres. Inversement, votre côté féminin vous portera à éprouver plus facilement de la peur que de la colère. Plus votre féminin sera fort, plus facilement vous aurez l'impression de maltraiter injustement les autres et plus rapidement vous deviendrez apeuré et défensif envers les autres, parce que vous sous-évaluez exagérément vos droits par rapport à ceux des autres. Votre colère s'exprimera à l'encontre de vous-même, parce que vous n'aimez pas votre faible degré de confiance en vous et que vous sentez intrinsèquement que vous ne réalisez pas votre potentiel.

MASCULINITÉ		FÉMINITÉ	
CÔTÉ FORT	CÔTÉ FAIBLE	CÔTÉ FORT	CÔTÉ FAIBLE
Puissance	Impuissance	Bonté	Méchanceté
Valorise sa vie	Exploiteur	Générosité	Trop généreux
Estime de soi	Infatuation	Estime les autres	Se sous-estime
Contrôle sa vie	Contrôle les autres	Lâcher prise	Culpabilité
Égoïsme sain	Altruisme malsain	Altruisme sain	Égoïsme malsain
Confiance en soi	Doute de soi	Collaboration	Cupide
Charisme	Servile	Présence	Solitaire
Fonceur	Peur de l'échec	Enthousiasme	Narcissisme
Affirmation de soi	Timidité	Indépendance	Dépendance
Planification	Hésitation	Patience	Impatience
Impassibilité	Colère + agressivité	Compassion	Peur + défense
Forte libido	Faible libido	Réceptivité	Frigidité

Tableau des caractéristiques de la masculinité et de la féminité

5. La sexualité

Un masculin fort possède une libido forte et une sexualité intrusive. Plus votre côté féminin est fort, plus vous vous donnez sexuellement, mais plus grande est votre capacité de jouissance sexuelle lorsque les conditions sont favorables. C'est pourquoi les personnes égocentriques ont rarement des vies sexuelles épanouies. Les meilleurs amants ont un côté masculin fort et un côté féminin fort, les meilleurs amants sont puissants et généreux, ils prennent et donnent.

6. Dominance historique de la masculinité.

Les masculins forts ont été favorisés en termes de survie physique, tout au long de l'histoire de l'Humanité. Encore aujourd'hui, nombre de programmes de développement d'estime de soi, de confiance en soi et de pensée positive continuent d'attirer les foules, particulièrement les personnes qui ont un fort côté féminin et un faible côté masculin, parce que leurs enseignements aident ces personnes à rétablir un meilleur équilibre. C'est pourquoi, en général, on retrouve beaucoup plus de femmes que d'hommes dans les ateliers de croissance personnelle. Toutefois ces mêmes enseignements peuvent provoquer des déséquilibres masculin/féminin préexistants ou les intensifier, tout simplement parce que ces programmes occultent ou diminuent la plupart du temps la dimension féminine. La réussite à tout prix se fait généralement au détriment des relations avec les autres (partenaire, enfants, collègues, parfois même au détriment de sa propre vie privée[3]). Les meilleurs vendeurs des réseaux à paliers multiples ont souvent fait le vide autour d'eux.

Le monde des affaires et de la politique fonctionnent à partir du concept masculin du plus fort et non à partir d'un concept féminin altruiste. L'argent représente le pouvoir, en ce sens que si vous possédez de l'argent, vous pouvez acheter le temps des autres et l'utiliser pour votre profit. Ce n'est évidemment pas le pouvoir ou l'argent qui est en cause ici, mais plutôt la façon de les utiliser, pour asservir les autres ou être au service de soi et des autres. C'est pourquoi les masculins forts qui veulent être plus équilibrés, et partant plus heureux, auraient avantage à se laisser influencer par les féminins forts. Les hommes devraient faciliter la venue des femmes dans le monde des affaires, le monde économique et le monde politique, mais les femmes ne devraient pas copier la façon qu'ont les hommes de s'y investir : elles devraient y introduire ce qui fait d'elles des féminins forts. Elles partent perdantes si elles cherchent à appliquer les règles masculines[4].

7. L'émancipation et le développement de la masculinité des femmes.

Les femmes, particulièrement les féministes, ont cherché à développer leur côté masculin, souvent au détriment de leur côté féminin. L'émancipation féminine a aidé plusieurs femmes à contacter leur côté masculin en les incitant à lutter pour leurs droits et à refuser toute coercition, quelle qu'elle soit. Ce à quoi l'on ne peut qu'applaudir. Sauf que cette lutte, dans le cadre de la théorie des Baumann, est le fait de femmes au côté féminin faible. Le féminisme qui considère l'homme comme l'ennemi à abattre, parce qu'il dévalorise les qualités féminines au détriment des qualités masculines, empêche ainsi les femmes d'utiliser leur côté féminin fort lorsqu'elles interagissent avec les hommes. L'émancipation féminine a donc valorisé auprès de plusieurs femmes le choix du désengagement envers l'homme au détriment du choix de l'engagement altruiste avec celui-ci. La véritable libération pour une femme réside dans la liberté de vivre sa propre vie, ce qui implique la possibilité de la générosité. Tout comme la véritable libération des hommes réside dans la liberté de vivre sa propre vie, ce qui implique le partage de sa puissance. L'homme équilibré recherche la femme équilibrée. À l'inverse, l'homme déséquilibré se retrouvera toujours avec une femme déséquilibrée, le macho attirera et sera attiré par la féministe extrémiste et vice-versa.

8. Technologie et spiritualité

Si l'on regarde l'évolution de notre espèce, la technologie pourrait être considérée comme le côté masculin de notre évolution, et la spiritualité comme le côté féminin. Tout comme l'équilibre est nécessaire à chaque personne, il est nécessaire que l'espèce humaine maintienne un équilibre entre le développement technologique et le développement spirituel. Actuellement, la technologie a une longueur d'avance sur la spiritualité. Nos valeurs sociales sont axées sur le bonheur matériel, la richesse, la consommation. Nous possédons maintenant des outils extrêmement puissants, capables de détruire la planète, ce que risquent de faire des hommes au côté masculin fort déséquilibré. Mais il ne faudrait pas oublier que l'énergie atomique qui a détruit Hiroshima et Nagazaki, en août 1945, est aussi à l'origine de l'autoroute électronique qui nous permet actuellement, à partir de chez soi, d'avoir accès à la connaissance mondiale. Nous, hommes, pouvons être fiers d'avoir découvert cette force. Il ne nous reste maintenant qu'à apprendre à la dompter, comme nous avons dompté le feu, le cheval et le chien, en nous domptant nous-même afin de ne retirer de la technologie que les côtés positifs. Ce en quoi je suis très confiant.

Nous vivons une période extraordinairement privilégiée de l'histoire de l'Humanité. Une période où, si nous permettons aux valeurs de la féminité forte de s'exprimer, nous pourrons rétablir l'équilibre. Pour ce, il nous faut développer, en tant qu'homme, notre côté féminin et le rapprocher de notre côté masculin, tant pour nous que pour le bénéfice de nos partenaires et de notre espèce. Ceci nous permettrait d'utiliser notre technologie adéquatement, non seulement dans des situations de conflits ou de guerre, mais aussi dans les soins appropriés à apporter à notre planète et, conséquemment, à nous-mêmes et à nos enfants.

Résumé du chapitre

Dans ce chapitre, on apprend que :
- Nous sommes à la fois masculin et féminin.
- La masculinité réside dans la puissance ; la féminité s'exerce dans la bonté.
- L'estime de soi est une caractéristique masculine, la générosité, une caractéristique féminine.
- La force masculine est faite de contrôle de sa vie, d'un sain égoïsme, de confiance en soi, de charisme, d'«intrusivité» et d'affirmation de soi.
- La faiblesse masculine est faite d'impuissance, d'exploitation, d'infatuation, de contrôle des autres, d'altruisme malsain, de doute de soi, de servilité, de peur de l'échec et de timidité.
- La force féminine est faite de lâcher prise, d'altruisme, de collaboration, de présence, d'enthousiasme, d'indépendance, de patience et de compassion.
- La faiblesse féminine est faite de culpabilité, d'égoïsme malsain, de cupidité, de solitude, de narcissisme, de dépendance et d'impatience.
- Il est important de viser à un équilibre entre la masculinité et la féminité.
- Les bons amants ont un côté masculin et féminin forts.
- La capacité de jouissance sexuelle est élevée chez les masculins et les féminins forts.
- Les masculins forts ont été favorisés en termes de survie physique.
- Le monde des affaires fonctionne à partir d'un concept masculin.
- Le féminisme risque de se faire au détriment des valeurs féminines.
- La technologie est masculine, la spiritualité, féminine.
- La puissance masculine est source de destruction, mais aussi d'évolution.

8

La recherche
de l'équilibre

1. Les quatre dimensions de la vie

Nous avons parlé d'équilibre à plusieurs reprises dans les chapitres précédents. Mais il ne faudrait pas perdre de vue que l'équilibre n'existe pas comme tel. Ce qui existe, c'est la recherche de l'équilibre, lequel équilibre est instable par définition. L'homéostasie ne peut durer. La vie est en perpétuel mouvement. Aussitôt satisfaits, nos besoins, après une plus ou moins longue période d'accalmie, se font sentir à nouveau. Accepter que nos manques et nos vides puissent être les moteurs de notre évolution constitue un grand pas dans l'atteinte de notre sérénité et de notre intégrité. L'être serein, sachant que le bonheur est en lui et non à l'extérieur de lui, peut se détendre et jouir de la vie comme elle se présente. Il regarde sa vie sans porter de jugement et l'accepte comme elle est avec ses moments de joies intenses et ses moments de souffrances et de frustrations, parfois tout aussi intenses. L'être intégré est conscient de son individualité et de ce qui l'entoure. Il vit en harmonie avec lui-même et réagit de façon authentique. Ainsi va notre nature humaine, inlassablement à la recherche de cette sérénité et de cette intégrité, sans jamais atteindre pleinement cet équilibre parfait et permanent.

Aujourd'hui, je me suis levé à 07 h 30 après m'être couché à 01 h 30 ; j'avais passé une partie de la soirée à naviguer sur le cd-rom de l'encyclopédie Hachette[1]. Je me suis levé parce que depuis près d'une heure, les idées affluaient à mon cerveau au sujet de ce livre-ci et quand je suis dans cet état, je sais que je n'aurai de cesse que lorsque mes idées seront couchées sur papier. Lorsque ma partenaire se leva vers 09 h, elle me dit, pour la ixième fois en 20 ans de vie commune : « Tu ne fais pas attention à toi ; tu ne te reposes pas assez ». Ma réponse spontanée fut de lui dire : « Chérie, tu sais bien que je suis le seul maître à bord de ma vie, que je suis celui qui peut le mieux ressentir ce dont j'ai vraiment besoin. » Je sais très bien qu'elle ne cherchait pas à me contrôler, qu'elle le disait parce qu'elle m'aime et se préoccupe souvent de mon bien-être. Ceci constitue toutefois un excellent exemple de la différence de perception qui existe face à l'équilibre. (N'ayez crainte, je prends aussi régulièrement de longues périodes de vacances.)

Pour moi, il devenait important de saisir mes idées au vol et de les écrire avant qu'elles ne s'enfuient, sinon j'aurais été fâché contre moi de ne pas l'avoir fait, sachant que par la suite je pourrais relaxer en me disant : « Ouf ! » et rétablissant ainsi temporairement mon équilibre. Pour elle, mon équilibre passait par une nuit de sommeil prolongée parce qu'elle même a un plus grand besoin de sommeil que moi. Non seulement, la qualité de l'équilibre est d'être instable, mais en plus chacun possède sa propre évaluation et définition de l'équilibre.

Il existe, à mon avis, dans la vie de tout individu, quatre dimensions en recherche constante d'équilibre. Ces quatre dimensions empiètent les unes sur les autres tout au long de la vie. Ce sont la vie **P**rofessionnelle, le rôle de **P**artenaire, le rôle de **P**arent et la vie **P**rivée. J'en ai fait ma théorie des **4P**. Tout comme une table possède quatre pattes qui doivent être égales pour éviter d'être bancale, les quatre dimensions de ma vie, mes 4 Pattes, se doivent de recevoir autant d'attention de ma part pour qu'il puisse exister un certain équilibre dans ma vie, aussi instable que cet équilibre puisse être. Mon équilibre mental, affectif, relationnel et professionnel en dépend.

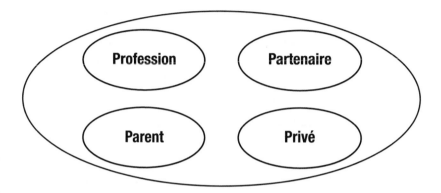

Tableau 1 : Les quatre dimensions de l'individu

Nous avons tous besoin d'une **Profession** pour non seulement assurer notre survie économique, mais aussi pour occuper une place dans notre société, pour nous sentir utile. Notre profession permet de réaliser une partie de nous-même, une partie de nos rêves. L'équilibre professionnel est évidemment de faire ce que nous aimons et réussir ainsi à assurer notre bien-être matériel tout en nous épanouissant dans ce travail. Malheureusement, beaucoup d'entre nous continuons d'exercer une profession ou un métier qui ne nous inspire plus parce que nous avons des responsabilités (individuelles, conjugales, familiales et sociales) à rencontrer et des comptes à payer à la fin de chaque mois. Dans ces conditions, le travail peut même constituer une véritable torture[2]. L'un des avantages d'une plus grande autonomie financière des femmes devrait être de nous donner la possibilité de changer plus facilement de carrière en cours de route, tout en nous assurant une sécurité économique minimale : nous aurions une véritable égalité.

Notre côté **Partenaire**, c'est notre besoin d'être en relation avec les autres : un humain parmi les autres humains. Il recouvre tous les besoins suivants : aimer, être aimé, sexualité, complicité, engagement, partage, fusion... Pour y parvenir, parmi tous les humains rencontrés, nous recherchons activement un Partenaire privilégié, un **Pp**, avec qui développer une relation intime. C'est évidemment à l'intérieur d'un couple que l'on peut le mieux satisfaire ces besoins de partenariat. C'est aussi lorsqu' « on tombe en amour »[3] que nous vivons les plus grandes sensations de bonheur, à la fois physique et émotif. Les peines d'amour nous font vivre aussi, à l'opposé, nos plus grandes souffrances et déceptions. C'est particulièrement vrai lorsque nous sommes quittés : la perte imprévue de l'une de nos quatre pattes ne nous donne-t-elle pas la sensation de « tomber » dans le vide ? Pour réussir pleinement notre vie partenariale, il est préférable de trouver une partenaire égale. Deux personnes sur un pied d'égalité, se respectant l'une l'autre et se faisant mutuellement confiance, ont plus de chances de faire partie des couples heureux.

Le partenariat donne naissance à notre troisième patte, celle du **Parent** : c'est la partie de nous qui aide les autres, la partie de nous qui se met au service d'autrui, notre côté le plus féminin. Nos enfants sont ceux qui ont le plus besoin de notre aide parentale et avec lesquels nous nous devons d'être parent, mais nous agissons aussi comme parent lorsque nous aidons notre partenaire, lorsque nous conseillons nos amis, lorsque nous prenons soin de nos propres parents ou lorsque nous faisons du bénévolat. Contrairement à l'amour romantique qui se nourrit de fusion, l'amour parental est un amour qui éloigne. Lorsqu'on aime véritablement ses enfants, on leur montre à avoir confiance en eux, à développer leurs ressources afin qu'ils puissent, le plus rapidement possible, se prendre en mains et vivre leur propre vie. Comme nous le verrons plus loin, la fonction du père est très différente de la fonction de la mère dans cette tâche éducative, mais les enfants ont besoin que les deux parents remplissent également leur fonction auprès d'eux.

La vie **Privée**, c'est le monde des loisirs, des projets et des rêves personnels ; c'est notre jardin secret, celui où un sain égoïsme doit se manifester. L'égoïsme en question ici est le mouvement qui consiste à partir de soi (égo = moi) pour aller vers les autres, et non le mouvement qui va des autres vers soi, ce qui serait de l'égocentrisme. C'est la relation à moi-même, la partie de moi qui me regarde vivre et qui discute avec moi. C'est celle qui prend conscience que je passerai le reste de ma vie avec moi-même et qui doit faire tout en sorte pour je sois pour moi un excellent compagnon. C'est ce qui fait mon unicité mortelle. Contrairement à plusieurs de mes confrères, je ne professe pas qu'il faille tout se dire dans un couple. Au contraire, il a été démontré que les couples heureux entretenaient un certain halo de mystère sur leur vie personnelle et que chacun des deux partenaires étaient capables de prendre soin d'eux-mêmes, de cultiver leur propre jardin secret.

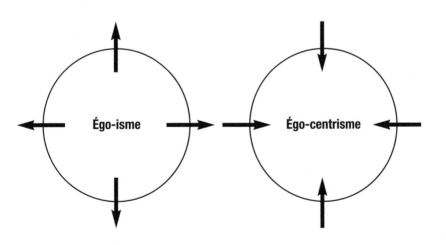

Tableau : Différence entre sain égoïsme et égocentrisme

2. La difficile recherche de l'équilibre

La personne en équilibre est celle qui satisfait et développe équitablement ces 4P. La personne en déséquilibre est celle qui valorise une dimension au détriment des autres. Par exemple, les hommes ont tendance à s'investir dans leur rôle de Professionnel (Pourvoyeur) au détriment de leur rôle de Partenaire ou de Parent; quant aux femmes, elles se consacrent souvent exclusivement à leur rôle de Parent ou de Partenaire au détriment de leur Profession et de leur vie Privée.

Qu'il puisse y avoir des moments dans la vie où l'une ou l'autre de ces dimensions prend toute la place, il n'y a là rien de plus normal. Par exemple, le temps de la grossesse et les premières années de la vie de l'enfant peuvent amener une femme à se consacrer exclusivement à son rôle de Parent pendant un certain temps, mais elle ne pourrait le faire durant toute sa vie sans danger pour son développement mental, celui de ses enfants et celui de son partenaire. Il est tout aussi compréhensible que l'on puisse, à un certain moment de notre vie, investir davantage de temps et d'énergie dans sa Profession afin de s'assurer d'un confort matériel et d'une sécurité financière, mais le faire au détriment des trois autres dimensions de notre vie risque de faire de nous un véritable «workaholique» et de ruiner non seulement notre vie professionnelle, mais aussi notre relation amoureuse et nos liens avec nos enfants. Cela n'en vaut pas le coup.

Toute personne doit s'assurer que ces 4P puissent se développer de façon harmonieuse afin de pouvoir, à la fin de sa vie, regarder son passé et se dire: mission accomplie et vie bien remplie. Idéalement, nous devrions investir 25 % de notre temps de vie et notre énergie vitale dans chacune des dimensions de notre vie. N'est-ce pas là ce que l'on pourrait appeler la sagesse?

Résumé du chapitre

Dans ce court chapitre, on apprend que :
- L'équilibre n'existe pas, seulement la recherche de l'équilibre.
- Le bonheur est en soi, non dans les autres.
- Tout homme doit harmoniser les quatre dimensions de sa vie : professionnelle, partenariale, parentale et privée.
- Travail peut signifier torture ou réalisation de soi.
- Il est plus facile de se réaliser en couple si les deux partenaires sont égaux.
- L'amour parental est un amour qui éloigne.
- Il y a une différence entre un sain égoïsme et l'égocentrisme.
- Les hommes ont tendance à s'investir dans leur profession au détriment du reste.
- Les femmes ont tendance à s'investir dans leur famille au détriment du reste.
- Il existe des périodes de déséquilibre normales dans la vie.

Chapitre

9

C'est beau, un homme…

1. Le concept d'androgynie

À ma connaissance, c'est la psychologue Sandra Bem[1], de l'Université de Standford, qui la première définit et mesura, en 1974, le concept de l'androgyne (andro = homme et gyne = femme) pour signifier que la féminité et la masculinité ne sont pas les pôles opposés d'un continuum. Avoir des traits masculins forts ne signifie pas automatiquement avoir des traits féminins faibles, et vice-versa. La personne androgyne possède à la fois des traits masculins et féminins. Selon elle, sont androgynes les personnes brillantes et créatrices. Mais cela reste à prouver.

Les personnes androgynes agissent de façon appropriée peu importe la situation et peu importe si celle-ci exige des réactions de type masculin ou féminin. Par exemple, la femme androgyne peut être assertive dans des situations de pression; l'homme androgyne, quant à lui, est généralement plus «nourricier» et sait, mieux que les autres hommes, comment tenir, toucher et jouer avec les bébés. Il démontre aussi plus d'empathie et de générosité envers les autres.

Toujours d'après Sandra Bem, et une bonne partie de la psychologie culturaliste et du mouvement féministe par la suite, l'homme «masculin» est rigide avec les enfants et a de grandes difficultés à exprimer de la chaleur, à être enjoué et à avoir des égards pour les autres. De l'autre côté, la femme «féminine» aurait de la difficulté à être indépendante et à s'affirmer. Bem valorise évidemment les androgynes, lesquels seraient plus adaptables, plus libres et en meilleure santé émotive que les personnes qui s'en tiennent aux rôles sexuels traditionnels.

Ce qui m'a toujours «grafigné» dans ce genre de théorie, c'est la normalisation excessive de ces approches basées sur une évaluation positive-négative des traits de comportement ou des caractéristiques masculines ou féminines. En d'autres termes, ce que Sandra Bem propose avec sa théorie de l'androgyne, c'est de mettre de côté la masculinité et la féminité, rôles sexuels traditionnels dépassés, au profit de l'«androgynéité[2]». À bas les différences homme-femme, vive le nouvel être qui sera évidemment neutre et parfait, à la fois homme et femme. Certains croient à l'«androgynéité» comme d'autres croient à la fontaine de jouvence ou à l'«âme sœur», version moderne du prince charmant et de la princesse charmante. Comme la normalisation actuelle se fait à partir des valeurs féminines, devinez qui sort perdant de cette égalisation?

Comme l'a bien démontré Michel Dorais[3], l'identité masculine se construit à partir du regard des autres: les autres hommes, pères et pairs, et les autres femmes, mères et femmes. Ces autres amènent l'enfant mâle à se regarder comme ils le regardent, à se percevoir comme les autres le perçoivent. Le garnement se comporte de façon délinquante parce qu'on porte un jugement négatif sur ses actions. De même pour le bon petit garçon. Le regard sur soi fait donc partie intégrante de l'identité masculine. Or, le regard actuel sur les hommes est loin d'être positif, comme nous l'avons vu.

Cette identité est aussi faite d'héritage à la fois biologique (inné) et culturel (acquis). La neuropsychologie[4] met l'accent sur l'inné, la psychologie culturaliste, sur le construit. En fait, l'interaction entre la biologie et la culture fait en sorte que l'identité masculine est en perpétuel devenir. Sauf que la biologie n'évolue que très lentement par rapport à la culture. Les rôles sexuels traditionnels changent rapidement ; les fonctions sexuelles, quant à elles, sont stables depuis des centaines de millénaires. Ce n'est pas parce que l'on est sorti des cavernes depuis 20 000 ans à peine, que notre environnement est devenu hautement technologique et informatisé, que les fonctions sexuelles, elles, ont été transformées du tout au tout.

2. Rôles sexuels et fonctions sexuelles

Comme d'autres font la distinction entre le sexe (homme ou femme) et le genre (masculin ou féminin), il est important de préciser les définitions de rôle et fonction pour mieux comprendre les liens entre le sexe et le genre et les réelles différences inaliénables existant entre l'homme et la femme.

Selon les psychanalystes Simone et Moussa Nabati[5], les rôles possèdent cinq caractéristiques précises.

1. Ils sont d'abord conscients et volontaires. Par exemple, l'homme peut se sentir libre ou forcé de faire la vaisselle, mais il est conscient qu'il fait le choix d'accepter de la faire à la demande de sa femme.

2. Les rôles relèvent de la réalité, c'est-à-dire qu'ils sont concrets, tangibles, visibles, mesurables et susceptibles d'être partagés entre les hommes et les femmes. Ce sont des activités réelles.

3. Il existe une quantité innombrable de rôles : partage des tâches ménagères, des soins aux enfants, des rôles sociaux, des rôles économiques, politiques…

4. Ces rôles ne sont pas spécifiques, c'est-à-dire qu'ils n'appartiennent pas uniquement à un sexe. L'homme ou la femme, indifféremment, peut sortir les poubelles, donner le biberon, travailler à l'extérieur. Sur le plan psychologique, les rôles ne sont ni féminins, ni masculins, et il n'existe aucune hiérarchie de rôles, soit des rôles meilleurs que les autres, bien que l'on puisse préférer remplir tel ou tel rôle.

5. Finalement, les rôles sont relatifs : ils changent au gré des modes, des cultures, d'une époque à l'autre, selon les valeurs sociales ou dominantes. On ne voyait pas de femmes conduire des camions, il y a 50 ans, ni d'hommes faire la vaisselle. Les modèles ont fort changés et continueront de changer.

Tout individu est fortement influencé par son environnement social. Il ne décide pas toujours de ses rôles, sa société les lui impose souvent. « Par conséquent, les rôles constituent ces nombreux actes réels, concrets, conscients volontaires de la vie quotidienne, interchangeables entre les deux sexes, se modifiant dans le temps et l'espace en fonction des images que l'on se fait de l'homme et de la femme[6]. »

Par contre, toujours selon le couple Nabati, les fonctions possèdent des caractéristiques contraires à celles des rôles.

• La fonction est tout d'abord inconsciente. La fonction paternelle, par exemple, n'est pas une décision librement consentie ; elle fait partie de la nature de l'homme.

- Elle est psychologique, c'est-à-dire non mesurable. On ne peut mesurer le fait d'être homme; on n'est pas plus ou moins homme parce que l'on a plus ou moins de comportements d'homme ou qu'on exerce plus ou moins de rôles masculins. La fonction est intangible.

- Elle est unique. Il y a une seule façon d'être homme, même si l'on peut exprimer sa masculinité de différentes façons.

- La fonction est aussi spécifique dans la mesure où elle est non interchangeable entre l'homme et la femme, entre la mère ou le père. Le père ne peut se substituer à la mère sans dommage pour l'enfant, quoiqu'en disent les féministes et les psychologues culturalistes.

- Finalement, la fonction est absolue: elle ne peut être modifiée. Par exemple,

  «(La fonction paternelle ou maternelle)... opère indépendamment de toute réalité, de toute culture ou société, elle est affranchie des caprices des modes et de la relativité, elle est éternelle, immuable, non contingente dans le temps et l'espace. Il s'agit de la même fonction à l'œuvre depuis l'aube de l'Humanité, à Paris comme à Tombouctou[7].»

Les différences homme-femme relèvent davantage de la fonction que du rôle, même si certaines différences peuvent à la longue (je fais ici référence à des millénaires) être suffisamment influencées par la pratique culturelle pour se modifier et apparaître ou disparaître en tant que différences. Mais elles seront probablement remplacées par d'autres que la pratique culturelle aura finalement inscrit dans les gènes.

Nier qu'il existe des différences entre les hommes et les femmes, autres que les différences génitales, est anti-bon sens, anti-empirique (anti-expérience) et anti-scientifique. Sans dire que l'anatomie est le destin, il n'y a pas de doute que notre anatomie, notre biologie influencent notre être psychologique. Nier ou mini-miser les différences entre les hommes et les femmes peut même se révéler dangereux. Dangereux pour l'individu qui peut prendre pour une incapacité personnelle le fait de ne pas comprendre le comportement de l'autre. Dangereux parce que l'on peut croire l'autre sexe semblable à nous et réagir de façon inadéquate devant les réactions incompréhensibles de l'autre à nos comportements[8]. Prétendre que les hommes et les femmes sont identiques fait du tort soit aux hommes, soit aux femmes, dépendant de la suprématie, masculine ou féminine, des normes en vigueur. À l'inverse, d'après Deborah Tannen, «Comprendre les différences qui existent entre nous permet d'en tenir compte, de nous y adapter et d'apprendre le style de l'autre[9].»

3. La biologie masculine.

Les différences homme-femme se limitent en fait à très peu de choses. Il n'y a qu'un seul chromosome sur 46 qui nous différen-cie, soit un peu plus de 2 %, (2,174 % en fait). Au plan chromo-somique et de l'ADN, hommes et femmes partagent plus de différences que l'être humain et les singes ; c'est tout dire[10]. Car, comme chacune de nos cellules corporelles est imprégnée du X ou du Y sexuel, ce faible pourcentage est à la base de l'incom-préhension mutuelle des sexes et de tant de débats entre l'influence de la culture et l'influence de la nature. À la description suivante du fonctionnement masculin, vous devinerez facilement que le fonctionnement féminin sera souvent à l'opposé, comme le jour ou la nuit ou le yin et le yang. Ce fonctionnement est d'abord basé sur des différences biologiques.

Le chromosome Y, le chromosome de la masculinité, est relié à la taille plus grande de l'individu, mais aussi à une plus forte libido et une plus grande agressivité (laquelle peut être exprimée positivement ou négativement selon l'apprentissage individuel). Les porteurs de ce Y possèdent aussi des aptitudes visuo-spatiales plus développées, c-à-d. que les hommes se retrouvent plus facilement dans l'espace-temps et décodent les cartes géographiques plus rapidement. C'est ce qui explique aussi que l'on retrouve beaucoup plus d'hommes dans des domaines tels les sciences pures et l'informatique.

Chaque orgasme masculin projette environ 500 000 000 de spermatozoïdes. Comme l'homme moyen expérimente environ 5 000 orgasmes, ses gonades (testicules) produiront 2 500 000 000 000 au cours de sa vie. Ses testicules sécrètent aussi des hormones appelées androgènes et testostérone, lesquelles sont produites en grande quantité au moment de la puberté, ce qui explique la forte génitalisation de la sexualité mâle. Les hommes n'ont pas à avoir honte de leur forte libido, car c'est elle qui augmente les probabilités d'activités sexuelles et, partant, les probabilités de reproduction et de survie de l'espèce humaine. Cette forte libido survient aussi au moment où le corps de l'homme et de la femme sont au summum de leur développement, permettant ainsi les meilleures conditions de reproduction.

Messieurs les pères, parlez avec vos adolescents de cette intensité sexuelle par laquelle vous aussi êtes passés afin de les aider à se déculpabiliser d'être des êtres sexués, sexuels et génitaux. Parlez-leur afin qu'ils en soient plutôt fiers et qu'ils apprennent à assumer et gérer cette puissance libidinale dans le meilleur contexte possible. Ne laissez pas vos femmes, leurs mères, les mettre en garde contre les débordements possibles de cette sexualité en leur demandant de faire «attention» aux filles avec qui ils sortent. Prenez les devants et valorisez leur sexualité en leur apprenant à en respecter la beauté et la bonté. Parlez-leur aussi de vos propres hésitations, balbutiements et expériences qui vous ont menés à l'intégration de votre sexualité.

Les testicules migrent, au cours de la grossesse, de l'intérieur du corps de l'homme vers son scrotum. Ses organes génitaux, à cause de leur constitution, ne peuvent qu'attirer son attention, surtout lorsque, en érection, son pénis pointe vers l'extérieur et vers le haut. Ses éjaculations, qui projètent son sperme hors de son corps, confirment aussi l'existence d'un mouvement masculin qui part de l'intérieur vers l'extérieur. Contrairement à la femme, dont les organes génitaux sont intérieurs et réceptifs, l'homme possède des organes génitaux intrusifs qui prédisposent des comportements intrusifs : pénétration de la femme certes, mais aussi pénétration de la matière, pénétration jusqu'au fond des océans, pénétration de l'immensité de l'univers... C'est l' « intrusivité »[11] de l'homme qui, à l'aide de microscopes et de télescopes qu'il a construits, nous a permis d'acquérir toutes nos connaissances scientifiques sur la matière, de construire des sous-marins, d'inventer les fusées... pour conquérir le monde et assurer la pérennité de la vie humaine. Il y a là une autre raison d'être fier. La pénétration est féconde.

En dehors des organes génitaux, le reste de l'anatomie masculine est assez semblable à l'anatomie féminine, sauf en termes de grosseur et de forme. L'homme est, en moyenne, plus grand, plus fort et plus carré que les femmes. Ce qui le prédispose à exercer des tâches demandant plus de force, particulièrement les tâches physiques.

La maturité sexuelle de l'homme, c-à-d. sa capacité de reproduction, s'établit en moyenne autour de 14,5 ans. En prime, l'adolescent connaît, de façon innée, le plaisir de l'excitation et le plaisir de l'orgasme. Ces plaisirs sont tellement intenses qu'ils deviennent le centre de son attention pour plusieurs années. La source principale de ces plaisirs est évidemment la femme, à la conquête de qui il part. Sa deuxième principale source de plaisir est le plaisir même de sa partenaire ; il voudrait partager ce plaisir avec elle. La sexualité génitale de l'adolescent est donc essentiellement relationnelle : l'intensité de sa génitalité le pousse à établir des rapports avec la femme. Quand il se masturbe pour contenir cette force, il appelle la femme dans ses fantasmes, il canalise son désir sur elle. Il recherche l'élue de son sexe et de son cœur. Il tombera beaucoup plus facilement amoureux avec la femme avec qui il partagera ce plaisir si l'on déculpabilise sa génitalité, lui permettant ainsi d'allier sexualité et romance plus rapidement. C'est la culpabilisation de sa sexualité qui conduit l'adolescent à diviser le monde des femmes en deux : la femme que l'on baise et la femme que l'on aime. C'est la perception de la bonté et de la beauté de sa sexualité qui le sortira de cette dichotomie et lui permettra de découvrir l'Amour, mélange de sensations, d'émotions et d'engagements. C'est une autre raison pour laquelle l'adolescent a réellement besoin de la confirmation de son père dans sa sexualité.

4. Le cerveau masculin

Les mesures anthropométriques de la fin du XIXe nous ont permis de constater que le poids du cerveau de l'homme était plus gros que celui de la femme. Mais l'on sait aujourd'hui que cela ne lui apporte aucun avantage, car c'est la relation poids du cerveau/poids total du corps qui explique la supériorité du cerveau humain. De plus, quoique plus petit, le cerveau de la femme est par contre plus dense. À poids du cerveau égal, la femme serait donc avantagée.

Toutefois, et bien que le cerveau masculin et féminin possèdent des structures identiques, il existe trois différences importantes entre les deux, différences mises à jour par la neuropsychologie.

Premièrement, alors que les deux hémisphères du cerveau chez la femme ont sensiblement le même volume, ceux-ci diffèrent chez l'homme en faveur du cerveau gauche (appelé autrefois le cerveau dominant). Or, l'hémisphère gauche est l'hémisphère analytique et le siège de la logique, du raisonnement, de la pensée rationnelle et du discours, alors que l'hémisphère droit, plutôt holistique, se spécialise dans l'expression des émotions et la compréhension. Est-ce pour cela que la raison l'emporte toujours sur l'émotion chez l'homme ? La nature a-t-elle ainsi exprimé la supériorité de la rationalité sur l'émotivité ? N'est-ce pas pour cette raison que l'on décrit l'homme comme un animal raisonnable, faisant ainsi de sa raison sa marque distinctive ? N'est-ce pas aussi la raison pour laquelle la majorité des hommes perçoivent les émotions comme l'expression d'un déséquilibre de la paix de son esprit ? N'est-ce pas aussi la raison qui fait que, lors de disputes conjugales, l'homme cherche à «raisonner» sa partenaire ? Et s'il n'y parvient pas, si ce sont ses émotions qui prennent le dessus sur sa raison, n'est-ce pas là ce qui explique pourquoi il se retire dans le silence ou la fuite, afin d'éviter l'explosion émotive et gestuelle ? Essayez d'imaginer ce que serait la vie de couple si l'homme y mettait autant d'émotions que la femme. La différence entre les deux hémisphères du cerveau de l'homme, au profit du cerveau rationnel, est probablement plus un avantage qu'une tare, contrairement à la croyance féministe.

Une deuxième différence réside au niveau du corps calleux. Cette large bande médullaire blanche réunit les deux hémisphères du cerveau de tous les mammifères. C'est le corps calleux qui gère les interrelations entre les deux parties du cerveau et donne accès à l'ensemble des données emmagasinées dans les neurones. Chez l'homme, le corps calleux est 40 % moins développé que chez la femme. C'est ce qui permet aux hommes de mettre l'accent sur le moment présent et l'avenir, plutôt que de ressasser sans cesse ses erreurs passées et de faire du catastrophisme pour le futur à cause de ces mêmes erreurs. C'est aussi ce qui pousse les hommes à prendre des risques, ce qui a long terme est toujours avantageux, plutôt que de rechercher continuellement la sécurité, qui n'est finalement qu'une illusion. Entre hommes, on se rappelle nos prouesses et non nos erreurs. Les femmes utilisent au contraire nos erreurs passées, dont elles se souviennent très bien à cause de leur corps calleux surdimensionné, pour nous mettre en garde contre nos désirs de changements et d'amélioration de nos conditions de vie.

Une troisième différence a trait au système limbique dont l'hypothalamus est l'élément le plus important. L'hypothalamus fait partie, au plan phylogénétique, des formations les plus anciennes de l'encéphale. Il est impliqué dans la plupart des comportements humains de base, dont les 4A : alimentation, accès de fuite, agressivité et activité sexuelle. Le fait de savoir que l'hypothalamus est beaucoup plus gros chez l'homme que chez la femme nous permet de comprendre pourquoi la priorité des comportements masculins est axée sur la survie physique et matérielle. Cela explique pourquoi l'homme s'intéresse davantage à la nature des choses. L'hypothalamus possède des récepteurs internes sensibles qui détectent les différentes variations métaboliques qui lui permettent en retour de mieux contrôler ces activités métaboliques dont celle de l'hypophyse, qualifiée de glande maîtresse. C'est aussi pourquoi l'émotivité de l'homme est plus stable que celle des femmes. Cet atout lui a permis de développer, par le passé, d'excellentes stratégies de survie qui lui ont permis de dominer la terre. Au lieu de paralyser ou de crier devant le danger, l'homme réagit ou fuit et cherche des solutions pour parer aux dangers futurs. Son objectif étant toujours, comme celui de l'hypothalamus, de préserver l'homéostasie (ou la paix intérieure).

C'est pourquoi le cerveau de l'homme fonctionne de façon latéralisée, spécialisée et structurée. Les aptitudes de l'homme présentent une distribution plus localisée dans son cerveau. Ce qui est prouvé scientifiquement lorsqu'on enregistre l'activité électrique du cerveau (EEG) en donnant aux participants la même activité à accomplir (lecture, discussion, travail manuel...). Alors que chez la femme, l'activité électrique sera diffuse et répartie dans l'ensemble de son cerveau, celle de l'homme se concentrera et se limitera à la partie du cerveau à laquelle fait appel l'activité. Par exemple, chez l'homme, seul le centre de la parole démontrera une certaine acti-vité lors d'une discussion, alors que chez la femme d'autres parties de son cerveau s'activeront. C'est ce qui me fait dire que le cerveau de l'homme fonctionne comme un télescope, alors que celui de la femme réagit comme un radar. Ne m'entraînez pas dans une discussion à savoir lequel, du télescope ou du radar, est le meilleur appareil ! De toutes façons, les deux ont été inventés et perfectionnés par le cerveau masculin.

Pourquoi en est-il ainsi ? Parce que notre cerveau, et tout notre corps et ses différents organes et fonctions, sont sexualisés. Notre cerveau, prédéterminé par le gène X ou Y, a baigné lors de son développement dans des hormones sexuelles qui l'ont empreint de prédispositions biologiques qui ne peuvent faire autrement que d'influencer notre psychologie et nos comportements. Le cerveau constitue notre véritable organe sexuel.

5. La psychologie masculine

5.1. Les conceptions changent. Autant il était « non politically correct » dans les années 70-80 de parler de différences de nature entre les hommes et les femmes, autant il est aujourd'hui « in » de le faire. Des centaines de livres ont été écrits sur le sujet depuis une dizaine d'années. Le coup d'envoi a probablement été donné par les journalistes Jo Durden-Smith et Diane Desimone qui ont publié une véritable petite bible intitulée *Le sexe et le cerveau, La réponse* *au mystère de la sexualité humaine*[12] en 1985, laquelle se lit comme un véritable roman. Ce sont eux qui, les premiers, ont popularisé les découvertes de la neuropsychologie et attiré l'attention sur trois idées pseudo-scientifiques véhiculées autant par des scientifiques, des féministes et la population en général :

1. Les états psychologiques sont les produits de notre esprit : nous sommes ce que nous imaginons que nous sommes.

2. La croyance que le corps et l'esprit existent comme deux entités différentes, l'une donnant vie à l'autre.

3. Le genre (masculin ou féminin) n'est pas inné, mais acquis, et peut donc être modifié par la culture.

En fait, il y a 125 ans, la science croyait que la nature et la biologie étaient toutes puissantes, ce qui confirmait la hiérarchie implicite de la création et cadrait bien avec les idées de Darwin au sujet de l'évolution qui mettait l'être humain au sommet. En réaction, se développa un courant basé sur l'idée que l'individu est le produit de son apprentissage et du milieu social dans lequel il vit. Ce dogme fut exploité par le courant féministe pour affirmer que les différences sexuelles avaient été inventées de toutes pièces par un système patriarcal pour asservir les femmes : pour parvenir à l'égalité, il faut donc faire disparaître les différences homme-femme et les classes sociales.

Aujourd'hui, la science reconnaît que le cerveau est sexualisé et qu'il est le lieu d'intégration de la Culture et de la Nature, la nature étant ici considérée comme un héritage génétique millénaire dont on ne peut pas faire abstraction en une génération. Cet héritage est modifiable si le milieu change, mais ne peut suivre le rythme du changement culturel[13]. Pour le moment, la science se contente de constater les différences homme-femme et évite de normaliser, c-à-d. de valoriser certaines caractéristiques au détriment d'autres caractéristiques.

5.2 Mars ou Vénus. Celui qui a le plus popularisé la nouvelle psychologie différentielle des sexes est certainement le psychologue américain John Gray avec son livre publié en 1994 *L'homme vient de Mars, La femme vient de Vénus*[14]. Ce livre a été très contesté par les féministes et les partisans de la psychologie culturaliste, ce qui ne l'a pas empêché d'en écrire d'autres sur le même sujet (voir la médiagraphie) et qui ont connu le même succès.

Gray explique que les valeurs primordiales du Martien sont le pouvoir, la compétence, l'efficacité et l'accomplissement de soi, qu'il s'intéresse davantage aux choses et aux objets, qu'il est important pour lui d'avoir des défis et d'atteindre ses objectifs par lui-même, que demander de l'aide est un signe de faiblesse, qu'il est honoré lorsqu'on fait appel à ses compétences. Pour se sentir mieux, le Martien s'isole, la Vénusienne téléphone. Le Martien veut faire l'amour pour régler une dispute, la Vénusienne veut régler la dispute (c-à-d. en parler) avant de faire l'amour. Le Martien offre vingt-quatre roses pour prouver son amour, la Vénusienne préfère recevoir vingt-quatre fois une rose. Le Martien achète la paix par le silence ne sachant pas qu'il provoque la guerre pour la Vénusienne qui, elle, ne sait pas que de le forcer à parler avant qu'il ne soit prêt à le faire est une déclaration de guerre qui amène le Martien à se retirer davantage ou à exploser si la Vénusienne continue de vouloir communiquer à tout prix.

Le Martien a besoin d'une raison pour parler, la Vénusienne parle en plus pour le plaisir. Le Martien a besoin d'espace, la Vénusienne a besoin de fusion. Le Martien a surtout besoin de confiance, d'appréciation, d'approbation, d'admiration et d'encouragement ;

la Vénusienne a surtout besoin d'attention, de compréhension, de respect, de dévotion et de valorisation de ses sentiments. Le Martien essaie à tort «d'arranger» la Vénusienne qui, elle, veut «perfectionner» son Martien. Pour la Vénusienne, les petites choses font une grande différence alors que le Martien concentre ses énergies sur une affaire importante et minimise les petites choses. Ainsi de suite pendant 320 pages et d'autres livres.

D'après Joe Tanenbaum, «...l'homme le plus féminin est encore plus masculin que la femme la plus masculine...»[15] disait-il pour contrecarrer la croyance qu'un homme pouvait réellement comprendre le «style» féminin et empêcher la négation de nos différences psychologiques. Ces différences sont réelles et, même si elles peuvent se révéler malsaines pour l'autre sexe, elles sont naturelles et saines pour le sexe qui les possède. Alors, cessons de percevoir négativement nos différences et percevons les simplement comme des différences. Seules les femmes peuvent bien comprendre les femmes, tout comme seuls les hommes peuvent bien se comprendre entre eux, sans mot dire. L'homme sait mieux que sa partenaire ce qu'il est et ce qui est le mieux pour lui, pour assurer son bien-être. Encore faut-il qu'il soit capable de se tenir debout devant cette partenaire pour affirmer ses spécificités.

Tanenbaum répond aux hommes qui se reconnaissent davantage dans le portrait de la femme qu'ils ont été principalement élevés par des femmes (mères, institutrices, gardiennes...) et qu'ils ont ainsi été obligés d'adapter leurs comportements à ceux de ces femmes. Pour ce faire, ils ont dû réprimer leurs comportements spontanément masculins pour plaire à ces femmes qui n'appréciaient pas les comportements mâles et ne valorisaient que les comportements féminins. Ces garçons devenus hommes ont généralement de la difficulté à communiquer avec les autres hommes et à se faire des amis hommes.

5.3 Réponses aux désirs de changement des femmes. De nombreux questionnaires, rapportés par Tanenbaum[16], ont démontré que les femmes voudraient que l'homme fasse les seize (16) changements suivants :

1. Parle plus souvent.

2. Soit plus émotif.

3. Se dépense moins physiquement.

4. Soit plus romantique.

5. Veuille faire l'amour moins souvent.

6. Se préoccupe davantage des autres.

7. Soit moins sérieux, fasse plus de folies.

8. Soit plus spontané.

9. S'amuse plus.

10. Se préoccupe de la famille avant tout.

11. Sorte plus souvent.

12. Soit plus souple.

13. Se préoccupe plus de leur habillement.

14. Se préoccupe davantage de leur hygiène.

15. Montre plus de compassion.

16. Se montre plus souple sur la ponctualité.

Toutes ces demandes expriment le monde des femmes, leurs priorités et leurs façons de fonctionner. Or l'homme :

1. Préfère réfléchir avant de parler, n'aime pas parler pour parler et encore moins parler pour ne rien dire ou remplir le silence. L'homme recherche même le silence (exemple : la pêche ou la chasse).

2. Ne veut surtout pas se laisser envahir par l'émotion ; il préfère garder la tête froide, ce qui, pour lui, facilite sa réflexion ou sa détente.

3. Est un être physique : il aime bouger, dépasser ses limites, aller au-delà des résistances. L'homme est un être d'action[17].

4. Est un être génital, source de ses plus grands plaisirs, plaisirs qu'il tient à partager avec sa partenaire.

5. Exprime son romantisme en faisant l'amour et non en parlant d'amour. Lui demander de faire moins souvent l'amour équivaut à demander à une femme de moins communiquer.

6. Se préoccupe des autres en assurant leur bien-être matériel et en étant toujours présent lorsque les autres ont vraiment besoin de lui, comme il nous le prouve dans des situations de crises. Mais il apprécie aussi les moments de solitude et le vide ne lui fait pas peur.

7. Ne fait peut-être pas les folies que sa partenaire voudrait, mais il en fait comme nous le prouve l'existence des sports extrêmes. De plus, il déteste les fous rires sans raison.

8. Est plus réfléchi que spontané, préfère planifier que de simplement réagir.

9. S'amuse en argumentant, en racontant des «jokes», en jouant des tours, en lançant des défis à ses copains.

10. Suit les préceptes de Confucius qui disait, il y a 2 500 ans : «D'abord se maîtriser soi-même, ensuite gérer sa famille, après régner la nation, et finalement conquérir le monde.» signifiant par là que de penser à soi est la meilleure façon de s'occuper de sa famille et des autres.

11. Vivant la plupart du temps loin de chez-lui, envisage le foyer comme un havre de paix, comme l'endroit où il peut enfin profiter du «repos du guerrier», où il peut enfin se détendre avec les gens qu'il aime et pour qui il travaille tant.

12. Fonctionne mieux à l'intérieur d'un cadre où les règles de conduite sont connues et structurées (sport, politique, administration...), même s'il ne les respecte pas toujours. C'est pourquoi il enseigne l'ordre et la discipline à ses enfants, autre façon de se préoccuper de sa famille.

13. Choisit ses vêtements en fonction du confort et non de l'apparence.

14. Possède un odorat qui peut être jusqu'à dix fois inférieur à celui de sa partenaire. Oui, il aurait avantage à se préoccuper plus de son hygiène et de sa santé en général[18], mais il était, jusqu'à tout récemment encore, seul à assurer la survie de sa famille, d'où l'importance qu'il accordait, et accorde toujours, à son travail qu'il faisait à la sueur de son corps.

15. Se refuse à prendre les autres en pitié, mais leur offre des moyens et des solutions, sinon de l'aide ou de l'argent, pour s'en sortir.

16. Considère la ponctualité comme un signe de respect.

5.4 La perception du monde. Il existe quatre modes de perception de la réalité: physique, intellectuel, émotionnel et spirituel. L'homme privilégie les deux premiers modes alors que la femme peut plus facilement naviguer d'un mode à l'autre. Les hommes réagissent à la réalité objective, aux faits. L'homme instruit deviendra plus intellectuel et réagira par le raisonnement aux différentes situations de sa vie, alors que l'homme peu instruit continuera d'avoir recours aux démonstrations physiques pour se faire comprendre[19]. L'action et le raisonnement sont les deux priorités de la vie masculine. Ses émotions sont vécues physiquement (voir Préjugé #7) ou intellectuellement: il a des pensées tristes ou heureuses, mais pleure plus rarement. Sa spiritualité s'exprime aussi de façon physique (construction de cathédrales) ou intellectuellement (philosophie ou théologie).

5.5 L'homme reste un chasseur-guerrier. Certaines expériences de vie sont essentiellement masculines. Au même titre que l'homme ne comprendra jamais l'expérience de la grossesse, de l'allaitement ou du cycle menstruel, la femme ne comprendra jamais ce que l'on pourrait appeler l'instinct du chasseur et l'attitude défensive qu'il a développés depuis trois millions d'années. C'est cet instinct qui lui a permis de développer son sens supérieur de l'orientation et ses capacités mécaniques (courir, lancer, grimper, soulever…) afin de pouvoir attraper le gibier ou fuir ses prédateurs. C'est cet instinct qui, selon Barbara DeAngelis, fait en sorte que «… l'homme ne se repose jamais complètement. Il est toujours aux aguets, tendant l'oreille pour capter le danger.»[20]

Même si, aujourd'hui, l'homme n'a plus besoin de chasser pour survivre, cet apprentissage influence encore son comportement, comme on peut le constater dans les observations suivantes. À remarquer que ces comportements sont la plupart du temps incons-cients, l'homme les effectuant mécaniquement, sans même y penser, sans même se rendre compte qu'il agit ainsi, ce que Barbara DeAngelis appelle la « mémoire génétique », une mémoire spon-tanée qui s'exerce à son insu.

- Au restaurant, l'homme cherche toujours à s'asseoir dos au mur, n'ayant ainsi à surveiller que ce qui se passe en face de lui. Le fait de pouvoir admirer les autres femmes n'est qu'un bénéfice secondaire, et non la raison principale de ce comportement.

- L'homme devient silencieux lorsque, par exemple le soir, il doit traverser un stationnement en raccompagnant sa parte-naire, continuellement à l'affût d'un danger possible.

- Lorsqu'il se retrouve dans un endroit non familier, l'homme jauge très rapidement les distances entre lui et les portes de sorties et le temps nécessaire pour parcourir ces distances. Il s'organise pour « maîtriser » le nouveau territoire.

- Quoique cela puisse paraître, à tort, égocentrique, l'homme se perçoit toujours au « centre » de l'univers. En fait, il se situe continuellement par rapport aux autres, par rapport à l'espace, par rapport au temps. Une fois qu'il a trouvé sa place, il peut se détendre.

- L'homme entretient facilement des fantasmes dans lesquels il est le héros défendant ceux qu'il aime contre toutes sortes d'agresseurs potentiels.

L'homme réagit toujours par la défensive à chaque fois qu'il se sent attaqué, que ce soit physiquement ou émotionnellement (une critique de sa partenaire, par exemple). La meilleure défensive est souvent constituée par la contre-attaque, mais l'homme a appris que la retraite ou la fuite constituait aussi une excellente stratégie défensive. Henri Laborit a même écrit un livre sur l'éloge de la fuite.[21] Quand il sait qu'il ne peut vaincre, l'homme retraite. Est-ce parce qu'il se sent attaqué et perdu d'avance, que tant de fois, il fuit l'intimité ou la confrontation avec sa femme?

5.6 La gestion de l'énergie masculine. Avez-vous remarqué combien de fois, dans les bandes dessinées sur la famille, on représentait l'homme en train de roupiller. Lucien, le mari de Blondinette[22], illustre très bien comment l'homme maîtrise son énergie: après une période consacrée à l'exécution d'une tâche (dépense d'énergie), il prend un moment d'arrêt en se retirant en lui-même (récupération d'énergie). Se retirer en lui-même peut signifier faire une sieste, lire un livre, regarder la télévision ou prendre une bière en lisant son journal. C'est pourquoi, au retour à la maison, l'homme aime bien prendre un temps d'arrêt avant de se consacrer aux tâches ménagères. Ce temps d'arrêt lui permet de faire une coupure du bureau, de récupérer une partie de son énergie qu'il pourra dépenser dans de nouvelles activités, comme s'occuper des devoirs des enfants ou aller au restaurant.

Pour bien maîtriser son énergie, l'homme a besoin de planification. Il veut savoir où et quand débute l'activité, combien de temps elle lui prendra et quand sera-t-elle terminée. Il veut aussi savoir s'il y a une raison pour faire telle ou telle activité. Et pour mieux utiliser son énergie, l'homme se concentre sur une seule activité à la fois, contrairement aux femmes qui peuvent superviser parallèlement plusieurs tâches. De plus, quand l'homme a trouvé une manière d'accomplir une tâche, il la répètera toujours de la même façon afin d'économiser son énergie. L'homme a comme dicton: «On ne change pas ce qui fonctionne bien». C'est pourquoi l'homme aménage son espace d'une certaine façon, en mettant chaque chose à sa place, et peut ne rien changer pendant des années. Le monde de l'homme est fixe et structuré. Si, dans ses relations avec sa partenaire, l'homme cherche à structurer la vie de celle-ci, elle se sentira « dominée, manipulée, opprimée, fâchée et incomprise »[23] car, dans son monde, tout bouge continuellement, à l'intérieur et autour d'elle (à cause de ses changements hormonaux).

5.7 Le fonctionnement de la pensée masculine. Vous voulez savoir comment fonctionne la pensée de l'homme, faites démarrer sa plus récente invention : l'ordinateur, PC ou Mac. Vous devez commencer par ouvrir l'ordinateur, attendre que tout se mette en place, ouvrir le ou les logiciels dont vous avez besoin et, finalement, vous mettre au travail. Sur l'écran, tous vos outils deviennent accessibles, chacun bien disposé à sa place. Vous avez des fenêtres qui s'ouvrent sur d'autres outils, si nécessaire. Vous ne pouvez travailler que sur une fenêtre à la fois, ne faire qu'une seule chose à la fois, là où se trouve votre curseur, même si vous avez pu confier des tâches de recherche à l'un de vos logiciels. Et jamais, au grand jamais, l'ordinateur ne fait autre chose que ce que vous lui demandez. À l'inverse de l'homme, par contre, il n'est pas sensible à la critique et ne réagit jamais émotionnellement, même si parfois il « bogue », comme l'homme.

L'homme raisonne selon le mode action-réaction, cause-effet, stimulus-réponse vous diraient certains behavioristes. La pensée de l'homme est séquentielle : elle va du point A au point C, en passant nécessairement par le point B. C'est lui qui a inventé le syllogisme[24] et écrit le code Morin[25]. C'est lui qui a développé la gestion par objectifs. L'homme a tendance à faire des plans et à… les suivre. Le fonctionnement de sa pensée conditionne évidemment son comportement. Lors de la visite d'une exposition, par exemple, l'homme suivra l'ordre de présentation des stands un à un, plutôt que d'aller de l'un à l'autre sans respect des flèches indiquant la direction. C'est la raison pour laquelle les hommes détestent magasiner avec leur femme qui aura, elle, tendance à aller d'une boutique à l'autre, sans plan défini, à la découverte de ce qui attire son attention. La femme perçoit le magasinage comme une aventure, l'homme, comme une corvée. Avez-vous déjà vu un homme, après avoir passé tout un après-midi dans un centre commercial à la recherche de quelque chose de précis, revenir bredouille, mais heureux, satisfait et détendu ? Impossible, même en vacances !

Ce fonctionnement linéaire se manifeste aussi dans l'organisation des relations interpersonnelles. Partout où il n'y a que des hommes, la structure est toujours hiérarchique. Contrairement à la croyance féministe, l'homme ne hiérarchise pas pour dominer, il structure pour éviter la confusion, pour mettre de l'ordre, pour savoir qui contrôle quoi, qui dirige quoi, qui fait quoi. En faisant cela, il n'évalue pas la valeur des personnes en cause, il réglemente leurs relations : un soldat qui rencontre un capitaine, un député qui rencontre le premier ministre, un curé qui rencontre un évêque, un joueur qui rencontre son entraîneur… savent très bien comment se conduire l'un envers l'autre en fonction de leur grade. La hiérarchie donne des droits et des privilèges, certes, mais elle donne surtout des responsabilités et des comptes à rendre.

C'est une illusion féministe de croire que l'homme veut tout dominer, qu'il veut écraser les femmes, mais il est vrai qu'il veut tout ordonner pour que tout fonctionne bien, sans dépense inutile d'énergie. Si la femme veut accepter et respecter les règles du jeu, elle peut monter dans la hiérarchie. Par contre, si elle refuse le jeu, qu'elle prenne bien conscience qu'elle nie l'homme, lui manque de respect, refuse de lui faire confiance et met en doute sa bonne foi.

5.8 Pourquoi les hommes se marient ? Tout simplement pour mettre fin aux fréquentations qui demandent de l'énergie, exigent beaucoup de temps et coûtent finalement très chères. Parce qu'il s'est donné un défi et fixé un objectif : la conquérir. L'homme se marie parce qu'il l'a décidé ainsi, parce qu'il estime qu'elle est celle qui lui convient. Il l'aime comme elle est et espère qu'elle ne changera jamais, contrairement à la femme qui marie un « potentiel » et qui croit que la « vraie vie » va réellement commencer après le mariage. L'homme se marie pour mettre fin aux fréquentations et retourner à la « vraie vie » normale, c'est-à-dire à son travail. Lorsque la femme change avec les années, l'homme se sent trompé, alors que la femme accuse l'homme de ne pas avoir évolué parce qu'il est resté exactement le même qu'au moment du mariage. Comprenez-vous pourquoi il y a tant de divorces ?

5.9 Comment les hommes abordent la communication. Suite au préjugé #11 présenté dans le chapitre troisième, rappelons que l'homme n'utilise pas la parole pour communiquer ou être en relation, mais pour échanger de l'information ou pour résoudre un problème. C'est pourquoi il s'attend à des conversations rapides, utiles et, de préférence, amusantes. D'après Joe Tanenbaum[26], l'homme communique en trois étapes : d'abord, il réfléchit ; ensuite, il emmagasine ; finalement, il communique[27]. Voici comment cela se passe dans le cas d'une recherche de résolution de problème.

Lorsque le problème ne se résout pas de lui-même ou sans effort, l'homme y réfléchit et juge alors qu'il n'est pas utile de communiquer le contenu de ses pensées. Cette étape de réflexion peut être rapide ou s'étendre sur des années. Évidemment, l'homme réfléchit en silence. Lorsqu'il ne trouve pas la solution au problème, il enfouit cette réflexion dans son corps. « Du point de vue de l'homme, taire ses problèmes lui permet de maîtriser la situation tant que le problème reste à portée de la main (même si le corps risque de tomber malade). »[28] S'il trouve enfin la solution, il aura plaisir à la communiquer ; sinon, une fois toutes ses ressources épuisées, il avouera difficilement qu'il n'y parvient pas et demandera de l'aide, ce qui correspond pour lui à un aveu de faiblesse.

Pour connaître le style de communication de l'homme, écoutez ses conversations téléphoniques. Vous remarquerez aussi que l'homme offre toujours des solutions à sa partenaire lorsque celle-ci lui dit que quelque chose ne va pas ou l'importune. Il offre des solutions pour l'aider alors qu'elle ne voudrait qu'être écoutée et sentir qu'il compatit à son malaise. L'homme propose plutôt des moyens pour faire disparaître la source de son malaise. Pour lui, l'idéal serait que sa partenaire règle par elle-même ses problèmes, qu'elle ne lui en parle pas et qu'elle n'échange avec lui que de bonnes et belles choses.

Mauvaise nouvelle pour les femmes : l'homme n'est pas un être spontané, du moins pas au sens où celles-ci le voudraient. La spontanéité de l'homme est toujours quelque peu planifiée ; il réfléchit avant de passer aux actes ou d'émettre des paroles. La seule différence se situe dans le temps de réflexion. Lorsque ce temps est court, la femme s'imagine, à tort, qu'il a été spontané. L'homme pense en silence et ne communique que le résultat de sa réflexion. C'est pourquoi l'homme déteste tant, par exemple, que sa partenaire lui coupe la parole ou mette en doute la conclusion à laquelle sa réflexion l'a amené. Comme il ne communique que le résultat de sa réflexion, il ne communique donc que ce qu'il croit être la meilleure réponse ou solution. L'interruption ou le doute est alors interprété par l'homme comme une façon de lui dire qu'il a mal réfléchi ou que le résultat de sa réflexion est mauvais, qu'il n'est pas arrivé à la bonne conclusion.

5.10 La gestion masculine des émotions. La région du cerveau associée aux émotions, tout comme le centre de la parole, est beaucoup plus développée chez la femme que chez l'homme, ce qui

« semble » donner à la femme un avantage sur la gestion de leurs émotions. On pourrait dire que la plus grande force émotionnelle de la femme correspond à la plus grande force physique de l'homme. Ce qui ne veut pas dire que l'homme ne sait pas maîtriser ses émotions, mais plutôt qu'il les contrôle différemment. L'homme recherche la paix, la femme l'intensité. La femme parle de ses émotions, l'homme les agit. Il ne dit pas qu'il aime sa femme, il lui fait l'amour. Il ne dit pas qu'il apprécie le repas qu'elle vient de lui préparer, il le mange avec enthousiasme. Il ne dit pas qu'il est en colère, il ferme vivement les portes. Il ne dit pas qu'il est heureux, il se sent léger. S'il ne se sent pas respecté, il se retire. Comme pour lui ses sensations sont la réalité, il ne ressent pas le besoin de les dire pour les confirmer.

L'homme exprime ses émotions par son langage corporel. D'ailleurs, les anthropologues ont démontré que, partout sur cette planète, les hommes avaient développé un langage des signes beaucoup plus riche que les femmes. Les hommes se parlent en gestes : un simple coup d'œil, un mouvement des mains, un haussement d'épaules, un hochement de tête… et les deux interlocuteurs se sont compris sans avoir besoin de faire appel à la parole. Les sportifs, particulièrement les joueurs de baseball, utilisent à profusion cette capacité. Le langage morse à été inventé par Samuel Morse. C'est aussi un homme, Charles Michel de l'Epée (1712-1789) qui développa le langage des signes, le langage des sourds-muets.

Lorsque l'homme vit une émotion difficile, il aura tendance, comme on l'a vu au point précédent, à l'enfouir dans son corps, à « balayer l'émotion sous le tapis ». Pour lui, exprimer verbalement ses émotions ne fait que les empirer, lui confirmant qu'il est incapable de trouver la solution qui lui permettrait de faire disparaître la source de l'émotion et retrouver sa paix intérieure. Parler de ce qui ne va pas est source de plus grand malaise, comme semble le lui confirmer le fait que ce sont les femmes surtout qui, malgré leur tendance et leur facilité à exprimer leurs émotions et à les crier ou pleurer, vivent plus de dépressions et de phobies. Est-ce la dépression qui fait pleurer ou l'expression de la tristesse qui stimule la dépression ? Bonne question.

Les enquêtes sur le bonheur conjugal démontrent que les hommes sont plus satisfaits de leurs relations amoureuses que les femmes. Rappelons-nous que ce sont les femmes qui, à 80 %, initient les discussions du style « Il faudrait que l'on se parle » et que ce sont elles, dans une proportion de 65 à 80 %, qui demandent le divorce. Les hommes auraient-ils une plus grande capacité d'adaptation au « malheur » ? Ou, à la différence des femmes, ne montent pas en épingle toute petite contrariété, toute petite frustration ? Peut-être que les hommes sont davantage en contact avec l'essence de la vie : **vivre** (sans se compliquer la vie, comme ils le disent si souvent). Contrairement à la croyance féministe, partagée par nombre de psychologues, la capacité de rétention des émotions est peut-être plus un avantage qu'une tare, permettant aux hommes de mieux faire face aux difficultés de la vie sans en être perturbés et de profiter de ce qu'ils sont et ont. Rappelez-vous que le principal argument pro-expression émotive (la répression des émotions est la cause des ulcères d'estomac) vient d'être mis en pièce par la découverte d'un virus qui serait le vrai coupable de cette affection stomacale.

Cet avantage évolutif (au sens darwinien du terme) est directement relié au taux de testostérone comme nous le démontrent les recherches de l'équipe du psychiatre Flor-Henry[28] d'Edmonton. On ne dénote de différences dans la quantité de pleurs entre les garçons et les filles qu'à partir de l'adolescence, moment de grande production de testostérone chez le garçon. Comme la production de testostérone diminue progressivement avec l'âge, on constate effectivement chez l'homme vieillissant une plus grande sensibilité émotive et un plus grand besoin d'intimité. Par contre, chez la femme ménopausée qui vit une chute de production de ses hormones féminines, on observe la disparition de phobies antérieures et un plus grand contrôle émotif, dû à l'influence accrue du peu de testostérone que son corps produit. Il existe donc un lien entre hormones et gestion des émotions, la testostérone étant associée au contrôle, la progestérone, à l'expression.

5.11 Travailler avec les hommes. Les hommes ne travaillent pas en équipe comme les femmes le font. Pour l'homme, un travail d'équipe de qualité s'exprime par un minimum de communication (directives, rencontres, synthèses...), alors que la femme juge la qualité de l'équipe au nombre d'interactions entre les membres de celle-ci et au bien-être de chacun. Les hommes peuvent travailler côte à côte, en silence, pendant de longues périodes. Pour l'homme, le travail à accomplir, l'objectif à atteindre est plus important que le bien-être physique ou émotif des membres de l'équipe. Les hommes établissent les règles et demandent aux membres de l'équipe de les respecter, alors que les femmes modifient facilement les règles pour améliorer l'harmonie au sein des membres de l'équipe.

Cette différence est déjà remarquable dans les jeux des jeunes enfants, comme l'a si bien rapporté Adrienne Mendell, à la suite de son analyse des travaux des psychologues Carol Nagy Jacklin et Eleanor Maccoby:

« Dans leurs jeux, les garçons s'initient au conflit et à la concurrence. Ils apprennent l'importance de la résolution des disputes et se dotent de compétences dans ce domaine. Ils apprennent à se battre – et à jouer – avec leurs ennemis... Leurs jeux requièrent la coordination des activités de nombreux individus, ils apprennent à diriger et à organiser. Les jeux de garçons se déroulent d'abord à l'extérieur de la maison… si bien qu'ils apprennent à séparer… leur vie professionnelle de leur vie intime. Les garçons sont plus soucieux des règles… (même si) la définition précise de celles-ci fait l'objet de nombreuses disputes… discussions que les garçons ont l'air d'apprécier autant que le jeu lui-même. »[29]

Pour l'homme, le travail, tout comme la majorité de ses activités (affaires, sports, sexualité, amours, bourse, politique, même la guerre), est un jeu dont il faut apprendre les règles et les respecter : ce sont ceux qui connaissent le mieux les règles, qui ont les meilleures compétences, qui gagnent. S'il y a des gagnants, il y a évidemment des perdants. Les perdants apprennent de leurs erreurs et se disent qu'ils feront mieux la prochaine fois. Pas question de mettre les règles de côté parce qu'elles blessent quelqu'un ou pour faire plaisir à quelqu'un, serait-ce une femme. Ces règles sont établies pour faciliter les interrelations, sauvegarder le groupe et assurer la plus grande liberté individuelle de tous. On le voit bien, le jeu est une affaire très sérieuse pour les hommes, jeu dont nul n'est censé ignorer ou modifier les règles, même si elles sont tacites et non écrites. La première règle de tout jeu est que les règles doivent être prises au sérieux.

S'il existe tant de conflits de couple ou de guerres entre les sexes, c'est dû à l'ignorance des règles implicites utilisées par l'autre sexe. Si les femmes cessaient de vouloir imposer leurs propres règles aux hommes ou arrêtaient de vouloir les modifier et se mettaient à les observer pour les comprendre, elles vivraient certainement plus d'intimité avec eux et réussiraient bien mieux dans le monde des affaires, de la politique et du monde économique, comme le confirme Adrienne Mendell, parce qu'elles pourraient utiliser ces règles du jeu à leur profit.

C'est l'une des raison pour laquelle j'ai écrit ce livre : apprendre aux femmes comment les hommes fonctionnent. Mais j'entends déjà les commentaires : « Pourquoi ce ne sont pas les hommes qui apprennent les règles du jeu des femmes ? » « Pourquoi est-ce encore les femmes qui doivent faire tout le travail ? » Ce à quoi je réponds : Pourquoi voulez-vous envahir le champ de compétences des hommes, ce pourquoi la Nature (c-à-d. vous-mêmes) les a créés ? Si vous décidez de venir jouer avec les hommes, pourquoi, en plus, les hommes devraient-ils le faire selon vos desideratas ? Pourquoi devraient-ils subitement modifier ce qui, pour eux, fonctionne bien depuis longtemps pour vous intégrer ? Pourquoi, par exemple, devraient-ils changer les règles du baseball parce que vous venez de décider que vous aussi vouliez jouer au baseball ? Vous acceptez de vous conformer aux règles établies et apprenez à les manipuler ou, de deux choses l'une, vous jouez de votre côté les jeux que vous voulez et de la façon dont vous le voulez, ou vous prouvez aux hommes le bien-fondé du changement de certaines règles. Mais attendez-vous à devoir discuter et argumenter. J'espère toutefois que, si vous ne parvenez pas à faire valoir votre point de vue, vous ne prendrez pas cet échec de façon personnelle, comme un rejet ou une forme d'exploitation, et continuerez d'aimer les hommes, ou le baseball.

Si au contraire, vous parvenez à faire passer votre point de vue, non seulement gagnerez-vous le respect des autres joueurs, mais vous augmenterez aussi votre pouvoir et, qui sait, l'utiliserez-vous à améliorer les règles du jeu ou à inventer de nouveaux jeux pour le plaisir de tous. N'oubliez pas que le but ultime de tout jeu est d'avoir du plaisir, gagner ou perdre étant secondaire, même si, j'imagine que, comme moi, vous préférez gagner. Vous l'aurez deviné, une autre règle du jeu des hommes est de mettre les émotions de côté, sinon le jeu se termine trop vite et plus personne n'a de plaisir. Ne croyez surtout pas que critiquer, minimiser ou ridiculiser les règles du jeu vont vous amener de la sympathie et de la collaboration de la part des hommes, au contraire.

Comme nous pouvons tous facilement le constater, la compétition fait partie intégrante de la vie des hommes. Mais ils n'y accordent pas la même signification que les femmes, le même sérieux que les femmes. C'est le joueur de tennis André Agassi qui a le mieux résumé la philosophie de l'homme à ce sujet: «Ce qu'il y a de mieux dans la vie après le fait de jouer et de gagner, c'est de jouer et de perdre.» J'ai compris cette philosophie en jouant au badminton avec ma partenaire. Lorsque je joue avec elle, celle-ci préfère que l'on fasse des échanges de moineaux plutôt que de disputer un match avec moi, car jusqu'à maintenant, elle n'a jamais pu me battre aux points. Mais, je me suis rendu compte que je préférais perdre un match chaudement disputé avec un joueur de mon calibre ou de calibre supérieur que de juste faire un échange de moineaux. Même si je perds, j'améliore mon jeu, ce que je peux difficilement faire avec ma partenaire qui, elle, voudrait que j'adapte mon jeu à son niveau et que je contienne ma puissance de jeu. Son objectif est de passer agréablement du temps avec moi en jouant au badminton, ce que j'accepte plus facilement si je sais qu'il y aura de la compétition, c-à-d. que l'on comptera les points. En ne réprimant pas ma qualité de jeu, je croyais qu'elle aussi pourrait avoir du plaisir à apprendre, même si elle perdait. J'en conclut que la compétition permet aux hommes de s'améliorer alors qu'elle place les femmes dans une situation sans issue puisque, selon elle, ou elle ou moi sera perdant. Tant qu'elle n'acceptera pas le plaisir de perdre, son jeu ne pourra s'améliorer. J'accepte donc parfois de me limiter aux échanges parce que je sais que je serai gagnant sur un autre plan.

Vous êtes-vous déjà posé la question à savoir pourquoi les femmes avaient tant de difficultés à travailler sous les ordres d'autres femmes ? C'est parce que les femmes sont égalitaires et veulent être traitées en égales par les autres femmes, y compris leurs patronnes. D'où leur difficulté d'accepter des ordres d'une femme et leur refus que les patronnes puissent jouir de certains privilèges. Elles acceptent plus facilement d'être dirigées par des hommes parce que ceux-ci fonctionnent de façon hiérarchique. Les dirigeants mâles savent qu'ils dirigent parce que leurs employés acceptent qu'ils dirigent. Les employés acceptent que les dirigeants aient certains privilèges parce qu'ils savent que, s'ils ont obtenu des postes de direction, c'est qu'ils sont meilleurs qu'eux pour diriger et que cela compense pour leurs plus grandes responsabilités. D'un autre côté, ils savent que l'équipe ne peut pas gagner sans leur entière participation. Les femmes sont, sur ce plan, beaucoup plus individualistes et acceptent difficilement de se mettre au service de l'équipe.

5.12 Vie professionnelle et vie privée. Même si les hommes ont tendance à se laisser envahir par leur vie professionnelle parce qu'ils aiment y jouer et y trouvent d'intenses satisfactions, ils sont davantage capables d'établir une coupure nette entre leur travail et le reste de leur vie. C'est pourquoi la majorité des hommes élabore peu leur réponse à la question «Comment cela a été au travail, aujourd'hui, mon chéri ?» alors que cette question amènera la femme à raconter non seulement ce qu'elle a fait, mais aussi ce qu'elle n'a pas eu le temps de faire et toutes les pensées qu'elle a pu avoir au courant de sa journée au sujet d'une multitude de choses. (Rappelez-vous que son corps calleux lui donne un meilleur accès à tous ses souvenirs.) Pour l'homme, quand le travail est terminé, quand le jeu est terminé, il rentre chez lui et il oublie le tout. Même lorsque son bureau est à la maison et qu'il a de la difficulté à s'en extirper. Évidemment, l'inverse est vrai aussi : lorsqu'il est au bureau, il oublie tout ce qui a trait à la maison. D'où la nécessité de lui laisser un message écrit s'il doit, à la fin de la journée, rapporter du lait à la maison.

Même si le sport de la lutte est arrangé, saviez-vous que les lutteurs qui combattent les uns contre les autres et qui parfois se font réellement mal, voyagent souvent tous ensembles dans le même autobus qui les conduit d'aréna en aréna? Ceci illustre la capacité des hommes, adversaires sur le terrain, à se retrouver en toute amitié en dehors de leurs vies professionnelles. Parlez-en aux avocats, syndicalistes et autres négociateurs mâles dont la confrontation fait partie de leur travail et vous constaterez que même si parfois les propos deviennent virulents et que la lutte soit acharnée, ceux-ci, tout comme les boxeurs, sont capables de laisser tomber les gants à la fin de la partie et de fraterniser. Chose que les femmes ont tellement de difficulté à comprendre.

Mais, au travail, comme à la maison et comme dans tout autre domaine de leurs vies, les hommes appliquent, selon Adrienne Mendell[31], les sept catégories de règles suivantes:

1. Les hommes affichent leurs compétences: ils font comme s'ils maîtrisaient tous les aspects de la réalité même si ce n'est pas le cas, ne demandent de l'aide qu'en cas de réel besoin, vantent leurs réussites, font étalage de leurs talents et laissent leurs erreurs dans l'ombre.

2. Les hommes affichent leur force: ils essaient de prendre le pouvoir et de l'exercer, n'ont pas l'air de dépendre de qui que ce soit, ne laissent pas voir qu'ils puissent être déstabilisés (même si c'est le cas), ne boudent pas, ne se plaignent pas lorsque tout ne va pas comme ils le veulent et agissent selon leur personnalité propre.

3. Les hommes continuent de jouer même quand le jeu ne les amuse plus : ils acceptent de travailler tard si nécessaire, élargissent leur clientèle même s'ils n'aiment pas leurs nouveaux clients, prennent des libertés avec la vérité, vont même parfois jusqu'à mentir si cela peut leur être profitable.

4. Les hommes jouent le jeu tout en gardant leurs distances : ils ne prennent pas les critiques de leurs adversaires ou collègues pour des affronts, ne s'attachent pas trop à leurs clients ou projets, contrôlent bien leur colère et ne la manifestent qu'au moment le plus opportun.

5. Les hommes sont agressifs parce que cela fait partie du jeu : ils choisissent l'équipe avec laquelle ils veulent jouer et s'organisent pour être choisis, sortent de l'ombre de quelque façon que ce soit, réclament un travail intéressant et prennent des risques.

6. Les hommes savent que se battre fait partie du jeu : ils jouent franc-jeu, ne sont ni trop passifs, ni trop agressifs, trouvent le talon d'Achille de leurs adversaires et foncent, savent quand s'arrêter, laissent leur adversaire sauver la face et savent gagner et perdre avec élégance.

7. Les hommes font partie d'une équipe : ils portent un uniforme ou un signe distinctif, s'entraident entre coéquipiers, sont toujours solidaires de leur équipe, font passer l'intérêt de l'équipe avant leurs intérêts personnels et se donnent à fond (ou en donnent l'air).

Même si certaines de ces règles sont difficilement compréhensibles ou répréhensibles pour les femmes, elles constituent, pour les hommes, une approche saine et épanouissante de leur existence.

Comme les femmes prennent tout personnellement et se laissent envahir facilement par leurs émotions, elles oublient souvent que tout cela n'est qu'un jeu et croient plutôt que c'est une lutte à finir.

6. Rose ou macho?

Les féministes sont confrontées à un dilemme: elles veulent changer les hommes pour qu'ils se rapprochent de leur idéal masculin, mais elles ne sont pas excitées par ce nouvel homme qu'elles découvrent. Les statistiques démontrent que les femmes n'aiment pas et n'entretiennent pas de relations amoureuses, et même amicales, avec des hommes moins instruits qu'elles, qui gagnent moins d'argent qu'elles et qui ont moins de pouvoir qu'elles. C'est Gail Sheehy qui disait lors d'une entrevue: «Les hommes puissants et influents sont un aphrodisiaque pour les femmes». Ce disant, elle ne faisait que confirmer ce qu'Henry Kissinger avait déjà dit, vingt-cinq ans plus tôt, sur la valeur aphrodisiaque du pouvoir.

L'homme, aussi, est confronté à un dilemme: croyant se libérer en suivant les diktats du mouvement féministe, il en arrive maintenant à «réagir» à la femme et à se soumettre à elle afin de la garder: il n'«agit» plus comme l'homme décrit ci-dessus; il agit comme il croit qu'il devrait agir pour lui faire plaisir. En réagissant ainsi, la femme continue d'être la mère nourricière et l'homme d'être le bon petit garçon obéissant. Or, les femmes ne font pas l'amour avec leurs enfants. Elles recherchent des hommes, des «vrais».

L'homme qui veut réellement se libérer et avoir du plaisir dans ses relations avec la femme doit cesser d'essayer de répondre aux attentes des femmes, car celles-ci voudraient continuer de profiter des avantages de l'homme traditionnel (protection, puissance, support...) et du nouvel homme (sensuel, sensible, romantique, émotif, vulnérable). Elles nous demandent en fait d'être des doubles surhommes, ce que nous ne sommes évidemment pas et ne serons jamais. L'homme qui veut se libérer et avoir du plaisir avec les femmes devra le faire en partant de lui-même et des autres hommes, et non des attentes féministes.

Pour y arriver, l'homme devra se révolter contre les étiquettes d'intimidation sexistes des femmes : macho, misogyne, phallocrate, précoce, dominateur, violent, violeur... Se révolter non pas en traitant à son tour la femme d'hystérique, misandre, vaginocrate, retardée, soumise, passive, mère poule... mais en prenant conscience que l'homme et la femme sont différents, en intégrant ces différences dans sa vie quotidienne et en se rappelant que ce sont ces différences qui attirent sa compagne. Comprendre ces différences, apprendre ces différences et exploiter ces différences pour son propre bonheur et celui de celles qui le voudront bien, et pour le bien-être de ses enfants.

Il nous faut éviter à tout prix de régresser dans nos rôles traditionnels sécurisants, mais aussi de tomber dans le piège de la soumission à la conception que les femmes ont du nouvel homme. L'émergence de ce nouvel homme ne peut se faire qu'à partir de nous et qu'entre nous. Et les femmes devront tenir compte de ce que nous deviendrons, s'y adapter ou... apprendre à vivre seules, comme c'est le cas de 35 % (sinon plus) de leurs consœurs.

C'est beau, un homme ! C'est si beau, un homme...

chantait Shirley Théroux.

Résumé du chapitre

Dans ce chapitre, on apprend que :
- Selon les féministes, l'homme «masculin» et la femme «féminine» seraient handicapés et qu'il faut développer la personne androgyne parce que plus adaptée.
- L'identité se construit à partir du regard des autres et est faite d'inné et d'acquis.
- Il existe une différence entre les rôles et les fonctions.
- Les rôles sont conscients, volontaires, réels, variés, asexués et relatifs.
- Les fonctions sont inconscientes, involontaires, non mesurables, uniques, spécifiques et absolues.
- Nier ou minimiser les différences entre les hommes et les femmes peut se révéler dangereux.
- Du point de vue génétique, l'homme est plus près du singe que de la femme.
- Nous sommes toutes conçues femmes, mais le chromosome Y transforme certaines d'entre nous en hommes.
- L'importance de la fonction paternelle dans la confirmation de la libido mâle.
- La sexualité et l'identité mâle sont intrusives.
- La sexualité masculine est innée, génitale, intense et relationnelle.
- L'hémisphère gauche (rationalité) constitue le cerveau dominant chez l'homme.
- Le corps calleux est 40 % plus développé chez la femme.
- L'hypothalamus, qui contrôle les comportements humains de base (alimentation, accès de fuite, agressivité et activité sexuelle), est beaucoup plus développé chez l'homme.
- Le cerveau de l'homme fonctionne de façon latéralisée, spécialisée et structurée. Celui de la femme fonctionne de façon globale et diffuse.

- Le cerveau constitue notre véritable organe sexuel.
- Il est de plus en plus «politically correct» de parler de psychologie différentielle des sexes.
- C'est le psychologue John Gray qui, le premier, a associé l'homme à Mars et la femme à Vénus.
- L'homme le plus féminin est encore plus masculin que la femme la plus masculine.
- Les femmes voudraient apporter seize (16) changements aux hommes, mais ces changements iraient à l'encontre de la nature de l'homme.
- Il existe quatre modes de perception de la réalité : physique, intellectuel, émotionnel et spirituel. L'homme privilégie les deux premiers modes.
- L'homme demeure un chasseur-guerrier, expérience que les femmes ne peuvent pas comprendre.
- Pour bien utiliser son énergie, l'homme a besoin de planification.
- La pensée de l'homme fonctionne comme un ordinateur, de façon séquentielle et linéaire.
- Partout où il n'y a que des hommes, la structure relationnelle est hiérarchique.
- C'est une illusion féministe de croire que l'homme veut tout dominer : il veut plutôt tout ordonner.
- Les hommes se marient pour mettre fin aux fréquentations.
- L'homme communique en trois étapes : réflexion, enfouissement, expression.
- L'homme offre des solutions aux femmes et ne peut être spontané.
- L'homme recherche la paix, la femme l'intensité. La femme parle de ses émotions, l'homme les agit.
- Les enquêtes sur le bonheur conjugal démontrent que les hommes sont plus satisfaits de leurs relations amoureuses que les femmes.
- Contrairement à la croyance, la capacité de rétention des émotions est plus un avantage évolutif qu'une tare.

- Il existe un lien entre hormones et gestion des émotions.
- Pour l'homme, le travail à accomplir est plus important que le bien-être physique ou émotif des membres de l'équipe.
- Pour l'homme, le travail, tout comme la majorité de ses activités, est un jeu dont il faut apprendre les règles.
- Les femmes doivent apprendre les règles du jeu si elles veulent travailler et vivre avec les hommes.
- Le but ultime de tout jeu est d'avoir du plaisir, gagner ou perdre étant secondaire.
- La compétition fait partie intégrante de la vie des hommes.
- L'homme sépare, plus facilement que la femme, vie professionnelle et vie privée, quand il le décide.
- Les hommes appliquent à leur vie personnelle les mêmes sept règles qu'ils appliquent à leur vie professionnelle.
- Le pouvoir est un aphrodisiaque pour les femmes.
- L'homme qui veut se libérer devra le faire en partant de lui-même et des autres hommes, et non des attentes féministes.

10

Un père, pour quoi faire?

1. La nouvelle famille

Autrefois, existait une structure familiale composée des grands-parents, des parents, de multiples enfants et parfois de petits-enfants vivant sous le même toit, en communauté. La famille d'alors était structurée autour du grand-père lorsqu'il était encore vivant et/ou de la grand-mère[1]; chaque membre de la famille avait des fonctions spécifiques, des rôles précis et une place qu'il se devait de conserver. Souvent, on retrouvait tout autour de la maison paternelle, la maison des frères et sœurs, beaux-frères et belles-sœurs, eux aussi accompagnés de leurs parents, parfois des cousins et cousines. Tout ce monde partageait joies et peines, moments heureux et malheureux, tous se soutenant dans leur destin.

Nous sommes passés, en l'espace de quelques décennies seulement, d'une famille tribale à une famille dite nucléaire limitée au père, à la mère et à un ou deux enfants vivant dans un appartement ou une maison isolée du reste de la famille. Les grands-parents vivent seuls dans leur maison ou dans une maison de retraite. Le point central de la famille devient maintenant la mère. À preuve, dans le cas de divorce, les enfants se retrouvent généralement sous la garde de leur mère, même si la loi prévoit la garde partagée et même si celle-ci a substitué, en 1977, l'autorité paternelle par l'autorité parentale.

Que la famille ait évolué ne constitue pas en soi une tragédie ; ce qui pose problème est plutôt la rapidité avec laquelle s'est effectuée cette évolution. L'éclatement de la famille traditionnelle a laissé dans l'incertitude les fonctions paternelles et maternelles. Les femmes se retrouvent fréquemment obligées de remplir les deux fonctions. Or, celles-ci sont complémentaires et parfois conflictuelles, parce qu'opposées, donc impossibles à remplir par une même personne.

Selon les brillantes analyses du sociologue québécois Germain Dulac[2], les études faites sur la paternité l'ont été autour des quatre paradigmes négatifs suivants : la passivité, l'absence, la violence et l'abus. On s'est plutôt penché sur les conséquences de l'absence ou de la passivité du père et sur les effets négatifs des abus paternels de pouvoir plutôt que chercher à étudier la paternité pour elle-même, ses caractéristiques intrinsèques, ses apports à l'éducation et l'évolution des enfants ou les façons de mieux l'exercer.

Son analyse démontre que, suite au vaste mouvement de dépréciation du statut de Pater Familias survenu tout au long du XIXe et surtout du XXe siècle, on nous présente « un père soumis à la maison dont l'autorité est mise en échec par la mère. Vaincu, absent, dominé par leur épouse au sein de la famille traditionnelle et par les patrons dans les usines, ce père se réfugiait dans le silence et l'absence[3] » Partout les pères sont pris en défaut, et le rôle de la mère, devenue femme forte pour compenser la faiblesse de son partenaire, surévalué.

2. Une vague de fond paternelle

Il existe toutefois, depuis peu, une tentative de reconstruction de l'image paternelle. Sauf que les pères y sont rarement étudiés pour eux-mêmes ; ils le sont toujours en référence aux femmes/mères. Comme l'énonce Brian Robinson[4] : « Les papas font aussi de bonnes mamans ». De plus en plus d'études démontrent que les pères peuvent prendre soin des enfants, même en bas âge, que les hommes possèdent aussi des capacités de « paternage »[5], qu'ils ont le même potentiel qu'une bonne mère. Pour paraphraser Dulac, « La paternité s'est longtemps résumée au rôle de pourvoyeur et ce n'est que progressivement que le rôle actif d'agent de socialisation a occupé une place plus importante[6]. »

On demande donc aux pères de s'occuper des enfants autant que la mère le fait et, surtout, de le faire de la même façon qu'elle. Pas question de valoriser l'apport spécifique que pourrait avoir la paternité, exprimée dans le contexte propre de la masculinité. Les hommes se trouvent donc coincés entre une double polarité : **s'impliquer en tant que père ou se désengager et, lorsqu'ils décident de s'impliquer, le faire selon leur senti ou selon les attentes de leurs partenaires**. Les hommes sont à la recherche de leur identité de père comme nous le démontre le foisonnement d'associations et de groupes de défense des droits du père et de l'enfant[7], tant en Amérique du Nord qu'en Europe.

Il existe certes dans ces regroupements des plaintes injustifiées des hommes en réaction au mouvement des femmes et au féminisme, mais il ne faudrait pas qu'y voir un « reflux féministe », selon l'expression de Dulac. Il faut surtout comprendre, d'une part, qu'il existe un réel désir masculin de croissance personnelle et de soutien réciproque (tel qu'illustré par les réseaux Homme et Auton'hommie) et, d'autre part, un réel besoin de rétablir devant la justice les droits des hommes et des pères à l'égalité (tel qu'illustré par le Groupe d'entraide aux pères et soutien à l'enfant GEPSE). Les pères ne veulent plus être définis que par leur absence ou présence, l'abus ou non, la responsabilité ou non. Ils veulent être reconnus pour ce qu'ils sont : des êtres à part entière qui ont une influence **spécifique** à apporter à leurs enfants et avoir tous les droits nécessaires pour le faire.

Sans être parfaitement d'accord avec Blankenhorn[8] qui dit que pour le bien de l'enfant, il faut rester avec la mère et, partant, rendre le divorce plus difficile d'accès, il faut bien reconnaître avec lui qu' « En voulant éliminer le vieux modèle patriarcal, la société n'a su qu'assassiner le père ! » D'après lui, restaurer la paternité permettrait de domestiquer la masculinité.

Il faut élargir le scénario de la responsabilité paternelle :

> « étudier les aspects des investissements psychologiques des pères, les motivations, la proximité et la qualité des relations avec les enfants, les différentes formes de la paternité, les différentes formes d'implication des pères auprès des enfants : financière, affective, morale. »[9]

Ces études doivent, à mon avis, se faire non seulement en tenant compte des changements culturels, politiques et économiques, mais aussi à la lumière des données de la nouvelle psychologie différentielle des sexes : les hommes et les femmes, quoique égaux, n'ont pas des perceptions identiques sur la vie et les mêmes fonctions à remplir auprès des enfants, mêmes si plusieurs tâches peuvent facilement être interchangeables.

3. La famille, règne du matriarcat

Même en acceptant qu'au plan social, juridique, politique et économique nous vivions dans un système patriarcal, il ne fait aucun doute que les familles, elles, sont régies par un système matriarcal. Contrairement aux femmes, les hommes doivent apprendre à être pères et cet apprentissage n'est pas facile à faire. Le rapport à l'enfant est généralement fait par l'intermédiaire de la mère; le père doit apprendre à entrer en contact **direct** avec l'enfant, sans l'intermédiaire de la mère. Sans faire référence à un instinct maternel à proprement parler, le corps de la femme enceinte, sous la poussée d'hormones, se prépare spontanément à remplir son rôle nourricier. Aucune hormone ne vient transformer le corps de l'homme qui devient père. Grâce à la symbiose utérine vécue par la mère et l'enfant, ceux-ci développent une intimité et une complicité difficilement accessibles au père. Au contraire, celui-ci a souvent l'impression de ne pas être « dans le coup » et a même souvent l'impression qu'on lui vole sa femme, son amante, lorsque celle-ci devient mère.

La grossesse transforme le corps de la femme, mais aussi son esprit. Beaucoup de femmes de carrière ont révisé leurs priorités de vie lorsqu'elles ont été mises en contact avec leur mission maternelle biologique. La paternité ne transforme pas l'homme; elle ne fait que le confirmer dans son éternel rôle de pourvoyeur de sécurité matérielle de base à la survie physique. La mère comprend intuitivement les besoins de son enfant et écrase parfois, souvent involontairement, son partenaire de cette supériorité. L'enfant se sent mieux dans les bras de sa mère plutôt que dans ceux du père, étranger et souvent maladroit devant un être si fragile. En fait, lorsque bébé vient au monde, maman et bébé ont neuf mois d'avance sur papa. Beaucoup de pères ne rattraperont jamais ce retard, non pas parce qu'ils ne le désirent pas, mais parce qu'ils ne savent pas comment faire et qu'ils rencontrent de nombreux obstacles pour ce faire, dont la résistance de la mère toute puissante n'est pas le moindre (le syndrome de Maman-je-sais-tout-mieux-que-papa).

4. Les alternatives du père

Devant cette situation bien réelle, l'homme devenu père se trouve face à une alternative que l'on peut présenter de différentes façons:

1. Il délègue toutes ses responsabilités à la mère et lui laisse tout le pouvoir ou bien il s'approprie la partie du pouvoir qui lui revient et fait partie intégrante du triangle familial.

2. Il reste le pourvoyeur de nourriture qu'il a été depuis le début de l'humanité ou bien il s'implique en plus au plan relationnel pour éviter d'être le père manquant à l'origine des enfants manqués parce qu'ils ont eu trop de mère et pas assez de père.

3. Il démissionne et ne sert que d'épouvantail au service de la mère ou bien il se tient debout et se bat pour remplir sa fonction de père.

Lorsqu'un couple se forme, il existe trois entités: Moi, Toi et Nous. (Nous verrons plus loin comment vivre heureux dans ce Nous.) Pour le moment, concentrons-nous sur la dynamique familiale. Lorsqu'arrive le premier enfant, sept entités entrent maintenant en interrelations: Moi, Toi, Nous, Enfant, Famille, Père, Mère, comme illustré dans le tableau suivant:

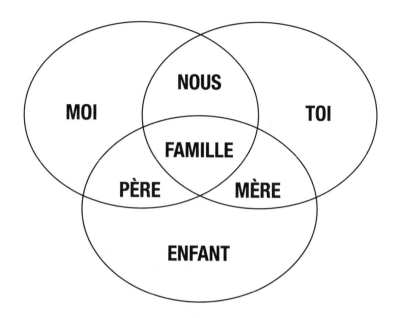

Tableau : Les sept entités de la famille

Chacune de ces entités a droit à l'existence et au respect. Pour maintenir l'équilibre entre les forces en jeu, l'homme doit nécessairement prendre sa place dans la dyade originelle mère-enfant, sinon chacune des parties sera perdante, car la mère voudra continuer de vivre une relation symbiotique avec son enfant.

5. La réelle fonction du père

Mais en quoi, justement, consiste cette fonction paternelle ? En quoi sa fonction est-elle complémentaire, et non similaire, à la fonction maternelle ? Quelle est la mission réelle du père ? Les deux psychanalystes Simone et Moussa Nabati, diplômés de l'Institut de Psychologie et docteurs en psychologie de l'Université de Paris, apportent des éléments de réflexion fort intéressants dans leur livre *Le père, à quoi ça sert ?*[10]

Nous avons vu au début du chapitre précédent la différence existant entre rôle et fonction. En résumé, le rôle désigne des comportements, des actes ou des attitudes conscientes, volontaires, concrètes, interchangeables et relatifs comme les tâches ménagères ou de pourvoyeurs. Ces rôles évoluent au gré du temps et des modes et peuvent être indifféremment remplis par la mère ou le père. La fonction est à l'inverse des rôles car celle-ci est inconsciente, psychologique (non volontaire), unique, spécifique et absolue. Aucune mère, malgré sa bonne volonté, ne peut remplir la fonction paternelle ; elle ne peut remplir que « sa » fonction maternelle.

La fonction maternelle est d'abord une fonction de matrice, de source nourricière, d'enveloppe, de réceptacle de vie, de rétention. La mère représente l'abri, la sécurité, la protection, la chaleur, l'affection, la fusion, la compréhension... La mère représente l'amour. La fonction du père en est une de séparation, d'expulsion du sein maternel, de distinction, de différenciation. Le père doit éduquer ses enfants dans le sens étymologique du mot « educare » : faire sortir, tirer dehors, conduire au dehors avec soin.

La fonction du père est de séparer l'enfant de la mère. Il doit s'interposer entre la mère et l'enfant pour permettre à l'enfant de développer son identité en dehors de la symbiose maternelle et rappeler à la mère qu'elle est aussi une femme, une amante, un être de plaisir, non seulement un être de devoir généreux. Si la mère représente l'amour fusionnel, le père représente les limites, les frontières, la séparation psychologique. Les soi-disant patriarches diraient : la loi et l'ordre.

L'enfant a besoin de sentir toute l'attention de la mère pour découvrir sa puissance. Mais il a aussi besoin des interdits de son père pour connaître ses limites et apprendre à faire attention aux autres. L'enfant apprend, par sa mère, qu'il est au centre de l'univers, de son univers; il doit apprendre, par son père, qu'il existe d'autres univers avec lesquels il devra collaborer pour survivre et s'épanouir. L'enfant doit apprendre à se situer à mi-chemin entre l'attitude du chat et du chien. Le chat se croit le maître en voyant tout ce que son «esclave» fait pour lui, alors que le chien perçoit son propriétaire comme son maître parce qu'il est capable de tout faire pour lui.

D'après les psychologues, la fonction paternelle se manifeste dans cinq secteurs précis:

1. La protection. Auparavant, grâce à sa force physique, cette protection était surtout limitée aux dangers physiques extérieurs: l'homme des cavernes devait protéger les siens des autres hommes et prédateurs de toutes sortes. L'homme du XXIe siècle sera de plus en plus appelé à assurer, en plus, une sécurité émotive non seulement pour ses enfants, mais aussi pour sa femme (c'est d'ailleurs là l'une des principales demandes de la femme moderne). Sa femme et ses enfants veulent pouvoir compter sur lui. Pour ce faire, il doit évidemment être présent, physiquement et psychologiquement, et être valorisé dans cette fonction.

2. L'éducation. Le père doit faciliter à ses enfants l'apprentissage du contrôle de soi; il doit leur apprendre à renoncer à la satisfaction immédiate de ses besoins et désirs; il doit leur apprendre la patience. Il doit surtout les aider à canaliser leur agressivité vers une expression positive et constructive de celle-ci. Il est évident que, ce faisant, il apprend lui aussi à mieux gérer ses propres besoins et sa propre agressivité. Mais n'est-ce pas en enseignant qu'on apprend à enseigner?

3. L'initiation. Le père a aussi comme fonction d'humaniser l'enfant à la frustration et au manque afin de pouvoir l'intégrer dans le monde adulte et le monde social, comme cela se faisait dans les rituels initiatiques des tribus dites « primitives ». Le père initie l'enfant aux règles de la société, sinon aucune vie sociale n'est possible. La démission du père à ce niveau est probablement en grande partie responsable de l'augmentation croissante de la délinquance juvénile. Les enfants deviennent délinquants parce qu'ils continuent de croire que tout leur est dû et que les autres sont à leur service (comme l'était maman).

4. La séparation. La femme moderne demande à l'homme du XXIe siècle de l'accompagner dans toutes les étapes de la grossesse, de l'accouchement et des soins de l'enfant et je crois que cet accompagnement constitue une excellente façon de développer le sens de la paternité. Mais, j'insiste pour réaffirmer que la fonction du père est de séparer l'enfant de la mère et la mère de l'enfant et non pas de former une « sainte trinité » où chacun perd son identité. Ainsi, le père permet la survie et l'épanouissement de l'enfant ; ainsi, l'homme permet la survie et l'épanouissement de la femme qui existe dans la mère.

5. La filiation. Peu importe le nom de famille donné à l'enfant, celui-ci a besoin de savoir qu'il a un père et qui est ce père. Il a aussi besoin de savoir qu'il s'inscrit dans une lignée qui possède une histoire. Il a besoin de se sentir relié à l'humanité, qu'il fait partie de la grande famille humaine. Traditionnellement, la filiation était patrilinéaire ; elle assurait au père qu'il avait des enfants et elle assurait à l'enfant, fille ou fils, qu'il avait bien un père, ce père.

La maternité ne fait pas de doute : la mère sait que c'est « son » enfant parce qu'elle l'a porté. La paternité, elle, doit parfois être prouvée et c'est la raison principale pour laquelle, ne l'oublions pas, la filiation patrilinéaire et la monogamie se sont développées[11]. L'homme pouvait ainsi être plus assuré qu'il était vraiment le père de ses enfants et qu'il pouvait consacrer ses ressources, sa force de travail et son affection à leur survie et leur développement. C'est une attitude extrêmement paranoïde de croire que les hommes ont inventé ces institutions pour asservir les femmes. Ils l'ont fait pour protéger leurs droits, leur paternité, ce qui m'apparaît un mobile tout à fait légitime[12]. Sinon, l'homme serait encore plus esclave de la femme en ce sens que sa fonction serait réduite à son rôle de pourvoyeur : améliorer les conditions de vie de n'importe quel enfant et il devrait probablement prendre en charge de nombreux enfants qui ne sont pas les siens.

Déjà, en juillet 1966, Margaret Mead proposait dans un article de *Redbook* le mariage en deux étapes. La première consistait en un lien légal sans véritable engagement et sans conséquences advenant un divorce : le mariage individuel. La deuxième étape légalisait la relation à long terme avec des garanties concernant les enfants en cas de divorce : le mariage parental. Ce mariage unirait les partenaires à vie. La première étape a donné naissance au foisonnement des unions libres des années 70 et 80. Mais la deuxième étape n'a jamais pris forme. Les enfants n'ont aucune garantie que leurs droits seront respectés dans le cas de divorce. Les mariages basés sur le sentimentalisme, le non-engagement et l'absence de sens pratique responsable deviennent évidemment explosifs et traumatisants pour toutes les parties en cause au moment du divorce.

6. Les conséquences du père absent

Que se passe-t-il lorsque le père ne remplit pas ses fonctions ? Qu'arrive-t-il s'il ne s'implique pas dans le triangle père-mère-enfant ? Qu'arrive-t-il lorsque le père est psychologiquement absent ? Quelles sont les conséquences du foisonnement de familles monoparentales dirigées uniquement par les mères ? Qu'arrive-t-il si, pour une raison ou pour une autre, l'homme est empêché de remplir sa fonction paternelle ? Il arrive ce que nous constatons aujourd'hui partout autour de nous. Entre autres :

- Les mères cherchent à remplir la fonction du père manquant, ce qui accentue l'attitude ambivalente des enfants envers leur mère et leur père.

- Les enfants collent à la maison avec leur mère poule.

- La délinquance et le vagabondage des jeunes augmentent.

- Les adolescents n'abandonnent jamais leur sentiment de toute-puissance et continuent de croire que tout leur est dû, qu'ils sont le centre de l'univers.

- Le phénomène du décrochage scolaire et les problèmes socio-affectifs s'intensifient, particulièrement chez les garçons.

- Les adolescents demeurent d'éternels adolescents faute de modèle patriarcal positif.

- La consommation de drogues douces et dures est plus élevée dans les familles monoparentales .

- Le taux de divorce explose et devient une véritable industrie faisant vivre psychologues, médiateurs, avocats, juges, huissiers, travailleurs sociaux, agents immobiliers, administrateurs…

- Les enfants et adolescents tueurs se multiplient.

- Les garçons incestés psychologiquement par leur mère deviennent des hommes qui ont peur de s'engager avec une femme, au même titre qu'une fille incestée sexuellement aura de la difficulté à s'épanouir sexuellement une fois adulte.

- 35 % des gens vivent maintenant seuls faute d'avoir appris l'art du partage et de la négociation inhérente à la vie de couple.

- Les taux de suicides augmentent de façon alarmante chez les hommes et les adolescents.

- La violence conjugale devient une véritable épidémie.

La définition et le sens de la paternité sont recherchés en fonction de systèmes normatifs, théoriques ou comportementaux idéaux, comme si le vécu du père, son agir, ses perceptions étaient insuffisantes pour décrire la paternité. On a tellement décrié le «patriarcat» et le paternalisme que les pères ne se sentent plus adéquats.

De plus en plus d'experts considèrent que le rôle principal d'un père auprès de ses enfants en est un de socialisation. Comme exprimé par un membre de GEPSE:

> «Il revient au père de briser cet état de fusion qui unit la mère et l'enfant en bas âge, pour ouvrir le monde à son enfant, pour lui faire prendre conscience qu'il aura à coopérer et à collaborer avec ses semblables dans l'édification de la société, et qu'il lui faut maintenant cesser de voir ce monde extérieur comme un ennemi qui viendrait troubler la quiétude douillette de cet utérus virtuel où baignent la mère et son enfant.»

Pour paraphraser Jacques Languirand qui disait, lors du premier forum québécois sur la condition masculine, que «le féminisme et le mouvement des femmes avaient transformé l'humanité», c'est, j'espère, le mouvement des hommes/pères qui sera le changement le plus important que l'humanité vivra au cours du XXIe siècle.

Les enfants qui manquent de pères
finissent par manquer de re-pères.

Résumé du chapitre

Dans ce chapitre, on apprend que:

- La famille dite nucléaire a remplacé la famille tribale.
- Les études faites sur la paternité le sont autour de quatre paradigmes négatifs: la passivité, l'absence, la violence et l'abus.
- La paternité est rarement étudiée en elle-même, plus souvent en rapport avec la maternité.
- Il existe de plus en plus de groupes de défense des droits du père et de l'enfant.
- En voulant éliminer le vieux modèle patriarcal, la société a assassiné le père.
- La famille est régie par un système matriarcal.
- L'homme doit apprendre à devenir père.
- Il existe un syndrome «Maman-je-sais-tout-mieux-que-papa».
- Les pères sont confrontés à plusieurs ambivalences.
- La paternité se manifeste dans cinq secteurs précis: la protection, l'éducation, l'initiation, la séparation et la filiation.
- La mère représente l'amour, le père représente la loi et l'ordre.
- La filiation patrilinéaire veut assurer la paternité.
- Il pourrait exister des mariages individuels et des mariages parentaux.
- L'absence du père a des conséquences négatives très graves.
- Le mouvement des hommes et des pères sera probablement le changement le plus important du XXIe siècle.

11

Vivre heureux avec une femme

1. Femmes, ne lisez pas ce chapitre

Mesdames, sachez que, si vous ne pouvez résister à votre curiosité et passez outre à mon conseil de ne pas lire ce chapitre, vous risquez fort de vous demander par la suite si votre partenaire vous exprime vraiment et spontanément ce qu'il ressent ou s'il cherche plutôt à vous manipuler pour obtenir de vous ce qu'il veut. En effet, j'aurais pu intituler ce chapitre *Traité de manipulation des femmes à l'usage des hommes honnêtes* car j'y décris quelques stratégies pour permettre aux hommes de mieux vous comprendre afin d'être plus heureux de vivre avec vous. Or, impossible d'être heureux avec une femme si on n'apprend pas son «mode d'emploi», si on ne comprend pas la culture féminine. L'inverse aussi est vrai.

Encore une fois, je vous suggère de ne pas lire ce chapitre, mais si vous le faites quand même, dites-vous que si votre partenaire s'applique à suivre ces règles, c'est qu'il vous aime et qu'il veut tout faire pour obtenir de sa relation de couple le maximum de paix dont il a besoin pour être heureux et tout le sexe qu'il désire afin de se sentir comblé. Vous auriez avantage à l'encourager à persévérer dans ses efforts (oui, j'ai bien dit efforts). Et si votre homme est comblé et heureux, vous ne pouvez qu'être gagnante. Quant à vous, si vous êtes une femme aussi honnête que votre mari, prenez le temps de lire *Chéri, parle-moi!*[1] pour savoir comment «manipuler» votre homme afin de satisfaire l'intensité de votre besoin de communication verbale à couleur émotive.

2. Mise en garde aux hommes

Le principe à la base de ce chapitre est qu'en tant qu'individu adulte et responsable, je suis le seul artisan de mon propre bonheur ou de mon sale malheur. Je ne peux attendre de l'autre qu'il fasse mon bonheur, tout comme je ne peux l'accuser d'être le responsable de mon malheur, ce qui dans les deux cas est un signe de dépendance affective et non d'amour de soi et de l'autre. Je me dois donc de prendre la responsabilité de mes pensées, attitudes, gestes et paroles afin de faire de mon couple une réussite. Si ma partenaire ne semble pas heureuse et me l'exprime, si elle n'est plus aussi réceptive sexuellement que pendant notre «lune de miel», rien ne sert de m'en défendre ou d'aller voir ailleurs. Essayez plutôt de voir ce qui a changé chez vous depuis que vous l'avez séduite et ce que vous pourriez changer dès maintenant dans vos pensées, attitudes, gestes et paroles pour la séduire à nouveau et être le plus heureux des hommes.

Tous les hommes que je connais (clients, amis ou participants à mes conférences ou ateliers) qui ont mis en pratique les données et conseils (que j'ai soulignés en caractères foncés) de ce chapitre se sont félicités de l'avoir fait. Le résultat vaut l'effort; mais ne dites surtout pas à votre partenaire que vous vous «efforcez» de la rendre heureuse en tenant compte de son «mode d'emploi», car ce qu'elle attend de vous c'est la «spontanéité» de vos pensées, attitudes, gestes et paroles. Pour elles, l'effort est l'antithèse de l'amour. Elles nous connaissent vraiment mal, car l'homme n'est pas un être spontané: l'homme planifie et décide ce qu'il veut faire ou dire. Mais elles voudraient tellement nous « améliorer » ; elles croient avoir épousé un potentiel et sont déçues de constater que nous ne changeons pas avec les années ; elles voudraient faire du prince charmant qu'elles croient avoir rencontré le roi qu'elles imaginent, alors que nous ne sommes que des crapauds et… heureux de l'être, à la condition de revaloriser notre masculinité : c'est quand même beau un crapaud quand on prend le temps de le regarder. Mais ce n'est pas grave, ce qui suit permettra d'éviter que votre princesse ne sorte ses griffes et ses crocs et qu'elle ne devienne une véritable sorcière.

3. Ce qu'il faut savoir au sujet du couple

Comment faire la synthèse entre l'égalité et la différence ? Comment faire vivre ensemble, et heureux, l'homme et la femme, si différents mais en même temps si complémentaires ? Autonomes, mais interdépendants. Comment vivre ensemble dans la différence et la réciprocité tout en se respectant l'un l'autre et dans le respect de soi ? Comment rester libre tout en s'engageant à fond dans une relation intime ?

Le couple, tel qu'on le connaît aujourd'hui, n'existe que depuis 20 000 ans à peine, soit depuis le passage de la société nomade à la société sédentaire, passage rendu possible par la découverte et le développement de l'agriculture. Le couple est devenu indispensable à la survie de l'individu à partir du moment où s'est effectué une répartition des tâches vitales, l'homme chassant et cultivant la terre, pendant que la femme cuisinait, préparait des conserves et s'occupait des enfants. Mais ce n'est que tout récemment que les membres du couple, grâce à l'industrialisation et la haute technologie, ont pu se libérer de nombreuses tâches harassantes avides de temps et d'énergie pour se retrouver face à face et vraiment commencer à faire connaissance. Les couples passent aujourd'hui beaucoup plus de temps ensemble que nos arrière grands-parents. Et c'est à partir du moment où nous avons passé plus de temps ensemble que les problèmes de couple ont commencé et que le taux de divorce s'est mis à grimper.

Le couple évolue généralement selon cinq étapes bien définies, quoique superposées : la lune de miel ou période de passion, la lutte inévitable pour le pouvoir, le partage nécessaire de ce pouvoir pour la survie du couple, l'engagement à tout faire pour s'aider l'un l'autre et servir d'exemple à autrui, surtout nos enfants, lorsqu'on y parvient. Malheureusement, 80 % des couples ne dépassent jamais la deuxième étape, la lutte pour le pouvoir, soit parce qu'ils divorcent (50 à 65 %) ou parce qu'ils s'enlisent dans une lutte permanente pour le pouvoir (15 à 30 %). Il ne reste donc qu'un maigre 20 % de couples heureux. Pourtant, la lutte pour le pouvoir devait permettre de mieux se connaître pour mieux s'apprécier. Mais, il semble que c'est à ce moment-là que diminuent l'admiration et le respect que l'on avait l'un pour l'autre.

De plus en plus, les psychologues découvrent les raisons qui permettent à certains couples de s'épanouir là où la majorité échoue. Les raisons, contrairement à ce que l'on peut croire, ne sont ni le manque d'amour, ni l'absence de bonne foi, mais plutôt la méconnaissance du fonctionnement de l'autre sexe, l'ignorance de la dynamique conjugale et l'utilisation de stratégies comportementales inefficaces. Évidemment, là aussi contrairement à la croyance, l'amour ne transporte pas les montagnes et il faut faire d'énormes efforts pour connaître le mode de fonctionnement de l'autre et, surtout, le mettre en pratique.

Déjà, la lecture de ce livre vous a probablement permis de mieux connaître votre partenaire et de voir en quoi elle est différente de vous et, j'espère, vous a aussi confirmé la beauté et la bonté de votre masculinité. Les éléments qui suivent vont d'avantage s'attarder à faire disparaître les préjugés que vous pourriez entretenir sur le couple et à vous aider à faire la différence entre stratégies perdantes et gagnantes. Je vais aussi vous dire ce à quoi vous avez le droit de vous attendre de la part de votre partenaire. Vous avez des responsabilités dans l'atteinte du bonheur conjugal, mais vous avez aussi des droits. Il y a des limites à ce que vous pouvez faire, mais votre conjointe doit aussi respecter certaines limites.

Jusqu'à tout récemment, le groupe avait priorité sur l'individu. Mais depuis les années 50, la culture du Moi s'est tellement développée qu'elle a supplanté le groupe, la famille et le couple. La philosophie du «vivre ici et maintenant» a renversé les valeurs et l'une de ses conséquences, à mon avis, est que le seuil de tolérance à la frustration a grandement diminué. Les Occidentaux acceptent difficilement d'avoir à renoncer à une partie d'eux-mêmes pour les autres. Pourtant, vivre en couple implique **la disparition d'une partie du Moi au profit du Nous,** comme illustré dans le tableau suivant, sans qu'il y ait évidemment perte de l'identité de chacun :

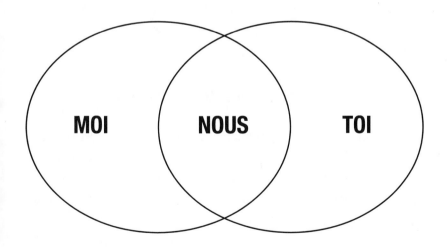

Tableau : 1 + 1 = 3

Si on compare le couple à une formule mathématique, on pourrait dire que $1 + 1 = 3$, c-à-d. Moi + Toi + Nous. Le mariage traditionnel valorisait la formule $1 + 1 = 1$, et nous avons vu que ce 1 était contrôlé par la femme, puis par la mère, faisant ainsi du couple et de la famille un système matriarcal, quoiqu'en disent les féministes. La réaction à cette fusion d'identités au profit de l'une a donné naissance au « mariage ouvert » (open marriage) des années 70 où la formule devenait $1 + 1 = 1 + 1$. Cette formule manifeste encore des soubresauts aujourd'hui, mais n'est visiblement pas vivable, comme on peut le constater à l'usage.

L'une des premières règles pour arriver à vivre harmonieusement avec votre conjointe est donc d'accepter de renoncer non pas à la totalité mais à une partie de votre Moi au profit du Nous, autrement dit, à **accepter d'être influencé par votre partenaire**. En cela, je crois que les hommes, en général, ont du chemin à faire. C'est bien beau de valoriser l'autonomie et l'indépendance, mais accepter les conseils de votre partenaire, ou du moins les écouter, ne fait pas de vous un petit enfant contrôlé par sa mère. Vous restez toujours libre d'en faire à votre tête, mais en donnant l'impression à votre femme que vous tenez compte de ses commentaires ne peut être que bénéfique à votre bonheur conjugal.

4. Les chevaliers de l'apocalypse

Le psychologue John M. Gottman[2] a réalisé une merveilleuse étude sur les couples au « Love Lab » de l'université de Seattle qui lui a permis de mieux comprendre la dynamique des couples malheureux. Il a appelé « chevaliers de l'apocalypse » les quatre comportements prédicateurs du divorce. Ce sont : la critique, le mépris, l'attitude défensive et la dérobade. La critique est différente du grief ; le grief vise un comportement spécifique, la critique attaque la personnalité : « Tu n'es qu'un égoïste ». Le mépris, conséquence d'une longue rumination de sentiments négatifs à l'égard du partenaire, exprime le dégoût de façon non verbale. L'attitude défensive est en fait un reproche adressé au partenaire : «Le problème, ce n'est pas moi, c'est toi.». Elle ne fait qu'engendrer l'escalade, c'est pourquoi elle est si meurtrière. La dérobade arrive généralement en dernier, après des années de querelles. Voici l'exemple classique de l'interaction de ces quatre comportements : le mari rentre à la maison, se fait accueillir par un feu nourri de critiques et se retranche derrière son journal, après quelques tentatives de justifications. Moins il réagit, plus sa femme hurle. Finalement, il se lève et quitte la pièce. Rendu à ce stade, le couple a très peu de chance de surmonter cette crise, qui risque plutôt de se répéter jusqu'au moment du divorce. Si votre couple est rendu à ce stade, il vaudrait mieux faire appel à un conseiller conjugal ou à médiateur. Sinon, lisez la suite.

Le grand désir de perfection des femmes amène celles-ci à vouloir continuellement améliorer leur partenaire et elles le font, malheureusement, en soulignant ce qui ne va pas. Comme elles disent : «Cela me fait du bien d'exprimer mes émotions.» Le problème, c'est qu'une fois la lune de miel terminée, les femmes sont portées à exprimer davantage leurs émotions négatives et leurs frustrations, lesquelles sont perçues comme des critiques par les hommes. Elles le font évidemment par amour, croyant réellement nous «aider» à ne pas répéter les mêmes erreurs en soulignant nos faiblesses ou nos travers,. Cette tendance à la critique n'est pas exclusivement féminine, car nous avons tous plus ou moins été éduqués de façon critique plutôt qu'aidante, mais je la dirais typiquement féminine. Par contre, l'attitude défensive et la dérobade sont des comportements typiquement masculins, ce qui amènent les femmes à croire les hommes susceptibles («je ne peux rien lui dire sans qu'il se choque») et à accuser les hommes de ne pas communiquer (principal reproche entendu en thérapie conjugale).

Ce qu'il faut comprendre dans la communication homme-femme, c'est que la femme se sent à l'aise dans l'expression émotive, surtout relationnelle, alors que l'homme préfère les discussions rationnelles et amusantes. De plus, l'homme et la femme ne perçoivent pas l'émotion de la même façon : pour la femme, l'émotion devient source d'expression alors que pour l'homme, l'émotion est synonyme de problème, problème dont il faut trouver la cause pour l'éliminer et retrouver ainsi la paix de l'esprit. Si la femme exprime une émotion, l'homme croit qu'elle a un problème ; si l'émotion ressentie par sa partenaire l'implique, il se défendra d'en être la cause et tentera alors de se justifier. Par exemple, si sa partenaire lui exprime de la colère suite à son retard, il répliquera qu'il a été retenu au bureau par une affaire urgente de dernière minute ou qu'il y avait un bouchon de circulation. Ses explications sont généralement valables. Sauf qu'il a donné une raison le disculpant et signifiant par là que sa partenaire n'a pas « raison » de lui en vouloir parce qu'il fait de son mieux. Ne se sentant pas reçue dans son expression émotive, elle l'accusera probablement d'être souvent en retard, mettra en doute son explication, laissera probablement entendre qu'il le fait exprès et qu'il ne tient « jamais » compte d'elle et de ses sentiments. Il lui répondra qu'elle exagère, qu'elle s'en fait pour rien, qu'il se sent surveillé et critiqué et que peu importe ce qu'il fait, ce n'est jamais à son goût. Les couples malheureux ont le don de l'escalade et de la critique réciproque.

Que pourrait faire l'homme pour éviter cette confrontation ? Accepter d'être « fautif » (en retard) ? S'excuser ? Compatir à la frustration et à la colère de sa partenaire ? Lui promettre de ne plus arriver en retard… Tout cela peut certes temporiser la situation et éviter l'escalade, mais, à long terme, n'est pas la meilleure stratégie. Il va lui arriver à nouveau d'être en retard, parce qu'il n'est pas parfait, et la situation se répétera. Que pourrait donc faire l'homme qui veut vivre harmonieusement avec sa partenaire au lieu de se sentir attaqué et de se défendre, c'est-à-dire réagir émotivement et se trouver des justifications rationnelles ? Tout simplement, **cesser de se sentir coupable de tout et de rien**. Ne prendre, dans cet exemple, que sa part de responsabilité, soit son retard, ne pas se sentir coupable de la colère de sa partenaire et essayer de comprendre l'origine de cette colère, qui est l'interprétation qu'elle fait de son retard. Une autre interprétation aurait pu l'amener à être contente de son retard, car elle aurait eu plus de temps pour se reposer ou finir de préparer le repas tout en écoutant sa musique préférée. L'homme est responsable de son action (son retard), mais pas de la «ré-action» émotive (la colère) de sa femme.

Les hommes ont la fâcheuse habitude de se croire responsables de tout et de vouloir tout réparer, même ce qui n'est pas cassé. L'homme sera porté à se défendre en refusant cette responsabilité au lieu d'accepter, de reconnaître et d'écouter la frustration de sa partenaire. Ce faisant, il ne peut être à l'écoute du besoin sous-jacent qui, frustré, provoque l'expression de la colère. Réagissant à la colère par la défensive, il ne prend pas conscience du véritable besoin en jeu de sa partenaire : le désir qu'il soit avec elle, près d'elle, le besoin de se sentir aimée et sécurisée. En argumentant, il jette de l'huile sur le feu au lieu de l'éteindre. Certes, la femme aurait pu exprimer directement sa hâte (son besoin) qu'il arrive au lieu de souligner son erreur (son retard), mais lui aussi aurait pu être à l'écoute de ce besoin et dire : «Tu avais hâte que j'arrive, mon amour» et ne pas réagir à la critique. L'avocat-animateur Thomas d'Ansembourg a bien compris la différence qui existe entre l'expression du besoin et l'expression de la frustration dans la genèse des conflits. Il résume sa pensée et donne de multiples exemples concrets dans son livre *Cessez d'être gentil, soyez vrai*[3] sur la communication non violente. L'homme doit donc passer par-dessus l'expression émotive (surtout négative) de sa partenaire pour **être à l'écoute des besoins sous-jacents non exprimés**. Ne pas devenir ré-actif, mais continuer d'être pro-actif pour sécuriser et séduire sa partenaire.

La réaction défensive et de contre-attaque de l'homme s'explique physiologiquement, comme nous l'avons déjà vu au quatrième chapitre, section *Le cercle vicieux de la violence*. Rien ne sert à l'homme de «combattre» une femme au plan émotif. Celle-ci contrôle mieux que lui les réactions physiologiques de ses émotions, c'est-à-dire qu'elle réagit moins fortement et moins rapidement que lui lors d'un échange chargé émotivement, sauf s'il coupe la communication et fuit loin d'elle. L'homme doit donc apprendre à **décoder son propre langage corporel** s'il veut vivre harmonieusement avec sa partenaire. Lorsqu'il sent la pression monter, son sang bouillir, ses muscles se tendre, son adrénaline circuler, ses idées s'obscurcir… devant «l'attaque» (la colère de sa partenaire), il devrait prendre une bonne respiration et se convaincre qu'il n'y a pas de réel danger. Sa femme est en colère… So what! Elle a le droit d'être en colère. Pourquoi est-elle en colère? Parce qu'il lui a manqué. Elle s'ennuyait de lui et avait hâte de le voir. Ce qui, au fond, est plutôt élogieux.

L'homme doit comprendre que sa femme n'est pas sa mère, même si elle est aussi une mère et même s'il est impossible de sortir la maternité d'une femme. Et qui dit maternité, dit générosité, désir de prendre soin des autres, de travailler à leur bonheur. La femme doit apprendre que l'on ne donne jamais un conseil ou un avis à un homme qui ne l'a pas sollicité, mais l'homme doit apprendre, de son côté, que c'est toujours par amour (et par insécurité, comme nous le verrons plus loin) que la femme donne ses conseils et va au-devant de lui et non parce qu'elle veut le materner ou lui dire qu'il est un incapable. Pour être heureux avec sa partenaire, l'homme doit la considérer non pas comme sa mère, mais comme son amie, une amie qui lui veut du bien et qui est prête à faire beaucoup pour lui. Il doit la considérer comme une invitée dans sa vie et non comme une responsabilité. Le bonheur de sa partenaire, ses états d'âme ou ses réactions émotives lui appartiennent ; il n'en est pas responsable, il n'est responsable que de ses gestes et paroles. Évidemment, il doit chercher à comprendre les actions et réactions de sa partenaire s'il veut qu'elle soit plus réceptive, mais il ne peut le faire que s'**il se met à son écoute, même s'il ne comprend pas** toujours la logique de ses actions et réactions. De toute façon, cette compréhension est rarement possible. Jacques Salomé a bien illustré cette dynamique lorsqu'il a intitulé l'un de ses livres *Parle-moi, j'ai des choses à te dire*[4].

L'homme heureux en ménage n'est pas plus intelligent, plus riche ou plus psychologue que les hommes malheureux. Sauf que dans sa vie quotidienne, il a développé une dynamique qui empêche ses pensées et sentiments négatifs à l'égard de sa conjointe de submerger ses pensées ou sentiments positifs. L'homme heureux en ménage est un homme émotionnellement intelligent, tel que l'entend Daniel Goleman[5].

5. Le mythe de la communication efficace[6]

Les recherches scientifiques, assez récentes dans le domaine de la thérapie conjugale, ont démontré que la majorité des conseillers matrimoniaux ne fondaient leurs interventions que sur leur formation professionnelle, leur expérience, leur intuition, leur propre histoire familiale, voire leurs convictions morales et non sur des données scientifiques rigoureuses concernant les conditions nécessaires à la réussite d'une relation conjugale. Les thérapeutes conjugaux ont développé et entretenu deux mythes au cours des dernières décennies : celui de la nécessité de la communication verbale et celui de la possibilité de résolution de conflits. Les études sur l'efficacité des différentes approches thérapeutiques démontrent que les thérapies basées sur la communication et la résolution de conflit sont celles qui donnent les moins bons résultats un an après la fin de la thérapie conjugale, même si elles se révèlent efficaces en thérapie individuelle. Pourquoi ?

Lorsqu'un couple se retrouve dans une situation conflictuelle, chacun cherche à s'en sortir victorieux. Chacun est tellement obnubilé par sa douleur et sa conviction d'avoir raison, tandis que son partenaire a tort, que toutes les lignes de communication sont brouillées. Il semble donc logique d'inciter chaque conjoint à pratiquer l'écoute active, à écouter tranquillement et affectueusement le point de vue de l'autre, afin que le couple parvienne à des solutions de compromis et retrouve son harmonie. Sauf que cela ne marche pas.

Il est certes préférable de mettre l'accent sur ses propres sentiments plutôt que d'accabler l'autre de reproches, mais cette approche, basée sur l'acceptation inconditionnelle d'autrui de Carl Rogers, ne fonctionne tout simplement pas à l'intérieur d'un couple chargé d'émotions. Louise peut, par exemple, communiquer à Pierre qu'elle se sent isolée et submergée de boulot parce qu'il travaille tard tous les soirs au lieu de l'accuser d'égoïsme parce qu'il ne pense qu'à sa réussite professionnelle et ne partage pas les tâches ménagères. Le thérapeute peut même amener Pierre à reformuler les sentiments de Louise, à en reconnaître la légitimité et l'aider à compatir à ceux-ci, mais la personne que sa femme accable, c'est *lui*. La méthode de l'écoute active, très efficace en psychothérapie individuelle, permet peut-être d'améliorer les querelles ou d'en diminuer les fréquences, mais elle ne peut, à elle seule, sauver un mariage. De plus, à l'inverse des psychologues, les partenaires d'un couple ne sont pas des spécialistes de l'écoute active, de l'acceptation inconditionnelle d'autrui et de la communication dite efficace. Il est donc compréhensible que les émotions reprennent le dessus lorsque les deux membres du couple sont laissés à eux-mêmes. Les thérapeutes conjugaux ont, eux aussi, de la difficulté à mettre en pratique ce qu'ils enseignent lorsqu'eux-même sont aux prises avec un conflit conjugal chargé d'émotions.

Il faut aussi savoir que le besoin de **communication verbale à couleur émotive** est un besoin typiquement féminin, besoin que l'homme ne ressent pas avec la même intensité. Pour être heureux avec une femme, il doit par contre se mettre à son écoute et lui permettre de satisfaire ce besoin. Il doit se rappeler que lorsque sa femme exprime ses émotions, elle s'en libère et qu'elle devient disponible à vivre davantage le moment présent. Entre elles, les femmes passent des heures à parler pour le plaisir de parler, pour être ensemble. Cette activité leur donne de l'énergie, alors qu'elle fatigue les hommes qui, eux, ont besoin de silence pour récupérer. Les hommes considèrent qu'ils sont ensemble lorsqu'ils font quelque chose l'un à côté de l'autre, même sans échanges verbaux.

L'observation des couples heureux par John M. Gottman a démontré que ceux-ci n'utilisent pas la « critique constructive ». Mon avis est qu'il faut dix compliments pour compenser les effets psychologiques négatifs d'une critique, même si celle-ci est enveloppée ou se veut constructive.

6. Le mythe de la résolution de conflit

L'autre croyance non scientifiquement fondée des psychothérapies conjugales traditionnelles est que la résolution efficace des conflits garantit la réussite d'une relation. Or, d'après l'équipe de John M. Gottman, 69 % des conflits de couple sont insolubles. Les principales sources de discorde conjugale tournent autour de six thèmes : l'éducation des enfants, le budget, les belles-familles, le travail, la sexualité et les travaux ménagers. La source de ces conflits, qui risquent de devenir permanents, réside dans la différence d'importance que chacun accorde à ces sujets. Il ne sert donc à rien d'essayer, par la communication, de combler la différence pour arriver à un consensus impossible. Ce qui revient à dire de convaincre l'autre du bien-fondé de son propre point de vue et de lui démontrer qu'il n'a pas raison de penser, d'agir ou d'être ainsi. Il faut toutefois faire en sorte que ces conflits ne s'érigent pas en blocages et en disputes quotidiennes.

Il est rare, par exemple, que papa et maman s'entendent parfaitement sur l'éducation à donner aux enfants. Comme on l'a d'ailleurs vu, leurs fonctions parentales sont à l'opposé l'une de l'autre. En général, la mère sera plus permissive, le père plus disciplinaire : c'est un problème insoluble. Le père accusera la mère de surprotéger l'enfant et la mère accusera le père d'être insensible aux besoins et sentiments de l'enfant. La stratégie à adopter pour éviter de prendre les enfants en otage, c'est que vous devez **confirmer la décision de votre femme** face à l'enfant si elle est intervenue en premier, même si vous n'êtes pas d'accord avec sa façon de faire. Non seulement vous confirmerez l'autorité de votre femme auprès de l'enfant, mais vous obtiendrez aussi sa reconnaissance. Sinon l'enfant utilisera vos désaccords pour faire de vous deux ses « esclaves ». Vous pouvez évidemment lui faire part, plus tard, de votre pensée à ce sujet.

Tous les conseillers financiers vous diront que le couple doit faire un budget. La gestion de l'argent est l'une des plus grandes sources de conflits conjugaux, car elle réfère au sentiment de sécurité de base de chacun des partenaires. Or, dans un couple normal, les deux partagent rarement la même attitude face à l'argent : l'un vit de l'insécurité alors que l'autre se sent riche, même avec les poches vides et les cartes de crédit chargées à bloc. Autre problème insoluble. Pour éviter le blocage, l'homme doit, mais pas plus d'une ou deux fois par année, négocier à la hausse ou à la baisse la somme d'argent nécessaire pour couvrir tous les besoins du couple et de la famille, budget auquel chacun contribue en fonction de ses revenus ou selon un autre ratio. Un compte familial et deux comptes personnels. Ce que chacun fait avec le reste de son argent, investissement ou folles dépenses, ne regarde pas l'autre. Rien ne vous empêche évidemment d'**utiliser votre surplus pour faire des surprises** à votre partenaire.

Les statistiques démontrent que les conflits avec les belles-familles se retrouvent surtout entre la mère du mari et son épouse, la belle-mère voulant enseigner à sa bru comment s'occuper de «son» fils. S'il existe un différend entre les deux, l'homme ne peut essayer de résoudre le conflit entre sa femme et sa mère. Il ne peut que remettre sa mère à sa place en prenant position pour sa femme, même si elle a tort. Rien ne sert de jouer au médiateur. Sa mère sera toujours sa mère, ce qui n'est pas nécessairement le cas pour sa femme qui, elle, peut divorcer si elle ne se sent pas appuyée par son partenaire, surtout contre une autre femme. La mère doit accepter le choix de son fils, qu'elle aime ou non sa bru. L'homme doit **développer un sentiment de solidarité** avec sa femme contre tous les «ennemis» naturels du couple. Il n'y a pas d'autres avenues possibles.

Que faire si votre femme se contente d'une relation sexuelle par semaine alors que vous en voudriez trois? Là aussi, le problème est insoluble. Certains hommes remplacent la quantité par l'intensité qualitative; d'autres compensent par la masturbation, au su ou à l'insu de leur partenaire. Je ne vous conseille pas toutefois d'entretenir une amante qui voudrait faire l'amour deux fois par semaine. **Mettez l'accent sur ce qui va bien sexuellement** et pro-fitez-en. Le but de la sexualité est de se rapprocher, d'avoir du plaisir, d'être satisfait, de se sentir apprécié et accepté. Aborder la sexualité comme si vous cherchiez à améliorer quelque chose qui va déjà bien, plutôt que d'exprimer vos frustrations ou d'accuser votre partenaire de frigidité. Rappelez-vous ce que vous faisiez lors de votre conquête qui rendait votre partenaire si réceptive aux contacts physiques et sexuels et refaites-le.

Beaucoup d'hommes rapportent à la maison du travail qu'ils auraient dû faire au bureau. À éviter. Pour votre bien-être personnel et l'harmonie du couple, faites une nette distinction entre votre vie professionnelle et votre vie privée. Laissez votre stress professionnel à la porte de la maison ou prévoyez une période de détente quotidienne ou une discussion de 10 à 20 minutes avec votre conjointe sur le déroulement de votre journée, le temps d'un apéro, et passez à autre chose. **Demandez-lui de vous encourager et de vous conseiller** si vous avez des problèmes professionnels. Elle sera ravie que vous fassiez appel à son aide. Les femmes sont toujours heureuses lorsqu'elles rendent des services aux autres.

Les travaux ménagers constituent une dernière source insoluble de conflit. Les études démontrent que les hommes surévaluent leur participation, alors que les femmes sous-estiment ce qu'ils font dans et autour de la maison. Mais si les hommes connaissaient réellement la **valeur érotique de leur participation** aux tâches ménagères, ils doubleraient certainement leur investissement ou l'égaliseraient avec celui de leur partenaire. Ce n'est pas tant le fait que l'homme fasse la vaisselle, repasse le linge, change le bébé, prépare quelques repas... qui soit érotique, comme l'interprétation que sa partenaire en fait : « Si mon compagnon investit du temps et de l'énergie, cela doit être parce qu'il se préoccupe de mon bien-être, qu'il m'aime et qu'il tient à moi, qu'il tient à nous ». Il y a aussi le fait que si la femme dépense moins d'énergie pour les tâches ménagères, il lui en restera davantage pour d'autres activités, telle la sexualité. Imaginez la surprise de votre partenaire revenant du bureau et trouvant la cuisine rangée, le souper prêt à servir, alors qu'elle s'attendait à tout faire, encore une fois. Vous aurez ainsi plus de chances d'espérer de la gratitude. La femme écoutée, valorisée, sécurisée et détendue est toujours plus disponible à la sexualité.

Les couples heureux n'utilisent pas l'écoute active ou la résolution de conflit lorsqu'ils se querellent, car ils se querellent parfois, sauf que les querelles des couples satisfaits de leur relation ne se terminent pas en cris et hurlements. Les seize ans d'observation de l'équipe de Gottman lui a permis de découvrir que l'unique moyen de ressusciter une relation, ou de la protéger contre la rupture, ne réside pas dans la façon dont on communique ou règle les conflits, mais dans la façon de vivre ensemble en dehors des périodes conflictuelles. Les couples heureux ont parfois des conflits ou des querelles, mais contrairement aux couples malheureux, ils ne les ressassent pas continuellement. Ils se mettent d'accord pour vivre avec des désaccords à vie, alors que les couples malheureux essaient sans cesse de régler leurs désaccords. Ayant accumulé un capital émotif positif en dehors des moments difficiles, les couples heureux n'hypothèquent pas leur capital relationnel en cas de disputes ; ils ne dépensent qu'une partie des intérêts accumulés.

7. Conseils aux hommes émotivement intelligents

Tirés des observations de couples heureux, voici pêle-mêle d'autres conseils aux hommes de bonne volonté qui veulent apprendre le « modus vivendi » de leur femme et vivre en harmonie avec elle.

Donnez-lui de l'attention. Les anthropologues et ethnologues ont prouvé l'existence d'une insécurité viscérale chez la femme et l'ont expliquée par le fait que pendant des millénaires leur survie physique individuelle dépendait de la relation qu'elle entretenait avec un mâle pourvoyeur fort. Aujourd'hui, de plus en plus de femmes assurent elles-mêmes leur survie physique, mais cette insécurité continue de se manifester par un besoin incessant d'être rassurée sur l'état de la relation conjugale : elle veut que l'homme lui prouve qu'il l'aime par toutes sortes d'engagements[7], qu'il lui dise des paroles d'amour et lui démontre une multitude de petites marques d'attention (d'affection). Rien ne sert de lui dire qu'il n'y a que les enfants qui ont besoin de tant d'attention. Je suis parfaitement d'accord avec John Gray qui dit qu'on n'offre pas deux douzaines de roses à une femme, mais plutôt vingt-quatre fois une fleur, et différente à chaque fois. Son insécurité physique s'est transformée en insécurité émotive.

Regardez-la. La femme fait tout pour attirer votre regard, même si elle cherche à vous faire croire que c'est pour se sentir bien qu'elle passe tant de temps à se préparer, qu'elle dépense tant d'argent pour se coiffer et s'habiller... Ne pas remarquer qu'elle vient de se faire couper deux centimètres de cheveux ou qu'elle porte un nouveau vêtement est une insulte pour la femme, une preuve que vous ne faites pas attention à elle. Il vous faut donc l'observer pour noter tous les petits changements qu'elle fait pour « être bien ». De plus, se sentant regardée, elle se sentira appréciée. Alors, même si vous êtes un auditif et êtes porté à tendre l'oreille lorsqu'elle vous parle, faites un effort et regardez-la, de préférence dans les yeux.

Trouvez ses secrets. Vous devez connaître intimement son univers personnel : sa philosophie de vie, ses priorités, les événements marquants de sa vie, ses petites manies, ses caprices alimentaires, ses émissions de radio et de télé préférées, ses pensées intimes, ses principales craintes, ses projets d'avenir... et en tenir compte, par exemple, en soulignant les anniversaires des événements marquants de sa vie. Plus vous connaîtrez de choses au sujet de votre partenaire, mieux votre couple s'en portera.

Cultiver la tendresse et l'estime. L'homme fier de lui ne se contente pas de connaître intimement sa partenaire, il utilise ces connaissances pour bâtir et enrichir sa relation et exprimer sa compréhension, sa tendresse et son estime de sa partenaire. La tendresse et l'estime sont, à mon avis, deux des éléments les plus déterminants d'un amour qui dure. Lorsque le respect est absent, la relation n'a aucun espoir de survie. Impossible d'aimer quelqu'un que l'on n'admire pas. Dites à votre partenaire les qualités que vous appréciez chez elle, rappelez-lui les bons moments passés avec elle, revivez les beaux souvenirs. Dites-lui « Je t'aime » lorsqu'elle vous critique. Laissez un message d'amour sur le répondeur téléphonique et attendez qu'elle l'écoute. Chaque fois que vous faites savoir à votre partenaire que vous tenez à elle au cours du train-train quotidien, vous entretenez la flamme de son amour. Cela vaut mieux qu'une escapade de deux semaines au Costa Rica. Voyez ce que vous pouvez faire tous les jours pour entretenir ou améliorer votre vie de couple, n'attendez pas après elle ou après un retour immédiat. La formule « donnant-donnant » ne fonctionne pas en amour. L'un de mes clients a un jour écrit « Je t'aime » dix fois sur une feuille, a fait dix photocopies de cette feuille et caché les cents « Je t'aime » dans tous les endroits imaginables de la maison et du bureau de sa partenaire. Elle en trouvait encore un an plus tard. Deux heures d'investissements pour cent moments heureux.

Entretenez des projets de couple. Des projets à court terme (un à trois ans), à moyen terme (trois à dix ans) et à long terme (plus de dix ans). Où irez-vous pour vos prochaines vacances (un an)? Quand rajouterez-vous cette fameuse pièce qui manque à la maison (cinq ans)? Que ferez-vous lors de votre retraite? Un couple est constitué de deux personnes qui rêvent ensemble. Ne laissez pas vos projets personnels prendre le dessus sur vos projets de couple. Les projets, l'admiration et la sexualité forment, à mon avis, les trois piliers du couple.

8. Faire l'amour à une femme

La majorité des hommes se contenterait de ce que leur partenaire consacre toute son attention à une partie de leur corps à eux. Leur erreur est de croire que les femmes ont la même exigence en matière sexuelle et fonctionnent comme eux, alors qu'elles possèdent un plus grand nombre de zones érogènes que l'homme et qu'elles fonctionnent très différemment. D'après Joe Tanenbaum,

> «Les relations sexuelles représentent habituellement une des tâches les plus agréables que doit accomplir l'homme, mais cette tâche comporte aussi un point de départ, un milieu et une fin. Le départ se produit lorsqu'un des deux est prêt à faire l'amour, ou lorsque les deux le sont; le milieu se compose de techniques, la fin est l'orgasme (habituellement celui de l'homme). Une fois que l'homme a établi son intérêt, il tentera d'utiliser une technique qui s'est révélée efficace dans le passé. La différence entre un bon amant et un homme qui ne recherche que sa propre satisfaction sexuelle ne tient habituellement qu'au nombre de techniques qu'il emploie.»[8]

Non seulement les femmes possèdent-elles plus de zones érogènes, mais ces zones sont variables d'une journée à l'autre, tout comme l'humeur des femmes. Une caresse efficace une nuit ne l'est plus nécessairement la fois suivante. L'homme doit s'y adapter et **faire preuve de créativité et d'originalité**. Pour la femme, l'amour, tout comme le magasinage, est une aventure remplie d'explorations et de découvertes qui ne se termine pas obligatoirement par un orgasme, ou un achat. Votre femme doit, par contre, savoir qu'à cause de la constitution de votre cerveau, il vous est très difficile de vous concentrer sur vos sensations et lui parler d'amour en même temps. Mais vous pourriez, à tour de rôle tout au long de votre relation sexuelle, vous concentrez sur vos sensations et lui parler d'amour (même au risque d'une légère perte d'érection).

Pour éviter que votre femme ne vous trouve ennuyant en amour, voici différents éléments de réflexion sur l'homme épanoui sexuellement.

1. L'homme fier de lui fait l'amour **avec** une femme, et non **à** une femme (performance) ou **par** une femme (utilisée comme un objet sexuel).

2. Il ne planifie pas l'activité sexuelle ou ne demande pas à sa partenaire si elle désire faire l'amour. Il s'approche d'elle en vibrant au rythme de son désir et le lui fait sentir, mais sans le lui imposer.

3. Ses sens sont à l'écoute de sa partenaire, mais pour son propre plaisir : il aime l'odeur de sa partenaire ; il est excité par ses mouvements ; il la regarde bouger ; il aime entendre sa voix ; il la goûte quand il l'embrasse, la lèche, la suce.

4. Il adore le contact chaud et sensuel de sa peau ; il aime la toucher ; il aime qu'elle le touche ; il la caresse ; il se laisse caresser ; il veut toucher tout son corps avec son corps.

5. Il est joyeux quand elle est là ; il fait l'amour en souriant, sauf au moment de l'orgasme, évidemment[9].

6. Il met l'accent sur ses sensations corporelles, qu'il soit ou non en érection.

7. Quand il a une érection, il prend le temps de la sentir ; il prend le temps de la laisser se développer ; il jouit des fourmillements qu'il sent dans son scrotum.

8. Il joue avec le mouvement de son corps qui se bande comme un arc ; il transforme cette tension en vague, se tendant et se détendant.

9. Il ne bloque pas sa respiration ; il ne serre pas la mâchoire ; il se laisse gémir ; il soupire, tout en laissant courir la volupté dans son corps.

10. Il vérifie la réceptivité de sa partenaire avant de la pénétrer. Une fois pénétré, il s'arrête et prend le temps d'occuper tout l'espace que sa partenaire lui offre.

11. Il prend conscience et jouit du contact intime de son corps avec celui de sa partenaire.

12. Il regarde sa partenaire ; il plonge ses yeux dans ses yeux ; il lui sourit ; il lui dit : « Je t'aime ».

13. Il contracte son sphincter pubococcygien, ce qui fait bouger son pénis dans le vagin de sa partenaire ; il lui demande de faire de même afin de sentir la contraction de son vagin à la base de son pénis.

14. Il s'active lentement, doucement ; il fait des mouvements de va-et-vient avec son bassin ; il fait aussi des mouvements circulaires avec son bassin ; il plonge profondément en elle et se repose pour ralentir sa respiration et détendre son corps.

15. Il caresse sa partenaire de ses mains, de sa langue, avec ses jambes, tout en restant profondément ancré en elle ; il lui mordille l'oreille, les mamelons, les trapèzes...

16. Il laisse sa partenaire profiter de son corps à lui ; il la laisse prendre son plaisir. Il n'a pas à se préoccuper d'elle, car il sait que si lui est bien, il sera plus facile pour elle de l'être.

17. Il ne se sent pas responsable d'elle ou de son plaisir et lui fait les caresses qu'elle demande ou qu'il sait être agréables pour elle. Il est à l'écoute de ses sensations et de ses réactions et laisse passer la vibration amoureuse entre les deux.

18. Il s'active à nouveau ou laisse le soin à sa partenaire de bouger les hanches. Il la ralentit, ou l'arrête complètement, afin de faire durer le coït. (C'est à l'homme de contrôler les mouvements du bassin de l'un et de l'autre si le couple veut prolonger la pénétration.)

19. Il se retire et prend le temps de sentir les pulsations de son gland. Il contracte son muscle pubococcygien. Il prend conscience du liquide[10] qui suinte au bout de son pénis.

20. Il prend une profonde respiration afin de bien sentir les effluves odoriférantes produites par la chaleur et la sueur de leurs deux corps.

21. Il laisse sa partenaire se charger de la nouvelle pénétration et les deux recommencent les mouvements mutuels de leurs bassins.

22. Il joue de son pénis à l'entrée vaginale, le faisant tournoyer dans tous les sens. Il grogne de plaisir, à l'entrée du vestibule.

23. Il sent approcher le point de non-retour, la contraction de tout son corps, les vagues de plaisir qui le parcourent, les battements de son cœur dans ses oreilles, les halètements de sa respiration. Il admire le corps de sa femme, et sa femme. Il plonge à nouveau son regard dans ses yeux.

24. Il dit à sa femme ou lui fait sentir qu'il veut conclure. Il laisse alors libre cours à toute sa fougue, à toute l'intensité de sa vigueur sexuelle[11] ; il prend pleine possession de son orgasme et sent passer les premiers jets de son éjaculation.

25. Il se laisse gémir, grogner, ronronner, crier s'il le faut, en sentant exploser son plaisir, de son pénis à sa tête et dans tout son corps.

26. Il enlace plus intimement sa partenaire, se fond en elle, lui manifeste son plaisir, lui dit son amour.

27. Il ne se retire pas encore, mais sent plutôt son érection diminuer au tréfonds de sa partenaire. Il la caresse avec son bassin, ses mains, sa langue ; il la hume.

28. Il demeure à la disposition de sa femme si cette dernière n'a pas joui avant lui et qu'elle le désire. Sinon, ils se laissent tous deux sombrer dans la résolution de leur tension et de leur plaisir. Il ne force surtout pas l'orgasme de sa partenaire.

29. Une fois retiré, il lui tend quelques papiers-mouchoirs.

30. Il la prend dans ses bras ou se love dans les siens, la tête au creux de son épaule.

31. Il ne coupe pas le contact peau à peau et ne lui tourne jamais le dos, à moins qu'elle le lui demande pour mieux se coller à lui et s'endormir. Il continue d'apprécier ce contact intime et se laisse envahir par les sensations de détente.

32. Il se laisse sombrer dans le sommeil et lui dit « Je t'aime » juste avant de partir dans les bras de Morphée.

33. Il ne se sent pas «pourvoyeur-protecteur-exécuteur». Il se sent homme. Il se sent vivre après avoir ainsi explosé dans l'amour et la sexualité.

34. Il ne s'est pas préoccupé de performance, de positions acrobatiques, d'orgasme simultané. Il s'est tout simplement fondu dans l'expérience de rapprochement et de fusion avec sa partenaire. Il a vibré dans ses bras.

35. Il a hâte de se réveiller avec elle et de se rappeler ces bons et beaux moments. Il se sent reçu et aimé tel qu'il est. Il est heureux.

36. Malgré l'appel de tout son corps pour le climax tout au long de la relation sexuelle, il ne se montre jamais pressé d'arriver au but, mais joue plutôt avec la vague de son plaisir, pour faire durer son propre plaisir et celui de sa partenaire.

37. Il permet à sa femme de jouir avec son corps, à son rythme et selon son mode à elle.

38. En se concentrant ainsi sur ses sensations et en permettant à sa partenaire de faire de même et de prendre la place dont elle a besoin, il peut faire durer son plaisir aussi longtemps qu'il ou elle le désire.

9. Les attentes légitimes de l'homme face à sa partenaire

Comme tous les hommes, vous êtes prêts à faire beaucoup pour la femme que vous aimez, lui décrocher la lune s'il le faut (même si elle ne le vous demande pas). Si vous voulez vivre heureux avec une femme, vous avez des stratégies efficaces à développer, un mode d'emploi à apprendre, être à son écoute... Mais vous avez aussi des droits, des privilèges, des limites à faire respecter. Vous devez apprendre à vous tenir debout lorsque son comportement est inacceptable, qu'elle vous critique sans cesse et cherche à vous contrôler en vous imposant sa façon d'éduquer les enfants, de gérer l'argent, la sexualité, les activités sociales, ou veut aussi vous dire comment conduire votre carrière ou votre auto. Vous ne devez jamais user de violence, car vous perdriez votre fierté personnelle et votre estime, mais vous devez utiliser la fermeté, faire preuve d'assertion, vous diront les psychologues, lorsque nécessaire.

Comme souligné à plusieurs reprises depuis le début de ce livre, l'univers de l'homme est physique et rationnel, son cerveau étant construit pour gérer la réalité objective. Pour vivre avec un homme, la femme doit, d'après Joe Tanenbaum[12], faire cinq concessions majeures, concessions auxquelles vous êtes en droit de vous attendre. La première de ces concessions est d'accepter de vivre dans un univers physique, qu'elle s'y sente à l'aise ou non, qu'elle ait l'impression ou non que cet univers la rend prisonnière. Elle doit cesser de vouloir «améliorer» l'homme en le forçant à entrer dans son univers subjectif rempli d'émotions, d'intuitions, de spiritualité, de perceptions extrasensorielles, de pressentiments... Elle doit comprendre que l'homme a besoin de ces limites physiques et intellectuelles afin de préserver sa santé mentale. Si tant d'hommes contemporains semblent complètement perdus, c'est parce qu'ils essaient de vivre selon les attentes subjectives, donc variables, des femmes plutôt que de se fier à leurs critères personnels objectifs, donc stables.

Devant l'impossibilité pour l'homme d'être à la hauteur de ses attentes subjectives, la femme doit faire deux autres concessions : laisser tomber la colère consécutive à sa frustration et accepter qu'elle ne sera **jamais** comprise par l'homme comme elle le voudrait. Ce qui ne l'empêche pas pour autant de rester spontanée et d'agir selon les critères de sa propre réalité féminine, subjective, mais positive. Elle doit aussi, quatrième concession, entretenir la notion de réalité masculine, différente de la sienne, au même titre que l'homme doit aussi prendre conscience d'une réalité féminine subjective, sinon les deux se retrouveront dans une situation sans issue, chacun cherchant à opprimer et exploiter l'autre. Finalement, elle doit développer sa patience et attendre que l'homme fasse de lui-même, dans les siècles à venir, l'apprentissage des domaines intuitifs, émotifs et spirituels.

C'est le refus de faire ces concessions qui expliquent que les féministes ont poussé les hauts cris à la sortie du livre *The Surrendered Wife. A practical Guide To Finding Intimacy, Passion and Peace with a Man* de Laura Doyle[13], comme elles l'ont fait à la sortie d'autres livres responsabilisant la femme dans la guerre des sexes. Voici ce qu'en dit Françoise Guénette de la *Gazette des femmes* :

> «**À éviter**. L'auteure, une Californienne de 33 ans, voyait son mari s'éloigner à cause de ses critiques incessantes. Elle a compris... Dans son livre, elle prône l'obéissance des femmes à leur maître, (oups!) à leur mari. En tout temps, y compris au lit. Une recette gagnante : elle a sauvé son couple. Son best-seller suscite des débats dans les universités et des groupes de «femmes obéissantes» se multiplient de Toledo à Miami. Cette nouvelle gouroue de l'anti-féminisme sera de passage à Toronto en juin. Avec la permission de son mari.»[14]

Madame Guénette a traduit Surrendered Wife par «La capitulation d'une épouse». Au moment de sa critique, elle ne savait probablement pas que ce livre a été traduit en français. Heureusement, car la traduction du titre et du sous-titre lui aurait fait lever les cheveux sur la tête encore plus haut. Croyez-le ou non, mais First Edition, par l'intermédiaire du traducteur Thomas Segal, a intitulé ce livre *Femmes soumises ou comment garder son mari en lui disant toujours oui.* Je trouve ce titre horrible, car il ne rend pas justice au contenu du livre qui, malgré quelques exagérations rétrogrades auxquelles les féministes réagissent de façon exagérée, aurait dû s'intituler *La femme apprivoisée. Comment devenir co-responsable de l'intimité, de la passion et de la paix vécues avec un homme.* Malheureusement, le traducteur à utilisé le terme « soumission » là où il aurait plutôt dû utiliser l'expression « lâcher prise ». J'admets que le terme anglais **surrender** n'est pas facile à traduire et porte à de multiples interprétations.

Loin de demander aux femmes de s'écraser et de se soumettre, ce livre démontre au contraire le pouvoir que possèdent les femmes sur l'harmonie du couple et ce qu'elles peuvent faire pour l'entretenir. Mais, il est évidemment plus facile de critiquer que de prendre ses responsabilités. C'est Peter Zohrab qui résumait bien la mentalité féministe en la décrivant comme « un état idéologique où les femmes ont des droits, les hommes des responsabilités et où les enfants ruinent leur vie »[15]. Il est aussi ironique que ce refus de stratégies efficaces de paix offertes par Laura Doyle se retrouve dans un numéro spécial de la Gazette des femmes portant sur « Un effort de paix au Rwanda ». Ce que Françoise Guénette oublie de dire, c'est que Laura Doyle est elle-même une féministe, qu'elle est diplômée en journalisme du San Jose State University, qu'elle est une femme de carrière épanouie, et une épouse (qui se dit maintenant) comblée par son mari, John, un artiste. Elle a aussi oublié de mentionner qu'une des croyances de l'auteure est que « la femme peut être à la fois une forte femme au travail et une femme douce, aimante et apprivoisée (surrendered) à la maison[16] ». Laura Doyle se définit elle-même comme une féministe réclamant un salaire égal, des chances identiques et le même crédit peu importe le sexe, mais cela ne l'empêche pas d'être féminine lorsqu'elle se retrouve dans l'intimité de son foyer. Je doute qu'elle ait demandé à son mari la permission d'aller à Toronto. Si jamais vous décidez de lire ce livre en français, ou de l'offrir à votre compagne, rayez tous les « soumettre », « soumission », « soumises » et remplacez-les par « lâcher prise », « apprivoisée » et « responsable » : vous comprendrez alors que le véritable message de Laura Doyle demande aux femmes de prendre leurs « responsabilités »[17] dans l'atteinte du bonheur conjugal.

Expliquez-moi, mesdames qui lisez ce chapitre malgré mon avis contraire, en quoi est-ce anti-femme que de vous demander de modifier les sept habitudes d'une mégère :

« 1. Parler au nom du mari et prendre des décisions pour lui. 2. Le regarder d'un regard désapprobateur. 3. Poser des questions qui semblent anodines, mais qui traduisent clairement votre désapprobation (par exemple : « Tu vas porter *ça*. »). 4. Expliquer à votre mari ce que vous feriez si vous étiez à sa place, espérant qu'il ferait ce que vous pensiez qu'il aurait dû faire. 5. Faire d'innombrables suggestions qui ne vous sont pas demandées. 6. Retenir votre souffle et vous accrocher à la poignée de la porte ou au tableau de bord lorsqu'il est au volant. 7. Faire la grimace devant ce qu'il a acheté lorsqu'il fait l'épicerie. Tout cela dans la tentative aussi désespérée que futile de modifier ses actes. »[18]

Expliquez-moi où est la soumission, la capitulation, dans le fait d'accepter que votre partenaire puisse faire des erreurs sans que vous réagissiez de façon dramatique, ou de réagir positivement à ses plus folles idées. L'homme est un être humain, donc un être perfectible, et non un être parfait. Qu'y a-t-il de si humiliant à dire à son mari : « Je suis sûre que tu vas bien t'en occuper » ou « Je suis vraiment soulagée de ne pas avoir à y penser » ? Qu'y a-t-il de suicidaire à laisser à votre mari la fierté de gérer le budget conjugal ou familial, s'il le veut bien, au lieu de vous angoisser à le faire ? Ou à faire confiance à la nature masculine qui est de plaire aux femmes ? Ou à le laisser tranquille lorsqu'il a des soucis et ne veut pas vous en parler ?

L'essentiel du message de Laura Doyle est le suivant : si l'homme n'exerce pas de violence physique ou émotive envers elle ou ses enfants, s'il n'est pas un alcoolique, un drogué ou un joueur compulsif, s'il n'est pas un menteur invétéré ou un infidèle chronique, alors il n'y a aucune raison valable de ne pas continuer à **faire confiance en l'homme** dont elle est un jour devenue amoureuse. Elle peut lui faire confiance parce que c'est un « bon gars », pas un homme parfait, mais un homme capable de l'aimer malgré ses imperfections (à lui et à elle). Elle confirme que si les femmes cherchent tant à vouloir contrôler leur mari, c'est qu'elles ont peur. Elles ont peur de ne pas obtenir ce dont elles ont besoin, ou de l'obtenir trop tard. Elles ont peur de manquer d'argent. Elles ont peur d'avoir trop ou pas assez de travail. Elles ont peur de la solitude, de l'ennui, de la privation, de l'imprévu. Elles ont peur de vieillir, de ne plus être belles. Elles ont peur de se faire dire non. Elles croient donc qu'en dominant, manipulant ou contrôlant leur partenaire, elles pourront faire disparaître ces craintes. Mais ce faisant, elles éloignent leur partenaire, car le contrôle et l'harmonie sont contradictoires. C'est donc par insécurité que les femmes cherchent à dominer les hommes, tant au niveau du couple qu'au plan social. Elles ont fondamentalement peur de se montrer vulnérables, elles se veulent toutes puissantes. Pourtant, sans vulnérabilité, il ne peut y avoir d'intimité, de relation interpersonnelle émotive. Et si l'homme résiste à leur contrôle, elles divorcent et partent à la recherche d'un autre homme à contrôler. Cela peut sembler paradoxal, mais plus elles essaient de contrôler leurs peurs, plus ce dont elles ont peur arrive ; plus elles cherchent à obtenir de l'intimité en contrôlant leur mari, moins elles en obtiennent.

La meilleure façon pour une femme de faire fuir un homme, c'est de l'aider à «s'améliorer» en lui disant comment faire et en le critiquant s'il n'agit pas selon ses normes à elle : afficher plus d'ambition au travail, se montrer plus romantique, ne pas se laisser traîner, communiquer verbalement, participer aux travaux ménagers, s'occuper davantage des enfants, s'habiller comme elle le veut, conduire prudemment, faire attention à lui, faire attention aux autres, faire attention à elle, arrêter de ne penser qu'au sexe, se laver plus souvent, être plus présent... Les femmes entretiennent l'illusion que si elles contrôlent tout, les choses fonctionneront comme elles le veulent et qu'elles s'en porteront mieux. C'est faire preuve d'ignorance de la loi du paradoxe. C'est pourquoi Laura Doyle les incite, non pas à se soumettre, mais à lâcher prise et à faire confiance en la vie, en leur homme. Ce que les hommes ont tendance à faire en mettant l'accent sur l'avenir et en répétant «Ce n'est pas grave. Cela va aller mieux. Ne t'en fais pas, on va passer à travers», alors que les femmes utilisent le passé pour confirmer leur tendance au catastrophisme. Les féministes extrémistes entretiennent donc la peur que si elles lâchent prise devant les hommes, ceux-ci vont les dominer, les écraser et les exploiter, comme (soit disant) les patriarches par le passé. Pourtant, ce n'est pas seulement grâce aux femmes si nous avons troqué nos cavernes pour des maisons ultra équipées et amélioré énormément nos conditions physiques de vie ainsi que notre espérance de vie. Les féministes doivent cesser de croire qu'il n'y a qu'un seul adulte responsable dans un couple, qu'il n'y a qu'un seul sexe éthique sur cette terre.

Les hommes ont non seulement le droit que leur partenaire leur fasse confiance, mais ils ont aussi **le droit au respect de ce qu'ils sont et font**. Je n'hésite jamais à conseiller aux hommes de faire la révolution ou de divorcer lorsqu'ils n'obtiennent pas ce respect, parce qu'à la longue ils perdront le respect d'eux-mêmes et accentueront le non-respect de leur partenaire pour eux. Un cercle vicieux infernal. Une femme qui a confiance en vous et vous respecte est capable, par exemple, de s'endormir dans le siège du passager lorsque vous conduisez au lieu de réagir à votre façon de conduire. Elle ne vous dit pas comment remplir le lave-vaisselle ou passer l'aspirateur. Si votre conjointe ne vous respecte pas et vous dit quoi faire et surtout comment le faire, c'est qu'elle vous considère comme inférieur. Si tant d'hommes sont sur la défensive, c'est qu'ils sentent que leur partenaire n'est pas de leur côté, qu'elle ne leur fait pas confiance. L'homme a besoin de confiance pour tirer le meilleur de lui-même. L'homme s'améliore de lui-même lorsqu'il sent que sa femme prend soin d'elle-même, se préoccupe de son propre épanouissement et a les coudées franches. N'acceptez jamais l'irrespect de votre femme qui vous dit : « J'essayais simplement de t'aider. Je faisais cela pour ton bien ». Ce n'est pas vrai, elle le fait pour cesser d'avoir peur, pour son propre bien-être. N'acceptez pas non plus qu'elle vous répète des phrases telles : « Tu ne m'avais jamais dit ça » ou « Je te l'avais bien dit de faire attention » ou encore « Pourquoi tu ne l'a pas dit avant » (alors que vous êtes justement en train de le lui dire « maintenant »).

Laura Doyle a même eu le culot d'adapter la Prière de la Sérénité, si chère aux alcooliques anonymes et autres dépendants, et à encourager les femmes à s'en souvenir régulièrement :

> « Mon Dieu, accordez-moi la sérénité d'accepter les choses que je ne peux changer (comme mon mari). Le courage de changer les choses que je peux changer (comme moi-même). Et la sagesse d'en faire la différence (entre lui et moi). »[19]

Messieurs, ne laissez jamais votre femme tuer votre esprit d'initiative. Quand vous sentez qu'elle veut vous contrôler, ne réagissez pas comme un enfant devant sa mère. Demandez-lui de vous dire ce qu'elle veut, mais refusez qu'elle vous dise quand le faire, pourquoi le faire et, surtout, comment le faire. Nul homme ne peut être fier de lui s'il obéit aux directives (non sollicitées) de sa femme ; il se doit, pour cela, faire les choses par lui-même, en dépit du risque de se tromper. Et s'il se trompe, accepter de demander conseil ou apprendre de ses erreurs.

Ne vous laissez pas berner non plus par les demandes des femmes qui vous pressent d'exprimer vos émotions, d'être sensibles, de pleurer même... car les femmes ne sont pas attirées par les hommes qui leur ressemblent trop, émotivement parlant. J'ai entendu nombre de femmes, parmi ma clientèle, me dire qu'elles désiraient des hommes qui se «tiennent debout», exactement comme vous l'étiez lorsque vous avez fait sa conquête. Rien ne vous empêche d'être prévenant, gentil, attentif, mais restez viril, continuez d'exprimer votre personnalité : c'est comme ça que vous l'avez séduit. Ne vous «aplatventrissez» pas en cessant de prendre des initiatives ou en ayant peur d'encourir sa désapprobation. Faites ce que vous sentez devoir faire et rappelez-vous que les hommes sont instinctivement nés pour réussir, non pour faillir ou démissionner.

Faites comprendre à votre partenaire que ses tentatives pour vous contrôler sont aussi vaines que d'essayer de contrôler une rivière avec ses mains : elle ne pourra pas empêcher l'eau de couler. Par contre, elle pourrait suivre le courant de la rivière et transformer cette force en électricité, ce qui veut dire exploiter vos forces au lieu d'essayer de les contenir ou de les réprimer. Vous possédez en vous, messieurs, d'énormes ressources pour solutionner toutes sortes de problèmes que votre vie, votre femme, vos enfants... vous soumettent ; soyez-en fier ! Pourquoi ne réussiriez-vous pas dans votre couple ce que vous réussissez bien dans votre travail ? Dites merci à la prochaine femme qui vous traitera de «Macho», car la véritable signification de ce mot espagnol est : mâle, viril, homme.

10. Les attentes légitimes de l'homme au plan sexuel

L'une des plus grandes sources de plaisir sexuel de l'homme est de sentir le plaisir de sa femme, plaisir dont il croit être, à tort, le responsable. Si l'homme est prêt à réaliser les désirs d'une femme pour leur plaisir réciproque, voici ce à quoi il est légitimement en droit de s'attendre de sa partenaire, partenaire épanouie sexuellement et prête à favoriser l'épanouissement sexuel de son mari.

1. Elle sait qu'elle est sexuée à part entière et reconnaît la bonté et la beauté de sa sexualité et celle de son partenaire.

2. Elle prend sa sexualité et sa jouissance en mains; elle ne croit pas que l'homme soit responsable de sa jouissance ou de son orgasme.

3. Elle ne se considère pas comme un objet sexuel et n'agit pas comme un objet sexuel, toujours en attente passive.

4. Elle prend l'initiative de relations sexuelles et lors des relations sexuelles.

5. Elle a pris conscience qu'elle est co-responsable de la qualité des relations sexuelles du couple.

6. Elle influence le cours de la relation sexuelle en y apportant ce qu'elle possède de typiquement féminin.

7. Elle valorise son partenaire. Elle lui dit, sur le coup et après coup, qu'elle aime faire l'amour avec lui, qu'elle le trouve beau.

8. Elle a une attitude positive envers ses organes génitaux et les organes génitaux de son partenaire, et aime jouer avec ceux-ci.

9. Elle lui fait savoir ce qu'elle aime en le disant, en gémissant, en frissonnant.

10. Elle ne fait jamais semblant d'avoir du plaisir ou de jouir ; elle fait surtout les choses pour son propre plaisir et rarement pour ne faire plaisir qu'à son amant.

11. Elle l'amène parfois à se laisser faire, à recevoir ce qu'elle a plaisir à lui donner, et parfois à prendre l'initiative des caresses, à donner ce qu'elle a plaisir à recevoir.

12. Elle lui enseigne ce qu'elle voudrait recevoir comme caresses, non pas en le disant, mais en le faisant, en guidant doucement sa main.

Elle lui dit ce qu'elle aime, ce qu'elle a aimé et passe sous silence ce qu'elle n'aime pas, sachant que c'est là le meilleur moyen de faire disparaître ce qu'elle n'aime pas : elle insiste sur ce qu'elle aime dans l'amour et la relation sexuelle.

11. Tactiques d'autodéfense masculines

Si, malgré l'amour et la bonne volonté de votre femme, celle-ci trouve difficile de réprimer ses tentatives de tout contrôler ; si, malgré l'amour et la bonne foi que vous lui portez, vous avez de la difficulté à ne pas vous sentir sur la défensive : voici une liste de comportements à éviter si vous voulez conserver le respect et l'admiration de votre partenaire et avoir plaisir à vivre en sa compagnie. **Évitez de** :

1. Promettre à votre femme que vous allez changer, vous améliorer, pour elle. De toute façon, vous ne le feriez que temporairement, votre nature reprenant nécessairement le

dessus un jour ou l'autre. Et si vous le faites, êtes-vous sûr de le faire dans le sens qu'elle le désire. Comment pouvez-vous, aussi, être assuré qu'elle ne vous demandera pas encore de changer une fois que vous aurez changé. Soyez et restez vous-même.

2. Vous mettre à genoux pour la supplier de rester avec vous ; la femme perd tout respect pour l'homme qui s'écrase et si elle reste, ce sera par pitié ou sentiment de culpabilité, non par amour. De toute façon, vous n'aurez probablement fait que retarder l'échéance de quelques mois ou quelques années.

3. Abandonner vos goûts et préférences au profit des siens. Vous aimez les films d'action, elle aime les films d'amour. Si vous ne pouvez vous entendre pour décider, à tour de rôle, quel film aller voir, allez chacun dans votre salle de cinéma, retrouvez-vous après le film, partagez le plaisir que vous avez eu à visionner votre film et dites-lui : « J'aurais aimé que tu sois avec moi. »

4. Confier l'entière responsabilité de vos besoins personnels à votre femme. Vous seul connaissez exactement vos besoins et vous vous devez de les exprimer. Il vous faudra parfois les négocier, mais ne remettez jamais la satisfaction de vos besoins dans les mains de quelqu'un d'autre, y compris la personne qui dit vous aimer.

5. Confier l'entière responsabilité de vos relations amicales et sociales à votre conjointe. Vous avez le droit d'exister en dehors de votre relation de couple et d'avoir vos projets et amis personnels. Si c'est votre femme qui régit votre vie sociale, elle choisira des amis qui lui conviennent à elle, ce qui est tout à fait compréhensible. Et que vous arrivera-t-il si

elle décide de partir ? Vous saurez vraiment ce qu'est la solitude, sinon l'isolement. Pour éviter cet isolement potentiel, entretenez vos propres relations amicales et sociales.

6.	Laisser votre épouse vous protéger contre vous-même en vous disant que c'est pour votre bien. Votre épouse n'est pas votre mère, elle n'a pas à décider pour vous. Elle peut vous conseiller, si vous le lui demandez, mais conservez votre propre jugement, votre libre-arbitre, pour tout ce qui vous concerne personnellement.

7.	Classer les tâches en activités féminines ou masculines. Les hommes peuvent faire tout aussi bien la majorité des choses que les femmes peuvent faire. Il n'existe aucune tâche spécifiquement féminine ou masculine, en dehors des fonctions sexuelles dont nous avons déjà parlé. Par contre, il est fort possible que les hommes fassent «différemment» les tâches ou qu'ils préfèrent certaines tâches à d'autres.

8.	Dépendre de votre femme pour les choses essentielles de la vie. Beaucoup d'hommes, après un divorce, se retrouvent démunis parce qu'ils ont laissé à leur femme toute la responsabilité des tâches alimentaires et ménagères. Apprenez à cuisiner, apprenez l'abc des tâches ménagères. Comme ça, le choix de votre prochaine partenaire, si nécessaire, se fera en fonction de vos besoins affectifs et de croissance et non pas en fonction de vos besoins de première nécessité[20].

9.	Laisser votre femme prendre totalement soin de vous, que ce soit pour votre habillement, vos soins corporels, vos repas, votre relation avec vos enfants… Ce faisant, vous demandez à votre femme d'être votre servante et vous perdez votre propre personnalité et votre pouvoir.

10. Ne limitez pas votre vie à votre femme : aucune femme ne peut satisfaire totalement tous les besoins d'un homme. Entretenir des relations amicales chaleureuses en dehors de votre couple peut même être un garde-fou contre l'infidélité. Vous privilégiez la relation avec votre femme pour vos besoins amoureux et sexuels et vous trouvez la satisfaction de vos autres besoins affectifs et sociaux avec vos amis des deux sexes.

11. Ne laissez jamais votre femme vous convaincre que sa façon d'intervenir avec vos enfants est meilleure que la vôtre. Vous seul savez comment être un bon père ; vous seul savez comment un père doit se comporter avec ses enfants. Ne laissez pas votre femme saper votre autorité auprès des enfants en la laissant contredire vos décisions. Vous ne pourrez conserver le respect de vos enfants si votre femme ne vous respecte pas. Vous savez, mieux que votre femme, comment apprendre à vos fils à être des hommes ; vous savez aussi, mieux qu'elle, ce que vos filles peuvent et doivent attendre d'un homme. Encore faut-il que vous ayez une «colonne vertébrale».

Avant de s'engager dans quelque relation amoureuse que ce soit, l'homme célibataire, veuf ou divorcé, devrait évaluer en quoi cette nouvelle relation peut stimuler sa créativité, l'expression de soi et son propre épanouissement. Si cette nouvelle relation ne lui apporte que des responsabilités, l'oblige à faire ses preuves et à se sentir coupable, il devrait se libérer de la croyance que l'on n'est pas complet sans une relation avec le sexe opposé.

Si, malgré tout, vous avez de la difficulté à satisfaire vos besoins légitimes et à maintenir un équilibre harmonieux avec votre femme, discutez-en avec vos amis intimes masculins, joignez-vous à un groupe d'hommes, faites appel à l'une ou l'autre des ressources énumérées au prochain chapitre ou consultez un conseiller matrimonial. Il n'y a aucune honte à avoir besoin d'aide ou à faire appel à un spécialiste, surtout pour être plus heureux et fier de soi.

Résumé du chapitre

Dans ce chapitre, on apprend que
- Les femmes sont curieuses.
- Il n'y a pas de bonheur sans prise de responsabilités.
- Le couple évolue selon cinq étapes.
- Les couples heureux sont de plus en plus observés par les psychologues.
- Un couple est constitué de trois entités : Toi + Moi + Nous.
- La critique, le mépris, l'attitude défensive et la dérobade constituent quatre comportements prédicateurs du divorce.
- Les hommes et les femmes n'ont pas la même perception de l'émotion.
- L'homme doit non seulement apprendre à désamorcer les frustrations de sa partenaire, mais aussi à percevoir ses besoins sous-jacents.
- L'homme doit cesser de prendre la responsabilité des réactions émotives de sa conjointe.
- L'homme part perdant s'il cherche à «combattre» sa partenaire au plan émotif.
- L'homme doit écouter plutôt que de chercher à comprendre la logique de sa partenaire.
- La communication dite efficace est un mythe.
- Le besoin de communication verbale à couleur émotive est un besoin typiquement féminin.
- La résolution de conflits pour garantir le bonheur du couple est aussi un mythe.

- La majorité des conflits de couple sont insolubles. Il est donc inutile d'essayer d'arriver à un consensus.
- Les couples heureux sont d'accord pour vivre avec des désaccords.
- Pour être heureux en couple, l'homme doit : donner de l'attention, regarder sa femme, trouver ses secrets, cultiver la tendresse et entretenir des projets de couple.
- La meilleure façon pour l'homme de procurer du plaisir à sa partenaire lors des relations sexuelles, c'est de se préoccuper d'avoir, pour lui-même, le maximum de plaisir.
- L'homme possède des attentes légitimes de confiance et de respect de la part de sa partenaire.
- La femme doit faire cinq concessions majeures si elle veut vivre heureuse avec un homme.
- Les féministes poussent les hauts cris à chaque fois qu'une femme ou un homme veut responsabiliser la femme dans l'harmonie du couple.
- Laura Doyle propose des stratégies de paix aux femmes qui veulent vivre heureuses avec leurs conjoints
- Arrêter d'être mégère ne signifie pas se soumettre aux hommes.
- La très grande majorité des hommes sont des « bons gars », dignes de confiance et de respect.
- C'est l'insécurité viscérale des femmes qui les amènent à vouloir contrôler les hommes.
- Les femmes mettent l'accent sur le passé, les hommes sur l'avenir.
- L'homme a besoin de confiance et de respect pour tirer le meilleur de lui-même.
- L'homme doit se tenir debout pour ne pas tuer sa personnalité et sa créativité.
- Les hommes ont des attentes légitimes face à la sexualité.
- Il existe des tactiques d'autodéfense pour hommes contre les femmes qui veulent les contrôler.

12

Ressources pour hommes

Quoique le réseau des ressources pour hommes ne soit pas aussi développé dans les pays francophones que dans les pays anglophones, en particulier aux Etats-Unis et en Australie, il existe toutefois d'importantes ressources auxquelles les hommes en difficulté peuvent faire appel. La majorité des organismes suivants fonctionnent sans subventions gouvernementales et ne peuvent compter que sur le bénévolat de leurs membres ou d'intervenants professionnels qui acceptent d'offrir gratuitement, ou à peu près, leurs services. Espérons que, dans un avenir rapproché, ces groupes d'entraide masculine puissent compter sur l'aide gouvernementale, sans nuire à l'aide apportée aux groupes d'entraide féminine. En fait, c'est l'ensemble des politiques familiales qui devraient être revues afin d'y inclure des politiques conjugales de formation et de support et non seulement de médiation, de divorce ou de protection. Si les subventions accordées aux organismes d'entraide pour hommes permettent à ceux-ci de mieux faire face à leurs difficultés, ce sont les femmes en premier, les enfants et la société en général, en plus des hommes eux-mêmes, qui en sortiront gagnants.

Ces adresses étaient à jour au moment d'aller sous presse. N'hésitez pas à nous communiquer les coordonnées de tout groupe nouvellement mis sur pied pour nos prochaines éditions.

1. Sites internationaux pour hommes

Associations de défense des droits des enfants et des pères dans le monde

Porte d'entrée vers 117 sites internationaux.

http://www.sospapa.net/

Dad (Pappa) Watch

Porte d'entrée d'une centaine de ressources en différentes langues.

http://www.robin.no/~dadwatch/dadlinks.html

Dis Papa

Site de réponses que les pères peuvent faire aux nombreuses questions de leurs enfants.

http://www.dispapa.com/ et bonjour@dispapa.com

Divorce et paternité

Porte d'entrée vers 18 sites francophones.

http://www.lycos.fr/dir/Feminin/Famille/Divorce/Divorce_et_paternite/

Hommes violents

Porte d'entrée vers 77 sites francophones de services.

http://www.eurowrc.org/11.men_violent/programme-hommes/02.hom_program.htm

La boussole

Porte d'entrée vers 10 sites d'entraide entre pères.

http://www.boussole-fr.com/patern.htm

La place du père

Site consacré à la paternité, dont une Histoire des pères.

http://www.multimania.com/paternite/

paternite@multimania.com

Mouvement des hommes

Présentation des quatre grands courants internationaux du mouvement des hommes, soit les Promise Keepers, le mouvement pour les droits des hommes, le mouvement mythopoétique et le mouvement politique des hommes proféministes.

http://www.eurowrc.org/03.network/16.network.htm

Mouvement mythopoétique

Mythopoétique signifie l'emploi de veilles histoires (mythes, légendes grecques ou autres) pour aider les hommes d'aujourd'hui. Fondé par Robert Bly en 1975, l'objectif du mouvement est de retrouver l'homme en soi, développer sa capacité à dire ses émotions et améliorer ses relations avec les femmes.

http://www.expage.com/page/nomc

www.vix.com/menmag/poetvocic.htm

Pères d'aujourd'hui

Site francophone d'information, de témoignages et d'entraide.

http://members.nbci.com/lepere/

Promise Keepers

Mouvement très contesté lancé par la droite religieuse, les leaders encouragent les hommes à prendre leurs responsabilités. Les hommes doivent tenir leurs promesses, d'où leur nom, en pourvoyant aux besoins de leur famille et en élevant leurs enfants. Les hommes sont appelés à prendre le rôle qui leur revient dans le cadre familial traditionnel, c-à-d. celui de chef de famille incontesté.

http://www.er.uqam.ca/nobel/m243124/Etat-Unis.htm#1

http://www.promisekeepers.org/

Réseau européen d'hommes proféministes

Créé en 1996, ce réseau anti-raciste promeut la cause féministe et appuie les droits des gays.

http://www.europrofem.org/index2.htm

Réseau Homme International

Fondé par Guy Corneau, le RHI a pris naissance au Québec en 1994. Leurs objectifs : 1. réunir les hommes de divers pays engagés dans l'exploration de leur identité et favoriser l'émergence d'une conscience masculine individuelle et sociale ; 2. offrir un environnement propice à l'évolution des hommes ; 3. favoriser l'apprentissage de moyens d'expression pour rompre le silence qui entoure la vie affective des hommes ; 4. devenir un lieu de cohésion sociale et d'entraide mutuelle pour briser l'isolement masculin ; 5. proposer une remise en question des modèles masculins en revalorisant l'image des hommes et 6. promouvoir l'égalité entre les hommes et les femmes.

- **Réseau Hommes Québec**
  C.P. 62, Succursale Beaubien, Montréal (Québec) H2G 3C8
  Tél. : 1 514 276 4545, Fax : 1 514 273 8786
  www.cam.org/~rhq/ et rhq@videotron.ca
  Il existe aussi un Réseau Femmes Québec.
  Tél. : 1 514 484 2375

- **Réseau Hommes Belgique**
  Rue des Amaryllis, 27 B-1083 Ganshoren, Belgique
  Boîte vocale : 011 32 4 97 29 75 68
  http://www.rhb.be/ et rhb@europe.com

- **Réseau Hommes France**
  45, chemin de Fontanièrs, 69350 La Mulatière, France
  Tél. : 011 33 6 87 20 69 10
  http://rhfrance.free.fr/ et jy.alauzet@semaly.com

- **Réseau Hommes Ile-de-France**
  51 rue Dareau, 75014 Paris, France
  Tél. : 011 33 1 43 21 43 60
  ericchevert@club-internet.fr et rhinfos@wanadoo.fr

- **Réseau Hommes Romandie**
  1, chemin Plamont, CH1350-ORBE
  Tél.: 011 41 24 441 26 25, Fax: 011 41 24 441 26 86
  http://isuisse.ifrance.com/rhsr/

SOS Enlèvements Internationaux d'Enfants
Groupe d'entraide internationale pour récupérer des enfants.
http://www.chez.com/sosrapt

Super Dads
Fondée par des hommes devenus pères après 50 ans, Super Dads
est ouvert aux hommes et femmes, de tous les pays, désireux
d'échanger expériences et services.
http://www.superdads.mnet.fr/

Union européenne de groupes d'étudiants mixtes contre le sexisme
Ce site offre des informations diverses sur le féminisme, le back-
lash féministe, l'égalité des sexes et autres sujets connexes.
http://geocities.com/CapitolHill/7422/Mixture.html

2. Ressources québécoises.

Après-Coup
Organisme sans but lucratif fondé en 1998, Après-Coup regroupe
14 points de services traitant de la violence conjugale et de la
défense des droits des pères divorcés. L'aide apportée est plus individuelle que collective.
Tél.: 1 514 672 6461
148, rue St-Louis, Ville LeMoyne (Québec) J4R 2L5
http://www.dsuper.net/~apres/index.html et apres@supernet.ca

Association masculine irénique Manicouagan

Du mot grec « eirênikos » signifiant pacifique, l'AMI a été fondée en mai 1997 pour venir en aide aux hommes séparés ou divorcés.

C.P. 107, Baie-Comeau (Québec) G4Z 2G8

http://www.multimania.com/irenique/intro.html

irenique@hotmail.com

Association québécoise de suicidologie

L'AQS rassemble les ressources en prévention du suicide, mais ne fait pas d'intervention directe auprès des personnes en détresse suicidaire. Ses objectifs : promouvoir des mesures qui favorisent l'émergence d'un contexte social, politique et économique propre à la prévention du suicide ; soutenir les centres de prévention du suicide ; sensibiliser la population québécoise à la problématique du suicide ; favoriser l'avancement des connaissances sur la problématique du suicide ; et favoriser la responsabilisation et la concertation des différents milieux.

Tél. : 1 800 696 5858

http://www.cam.org/aqs/

Auton'Hommie

Centre de ressources qui se veut un lieu d'entraide et d'échanges propices à la réflexion sur soi et sur ses conditions de vie.

1575, 3e Avenue Québec (Québec) G1L 2Y4

Tél. : 1 418 648 6480, Fax : 1 418 5229709

http://pages.globetrotter.net/autonhom/

autonhommie@cmq.qc.ca

Carrefour Familial Hochelaga

Services et groupes d'entraide pour hommes en difficulté.

Tél. : 1 514 523 9283

momotherrien@hotmail.com

Centre d'études appliquées sur la famille

Ce centre de l'École de service social de l'Université McGill s'adonne à des activités de recherche, d'éducation et de consultation dont le but est de comprendre la vie de famille contemporaine, d'améliorer l'exercice du service social auprès des familles et d'améliorer les politiques sociales qui touchent la famille.
Université McGill, 3506, Université, bureau 106, Montréal (Québec) H3A 2A7, Tél. : 1 514 398 5286, Fax : 1 514 398 5287
http://www.arts.mcgill.ca/programs/cafs/francais.htm
cafs@leacock.lan.mcgill.ca

Centre Local de Services Communautaires

Tous les CLSC de la province peuvent mettre les hommes en difficultés en contact avec des ressources locales. Consultez le bottin téléphonique pour trouver le numéro de votre CLSC local.

Centre national d'information sur la violence dans la famille

La mise en commun de l'information et des solutions.
htp://www.hc-sc.gc.ca/hppb/violencefamiliale/

Centre préventif d'hébergement

Centre d'accueil pour hommes en difficultés de la ville d'Anjou.
Tél. : 1 514 352 0389

Chevaliers de la vérité

Banque de recherche et de statistiques pour l'avancement et le développement de la condition masculine. Opinions sur le mouvement féministe et la garde des enfants.
http://www.mensongefeministe.ca/

Confédération des organismes familiaux du Québec

Tél. : 1 514 521 4777, Fax : 1 514 521 6272
famille@cofaq.qc.ca

D'hommes à hommes inc.

Organisme communautaire à but non lucratif, ce service d'aide pour conjoints violents est fortement impliqué dans la prévention de la violence conjugale et familiale. Il possède une solide expertise en thérapie de groupe.

37, rue Notre-Dame sud, Thetford Mines (Québec) G6G 1J1

Tél.: 1 418 335 9717

http://www.minfo.net/hommes/ et homme@minfo.net

Entraide pères-enfants séparés

L'ENPES vise à garantir la présence des deux parents dans la vie des enfants, notamment en cas de séparation ou de divorce. Leurs activités tournent autour de la protection des droits des pères séparés, divorcés ou ex-conjoints de fait, gardiens ou non-gardiens, en encourageant l'harmonie et le respect parental entre les ex-conjoints en vue de favoriser le bien-être des enfants.

92, boul. St-Raymond, #203, Hull (Québec) J8Y 1S7

Tél.: 1 819 771 2277, Fax: 1 819 771 5566

http://www.travel-net.com/~pater/ et pater@travel-net.com

Entraide pour hommes de Montréal

Centre d'accueil pour hommes en difficultés.

Tél.: 1 514 355 8300

Entraide pour hommes Vallée-du-Richelieu inc.

Organisme sans but lucratif œuvrant en prévention de la violence conjugale et/ou familiale ainsi qu'en santé mentale. Les services offerts sont de caractères professionnels. Leurs champs d'intervention consistent en service d'écoute téléphonique, rencontres, groupes de croissance et programme de thérapie pour conjoints et pères violents.

http://www.multimania.com/entraidepourhomm/

Groupe d'action des pères pour le maintien des liens familiaux inc.

Le GAPMLF prend la défense des pères divorcés aux prises avec une injustice face à leur paternité ou à la garde des enfants.

8, Des Ormeaux, #8, Cap de la Madeleine (Québec) G8W 1S6

Tél.: 1 819 371 1351, Fax: 1 819 373 4640

http://www.itr.qc.ca/papa-egalement/ et gapmlf@videotron.ca

Groupe d'entraide aux pères et de soutien à l'enfant Inc.

Fondé en 1983, le GEPSE se donne comme mission la sauvegarde et la promotion des droits des pères et ceux de leurs enfants afin de minimiser les préjudices causés aux enfants et aux proches lors d'une séparation ou d'un divorce. Le GEPSE réclame l'égalité parentale, la médiation comme processus premier de divorce ou de séparation et la présomption de garde conjointe en cour. Leurs activités : clinique juridique, consultations psychologiques individuelles, groupe de discussion et d'échange autour des problèmes vécus par les pères divorcés, conférences et séminaires.

4274, Papineau, bureau 101, Montréal, (Québec) H2H 1S9

Tél.: 1 514 527 3166

www.cam.org/~gepse/side.html et gepse@cam.org

L'après-rupture

Organisme d'aide aux hommes séparés ou divorcés dans les rapports pères-enfants. Support psychologique, juridique et financier.

Tél.: 1 418 845 5246 ou 1 866 624 7272

http://www.oricom.ca/alpe/

Le Seuil de l'Estrie inc.

Services d'aide pour hommes en difficulté de couples. Liste des ressources pour l'ensemble de la province.

http://www.multi-medias.ca/seuil/

Maison Oxygène et Maison Claude Hardy

Services d' hébergement de courte ou de moyenne durée pour hommes en difficultés familiales ou conjugales avec ou sans enfants. Priorité aux pères avec enfants.

Tél.: 1 514 523 9283 ou Fax: 1 514 529 5646
cafaho@cam.org

Maison Père Enfant du Québec

6865 Christophe-Colomb, bureau 317, Montréal (Québec) H2S 2H3
Tél.: 1 514 274 7272 ou 1 514 279-0557

Ordre des psychologues du Québec

Bottin de tous les psychologues du Québec et service de références.
http:ééwww.ordrepsy.qc.ca

Organisation pour le respect des liens familiaux

Organisme à but non lucratif incorporé en 1994, l'ORLF vient en aide aux enfants, aux parents et aux grands-parents qui éprouvent des difficultés à faire respecter leur lien inaliénable avec ceux qu'ils aiment.
1276, route de l'Église, Ste-Foy (Québec) G1W 3P1
Tél.: 1 418 658 5540, Fax: 1 418 653 7454
http://www.travel-net.com/~pater/orlf.htm et JDR@cmq.qc.ca

Pro-Gam

Groupe de thérapie pour hommes violents.
Tél.: 1 514 270 8462

Regroupement pour la valorisation paternelle

Fondé en 1997, le RVP dénonce l'approche par « problèmes » parce que culpabilisante pour les hommes (l'homme violent, drogué...) et rejette l'image négative de la paternité projetée par les médias. Leurs objectifs: 1. Valoriser la paternité auprès des pères eux-mêmes d'abord et en projeter une image positive et réaliste par le biais d'une campagne annuelle de sensibilisation. 2. Aider les pères à prendre la parole et à définir et mieux connaître leur place dans la famille, auprès des enfants et dans la société. 3. Contribuer au débat de société sur la place et le rôle du père aujourd'hui en sensibilisant également les acteurs sociaux et politiques.

3575, rue Lafontaine, Montréal (Québec) H1L 1V5

Tél: 1 514 523 9283

rvp@moncourrier.com

Réseau Hommes Québec (Voir Réseau Homme International)

C.P. 62, Succursale Beaubien, Montréal (Québec) H2G 3C8

Tél.: 1 514 276 4545, Fax: 1 514 273 8786

http://www.cam.org/~rhq/ et rhq@videotron.ca

Il existe aussi un Réseau Femmes Québec. Tél.: 1 514 484 2375

Ressources pour hommes de la Haute-Yamaska

Organisme à but non lucratif œuvrant auprès des hommes en difficulté.

http://www.rhhy.qc.ca/ et info@rhhy.qc.ca

Service d'aide aux hommes exerçant de la violence conjugale

Organisme sans but lucratif qui vient en aide aux hommes exerçant ou ayant exercé de la violence envers leur conjointe.

975, rue de la Concorde, St-Romuald (Québec) G6W 5M6

Tél.: 418 380 2073

http://www3.sympatico.ca/saharas/

Thérapie familiale

Site donnant accès à de multiples ressources québécoises pour la famille.

http://www.apcfq.qc.ca/liens.html

3. Ressources françaises

Association Bien-Être de l'Enfant
6, rue de la République, 30000 Nîmes
Tél/Fax : 04 66 76 09 25, Tél/Fax : 04 66 75 21 97
http://abee.ifrance.com/abee/

Association de Défense de l'Enfance et des Parents Séparés
Coordination Nationale, BP 7965, 37079 TOURS CEDEX 2
Tél. / Fax : 33 02 47 42 59 93, Fax : 33 02 47 41 68 12
http://www.ifrance.com/adeps/

Association française des centres de consultation conjugale
Tour 33 - Cité des Sables, Avenue Rhin et Danube, 86000 Poitiers
http://afcccpr86.multimania.com/

Association pour la Réforme des Prestations Compensatoires
Siège Social : 75 bis, chemin de Ravaly, 26200 Montélimar
Tél. : 04 75 52 33 45, Fax : 04 75 53 77 90
http://assoc.wanadoo.fr/arpec/ et hiance.ccarpec@club-internet.fr

Association Responsabilité Parentale Egale
36, rue du Douet Garnier 44000 Nantes
Téléphone et télécopie : 02.40.76.35.94
aubron.arpe@oceanet.fr
http://www.magic.fr/enfant-papa/Nantes.html

Club des papas
Fondé en 1994 et animé par des bénévoles et des professionnels, ce Club supporte les pères divorcés, principales « victimes » des conséquences judiciaires et psychologiques du divorce.
145, rue Belliard, 75018 Paris
http://www.chez.com/clubpapas/

Divorcé(e)s de France

Pour aider les personnes concernées parce que cela n'arrive pas qu'aux autres.
BP 380 - 75625 Paris Cedex 13
Tél.: 01 45 86 29 61 ou 01 45 85 60 00
http://www.ddf.asso.fr/

Fédération des mouvements de la condition paternelle

Le MCP, fondé en 1974 par des pères ayant vécu une séparation difficile, combat le système judiciaire sexiste qui attise les conflits et broie le plus souvent la relation père-enfant. Leurs objectifs: 1. Organisation de la solidarité et de l'entraide envers les parents qui traversent les tumultes d'une séparation conflictuelle. 2. Conduite d'une réflexion et d'une recherche pour l'élaboration de propositions constructives vers le maintien de la coresponsabilité parentale. 3. Sensibilisation de l'opinion publique, des médias, et du législateur sur la situation scandaleuse actuelle faite au couple père-enfant.
Accueil: 9 rue Jacques Hillairet, Paris, 12° Métro: Montgallet
Permanence: 144, ave Daumesnil, 75012 Paris, France
Tél.: 33 1 43 41 18, Fax: 33 1 40 04 94 95
http://www.fmcp.org/

Keth.org

L'objectif de Keth.org est d'informer et de dénoncer les abus en matière juridique, sociale, institutionnelle et culturelle en ce qui concerne les droits des enfants et des parents. Keth.org tente de faire la lumière, de manière très offensive, sur les pratiques de certains magistrats, dont leur responsabilité doit être civilement et pénalement engagée en cas d'erreurs graves et de décisions nuisant à l'intérêt de l'enfant en excluant un des deux parents. Leur but est de fédérer l'ensemble des individus qui se reconnaissent dans la lutte pour une meilleure protection des enfants et des parents pour arriver à une véritable égalité des parents. Pour mener à bien leur action et obtenir des résultats concrets et immédiats de la part des autorités législatives et exécutives françaises, il demande à tous, hommes, femmes et parents, de prendre conscience qu'il existe en France des atteintes graves à l'intérêt des enfants, que ces atteintes sont perpétrées par un système perverti par des magistrats irresponsables et par des responsables politiques laxistes.

Parce que chaque enfant ne doit pas être un bouclier dans le cadre de séparations ou de divorce, parce que chaque enfant doit avoir le droit d'être élevé par ses deux parents et d'entretenir avec chacun d'eux des relations régulières, parce que l'intérêt de l'enfant doit être prioritaire à celui des parents, Keth.org formule 12 revendications. Il exige de la part des autorités judiciaires, législatives et exécutives qu'elles procèdent à: 1. La définition claire de l'autorité parentale. 2. La reconnaissance de la responsabilité professionnelle, civile et pénale des magistrats chargés d'affaires familiales. 3. Des sanctions à l'égard des juges dont les décisions portent atteinte à l'intérêt et l'intégrité de l'enfant. 4. La publication par chaque cabinet de juge aux affaires familiales de statistiques liées à l'attribution du lieu de résidence et aux droits parentaux. 5. La mise en place de décisions collégiales incluant des civils assistant les juges dans les affaires familiales. Qu'il soit pris des sanctions dans les cas de: 6. parents coupables d'entrave au droit de visite et d'hébergement; 7. parents ayant soustrait l'enfant et s'étant livré à une rupture des relations entre l'enfant et l'autre parent; 8. parents coupables de fausses accusations et faux témoignages dans le but de limiter les droits de l'autre parent; 9. parents coupables d'entrave aux relations téléphoniques entre l'enfant et le parent éloigné. Qu'il soit clairement: 10. rétabli de manière rétroactive le principe d'autorité parentale aux parents divorcés avant la loi du 8 janvier 1993; 11. établi un barème fixe de pension alimentaire et que celle-ci soit réexaminée en cas de dégradation de la situation du payeur ; et 12. reconnue l'autorité parentale pour tout père ayant reconnu l'enfant.
(Considéré comme le pendant masculin de S.O.S Sexisme.)
http://www.keth.org/

L'enfant et son droit
Tout enfant a un droit absolu à son unique papa, à son unique maman, et à la protection et l'affection de toute sa famille des deux côtés, proche comme éloignée, surtout en cas de séparation.
12 rue Alphand, 75013 Paris
Fax :33 1 69 08 81 20 Répondeur :33 1 45 81 19 84
http://www.magic.fr/enfant-papa/

Les enfants du dimanche
Fondée au début des années 70, l'objectif du mouvement est double : responsabilité parentale égale des deux parents en cas de divorce ou de séparation et renouer et développer le lien entre l'enfant et le parent séparés.
Mairie de Marcq, 103, Ave Foda, 59700 Marcq-en-Barocul
Tél. : 03 20 60 28 28
parent-enfant-divorce@oordoct.fr
http://asso.nordnet.fr/parent-enfant-divorce/

Liberté Égalité Paternité
Liberté pour l'enfant d'aimer ses deux parents. Égalité des deux parents en droits et devoirs. Paternité pleinement exercée et reconnue.
20 rue Guynemer, 57950 Montigny-lès-Metz
http://home.worldnet.fr/~jeppy/lep.htm

Réseau Hommes France (Voir Réseau Homme International)
45, chemin de Fontanièrs, 69350 La Mulatière, France
Tél. : 0 11 33 6 87 20 69 10
http://rhfrance.free.fr/ et jy.alauzet@semaly.com

SOS Divorce
Pères, Paternité, Fibre paternelle, Pension, Prestation compensatoire, Médiation parentale, Garde, Défense de l'enfant, Sexisme… des mots qui pèsent sur les hommes lors de leur divorce.
http://www.sos-divorce.org/

SOS Enlèvement par l'Allemagne

En cas de séparation ou de divorce avec un ressortissant allemand, les parents français ayant obtenu un droit de garde ou le droit de visite ou d'hébergement de leurs enfants sont confrontés à l'inexécution des décisions juridiques par les magistrats allemands. Afin de faire respecter ces droits, contacter:

7 rue de la Jacquerie, 60600 Clermont

http://perso.club-internet.fr/sosenlev/

SOS Papa

Fondée en 1990, SOS papa est, avec ses 6000 membres, la plus importante et la plus influente association de pères en France. Elle a accueilli, en 2000, dans ses permanences, plus de 4000 pères qui ont été écoutés, aidés et conseillés. Son budget est de plus de 100.000 Euros par an, avec les seules cotisations de ses adhérents. Elle est totalement indépendante des professionnels du divorce et des partis politiques. L'association est implantée à Paris ainsi que dans 20 délégations en France. Elle a de nombreux correspondants à l'étranger: USA, Japon, Europe.

34 rue du Président Wilson, B.P.49, 78230 Le Pecq, France

Tél.: 33 01 39 76 19 99, Fax: 33 01 30 15 07 43

http://www.sospapa.net/

4. Ressources helvétiques francophones

Mouvement de la condition paternelle pour une égalité parentale

3 rue Michel-Chauvet, CH 1208 Geneve

Tél.: 4122 346 74 00

http://www.vev.ch/fr/mcp.htm#fr

Mouvement suisse contre l'enlèvement des enfants

http://www.mscee.ch/

Parents pour toujours (Parents Forever International)

Devant l'éclatement des familles, Parents pour toujours travaille à la mise sur pied d'une formation à la parentalité, s'engage de toutes ses forces dans cette voie en réalisant un partenariat avec les autorités compétentes, stimule la création régionale et cantonale de permanences d'accueil pour apporter un soutien pragmatique proche des situations concrètes, sensibilise l'opinion publique par l'organisation de conférences et de débats afin de reconnaître l'importance de l'équivalence parentale pour l'enfant. Pour eux, l'intérêt réel et supérieur de l'enfant doit être une considération primordiale pour l'avenir de notre société. Ils soutiennent la proposition d'adapter l'assurance maternité en assurance parentale. En effet, la naissance d'un enfant modifie le statut d'une femme et d'un homme en parents qui ont chacun une fonction essentielle et spécifique pour l'enfant. Parents pour toujours, en tant qu'association faîtière, permet la centralisation et la diffusion de tout document relatif à l'équivalence parentale tout en soulignant la différence et la complémentarité des deux parents.

Présidence : Case postale 101, 1000 Lausanne 24
Secrétariat : 3, rue Michel-Chauvet, 1208 Genève
Tél/fax : 021 652 79 54 Tél. : 022 346 74 00, Fax : 022 346 95 05
http://cw.span.ch/fr/default.asp et hlehmann@worldcom.ch

Pères éducateurs responsables

Fondé en 1994 à Zurich, le groupe VeV (Verantwortungsvoll erziehende Väter) est une association de pères et de mères (séparés, divorcés, célibataires ou mariés) indépendante, politiquement et religieusement, et respectueuse des droits de l'homme. Le VeV a pour but de maintenir une relation parent-enfant aussi libre que possible malgré une séparation ou un divorce. Pères et mères doivent partager à part égale l'éducation et le soutien de leurs enfants. Le VeV préconise le droit de garde partagé et la médiation comme une méthode constructive de contrôler les conflits entre ex-conjoints.
http://www.vev.ch/fr/info.htm

Réseau Hommes Romandie
(Voir Réseau Homme International)
1, chemin Plamont, CH1350-ORBE
Tél.: 0 11 41 24 441 26 25, Fax: 0 11 41 24 441 26 86
http://isuisse.ifrance.com/rhsr/

5. Ressources belges

(Malgré quelques heures de recherches sur Internet et un appel à tous lancé à mes contacts belges, je n'ai presque pas trouvé de ressources pour les hommes en difficulté. Se pourrait-il qu'il y ait si peu d'initiative d'aide aux hommes en Belgique qui est pourtant un des pays au monde comptant le plus d'associations au mètre carré?)

Centre de prévention des violences conjugales et familiales
Accueil, écoute, informations, consultations individuelles pour homme ou femme.
29, rue Blanche, 1050 Bruxelles
00 32 2 539 27 44

Centre de prévention du suicide
46, place du Châtelain
1050 Bruxelles 0800 32 123
http://www.preventionsuicide.be/

Mouvement Belge pour l'Egalité Parentale
Au moment d'écrire ces lignes, le site et la brochure de ce nouvel organisme sont en cours d'élaboration et offriront un cahier revendicatif, un descriptif de situations personnelles et des références de personnes, de sites et d'ouvrages. Les membres de l'antenne de Bruxelles se réunissent le mardi au siège social. L'objet de

l'association est de fournir des services d'information, d'appui juridique, psychologique, de médiation et de documentation.
83 Av. Plasky, 1030 Bruxelles.
kerim.maamer@belgacom.net et Philippe.Voordecker@euronet.be
www.egaliteparentale.be

RHB - Réseau Hommes Belgique
(Voir Réseau Homme International)
Rue des- Amaryllis, 27 B - 1083 Ganshoren
Boite vocale : 0497 29 75 68
http://www.rhb.be et rhb@europe.com

6. Groupes de femmes sympathisantes

Nous n'avons trouvé aucune trace sur Internet ou ailleurs de groupes de femmes sympathisantes en Europe, ce qui ne veut pas dire qu'il n'en existe pas. Chose certaine, ces groupes ne sont pas très visibles. Il n'y a qu'au Québec où nous avons pu trouver deux associations.

Action des nouvelles conjointes du Québec

Fondée en 2000, à la suite d'une divergence avec l'ASECQ sur les actions à entreprendre, l'ANCQ entend regrouper les couples formés de nouvelles conjointes et conjoints de même que celles et ceux qui n'ont pu refaire leur vie. Leurs objectifs est de : 1. Dénoncer la discrimination dont les nouvelles conjointes sont victimes. 2. Démontrer aux législateurs que la loi actuelle n'empêche pas le remariage tout en ne donnant aucun pouvoir ou droit effectif à cette nouvelle union, mais seulement des responsabilités, et de plus, ne reconnaît aucunement les enfants issus de cette nouvelle famille. 3. Démontrer que le système législatif, judiciaire et social actuel n'a créé aucun moyen pour éliminer la dépendance de la première épouse et encourager son autonomie et la prise en charge de sa vie.

Ainsi la nouvelle union ne parvient pas à se donner une qualité de vie, ni à se constituer un patrimoine propre parce que la première union vient hypothéquer la seconde. L'ANCQ vise avant tout l'équité et l'harmonie en matière familiale. Les deux parents doivent assumer la subsistance de leurs enfants dans des circonstances qui favorisent l'épanouissement de tous les partenaires de la cellule familiale.
Tél.: 418 990 1185 ou 418 847 3176 ou 418 528 3408,
Fax: 418 847 5381
ancq@webnet.qc.ca et lisebilodeau@canoemail.com
http://www.webnet.qc.ca/~ancq

Association des secondes épouses et conjointes du Québec inc.
Fondée en 1994, l'ASECQ regroupe des femmes mariées ou conjointes de fait d'un homme divorcé tenu de payer une pension alimentaire à une ex-conjointe pour elle-même seulement ou à des enfants de la première union. Les activités de l'ASECQ s'étendent à tout le Québec et commencent à percer ailleurs au Canada. Leurs revendications: 1. Faire reconnaître dans toute la législation que la seconde épouse ou conjointe de fait est l'unique conjointe de son mari ou conjoint de fait, et vice-versa. 2. Limiter le droit à la pension alimentaire pour une ex-conjointe ou un ex-conjoint à une période maximale de deux ans suivant la date du divorce. 3. Établir des règles qui confirment l'autonomie et l'indépendance financière de chaque conjoint de la seconde union en faisant en sorte que la situation financière de la seconde épouse ou conjointe ou du second époux ou conjoint n'entre aucunement en ligne de compte pour établir le montant de la pension alimentaire de l'ex-conjoint.
3150, du Major, Longueuil (Québec) J4L 4L4
Tél.: 450 670 3347
http://asecq.citeglobe.com/ et asecq@mail.com
http://www.travel-net.com/~pater/depli-3.htm

Conclusion

Le côté lumineux
des hommes

L'espérance de vie était de 25 ans au temps des cavernes ; juste le temps de se reproduire. Au Moyen Âge, elle atteignait 35 ans ; ce qui nous donnait un peu de temps pour faire autre chose. En 1900, l'espérance de vie des femmes était de 51 ans et de 47 ans pour les hommes. Au moment où j'écris ces lignes, il y a plus de centenaires vivants que dans toute l'histoire de l'Humanité et notre espérance de vie moyenne tourne autour de 80 ans. Les biologistes nous prédisent une durée de vie de 120 à la fin du prochain siècle.

Mais, non seulement vivons-nous de plus en plus longtemps, nous vivons aussi mieux et plus librement aujourd'hui dans nos villes et nos campagnes que dans la jungle et les cavernes. Et, bientôt, nous conquerrons l'espace, construisant des stations spatiales et colonisant des planètes. Pourquoi tout ça ? Pour trouver de l'espace et de nouvelles conditions de survies pour nos fils et nos filles, pour assurer la pérennité de notre espèce. Oui, il y a de quoi être fier d'être un homme et d'avoir participé, sinon réalisé tout cela.

Il s'agit en effet d'ouvrir les yeux, de regarder autour de soi, de réviser l'histoire de l'Humanité pour constater, à l'évidence, d'innombrables raisons d'être fier d'être un homme. Regardons un peu les contributions que le « méchant » homme a fait pour l'Humanité, donc pour sa femme et ses enfants :

- Il a maîtrisé le feu et dompté le cheval et le chien.

- De proie, il a développé des armes pour devenir le prédateur craint et respecté par les autres prédateurs (lions, tigres, hyènes, loups…) assurant ainsi la sécurité physique des personnes, homme, femme et enfant.

- Il a conquis des territoires et mis la nature à son service (agriculture).

- Il a construit des villes, des civilisations, des structures hiérarchiques, des lois pour assurer l'ordre, la paix et le bon fonctionnement de groupes d'humains de plus en plus nombreux.

- Il a inventé les jeux olympiques pour apprendre à fraterniser et nous dépasser.

- Il a éradiqué nombres de maladies et continue de le faire.

- Il a inventé la roue et, après, la bicyclette, la voiture et les autres moyens de transport terrestre.

- Il a vaincu la loi de la gravité, au risque de sa vie, et inventé l'avion et la fusée.

- Il a créé le lave-vaisselle, la sécheuse, le poêle, le réfrigérateur, le congélateur, la radio, le téléphone, la télévision… et j'en passe, pour se faciliter la vie et celle des gens qu'il aime.

- Il a pénétré la matière dans ses moindres replis à l'aide de puissants microscopes et autres outils technologiques afin de découvrir les lois de la nature.

- Il a inventé la pilule, les méthodes contraceptives et le viagra©.

- Il a inventé le téléphone et vient de construire l'autoroute électronique qu'il continue d'améliorer.

- Il se prépare à coloniser d'autres planètes.

- Il a dépassé la vitesse du son et se prépare à outrepasser celle de la lumière.

- Il parviendra bientôt à établir un climat de paix mondial et des conditions de vie minimales pour tous et toutes.

Merci à nos femmes qui, s'occupant de cueillette, de l'éducation des enfants, de la préparation des repas, de l'entretien de nos maisons (nos cavernes du temps passé) et de notre santé (toutes choses éminemment essentielles), nous ont libéré le temps et les énergies nécessaires à la réflexion, la recherche, l'expérimentation et l'exécution de toutes ces œuvres. La concertation de leurs efforts et des nôtres nous a permis de passer de l'état animal à l'état civilisé. Merci à nos femmes d'avoir eu la patience de nous encourager et de nous valoriser tout au long de nos essais et erreurs. Si les femmes veulent toujours collaborer avec les hommes pour continuer cette évolution, elles sont les bienvenues. Elles pourront certainement nous conseiller pour humaniser, sensibiliser et socialiser nos exploits.

Le féminisme intégriste, comme tout extrémisme, est comme un bulldozer qui détruit tout sur son passage et ne peut qu'engendrer un « hominisme » réactionnaire. Mais le féminisme doux réserve de fort belles choses aux hommes qui accepteront d'être influencés par ce mouvement irréversible : une société plus égalitaire, des individus plus autonomes, des couples plus intimes, une sexualité enrichie et des enfants plus heureux. Hommes et femmes seront gagnants. L'union fait la force.

Notes

Introduction : **La libération de l'être humain**

1 Propos tenus par l'actrice principale dans le film La candidate (à la vice-présidence des Etats Unis), écrit et réalisé par Rod Lurie, Production Battleground, Distribution DreamWorks, 2000, 2h07.

Première Partie
Dur, dur d'être un homme

Chapitre 1 : **Pour en finir avec l'illusion du patriarcat**

1 Le *Petit Larousse* 1999, Grand format, Larousse-Bordas, Paris, 1998, p. 756

2 Ibid.

3 Majnoni d'Intignano, Béatrice, *Le sexe médiateur, Femmes et hommes en procès*, Plon, France, 2000, p. 198.

4 Le mythe diluvien se retrouve en Grèce, à Babylone, en Asie centrale, en Indochine, à Tahiti, dans les iles Fidji, en Australie, au Pérou, chez les Aztèques et les Amérindiens; c'est dire l'universalité de ce symbole.

5 Le taoisme considère le Tao comme la source de toute chose. Du Tao, naît le Yin et le Yang, lesquels s'opposent et se complètent, à la recherche d'un équilibre jamais trouvé. De cette recherche active, naît le Ki, l'énergie, source de 1001 choses, dont l'être humain. Cette énergie (l'âme des Chrétiens) circulent dans les méridiens et entre et sort du corps par les tsubos ou points d'acupuncture et de shiatsu.

6 Corneau, Guy, *Pères manquants, fils manqués*, Éd. De l'Homme, 1989, 187 p.

7 En référence au théâtre, à la personne qui est chargée de prévenir les défaillances de mémoire des acteurs en leur soufflant leur rôle (Petit Larousse).

8 Pour en savoir davantage sur les différentes mythologies, consultez le CD-ROM Encyclopédie Hachette Multimédia 1998 duquel j'ai emprunté l'essentiel de ces notions.

9 Nabati, Moussa et Simone, *Le père, à quoi ça sert! La valeur du triangle père-mère-enfant*, Éd. Jouvence, Genève, 1994, p. 19.

10 Nabati, ibid., p. 20.

11 Au même titre, les filles qui ont vécu un inceste sexuel ont de la difficulté, devenues adultes, à s'engager et s'épanouir sexuellement.

12 Il n'en est pas ainsi dans toutes les espèces animales où l'on retrouve parfois des espèces hermaphrodites (ver de terre) capables de s'autoreproduire, des espèces trisexuées ou quadrisexuées (les abeilles et les fourmis) ou encore des espèces où tous les individus viennent au monde femelles, mais où la femelle la plus agressive se transforme en mâle pour féconder les autres femelles.

13 Dallaire, Yvon, *S'aimer longtemps ? L'homme et la femme peuvent-ils vivre ensemble*, Éd Option Santé, 1998, chap. 4.

14 Telle que vous pouvez la retrouver sur le disque-compact CD EHM 98.

15 Nabati, Moussa et Simone, *Le père, à quai ça sert !*, p. 20.

Chapitre 2 : **Les femmes qui haïssent les hommes**

1 Je tiens à remercier David R. Troop <troop@vix.com>, Gerry Harbison <harbison@unlinfo.unl.edu>, Robert Sheaffer <sheaffer@netcom.com> et Rod Van Mechelen <rodvan@nwlink.com> qui ont colligé des centaines d'énoncés féministes anti-hommes. Je n'ai traduit que les plus horribles. Vous en trouverez d'autres sur www.vix.com/men/bash/quotes.html.

2 Ce texte est disponible gracieusement sur le site web de Martin Dufresne, président du Collectif masculin contre le sexisme, au http://www.eurowrc.org/01.eurowrc/06.eurowrc_fr/canada /22.fr_canada.htm Vous pouvez aussi trouvez son site en inscrivant son nom dans votre outil de recherche

3 http://www.cam.org/~rhq/

4 http://www.cam.org/~gepse/

5 C'est nous qui soulignons.

6 http://asecq.citeglobe.com/

7 http://www.secondwives.org/essays.html

8 Auteur de *Pères manquants, fils manqués* (1989), de *L'amour en guerre* (1996) et de *La guérison du cœur* (2000).

9 http://www.europrofem.org/05.ptvue/2_list/profem/16profem.htm

10 http://www.geocities.com/Athens/Oracle/5225/

11 Montagu, Ashley, *The Natural Superiority of Women*, Collier Books, N.Y., 1974. http://www.ai.univie.ac.at/archives/Psycoloquy/2000.V11/0018.html

13 Propos rapporté par Herb Goldberg, dans *Être homme, Se réaliser sans se détruire*, Éd. Le Jour / Actualisation, 1981, Québec, p. 98.

13 Référence introuvable.

14 Knuth, Elizabeth, *Male Spirituality : A feminist Evaluation,* May 1993. Vous pouvez trouver cet article sur le web : http://www.users.csbsju.edu/~eknuth/xpxx/malespir.html

15 http://www.deltabravo.net/custody/gentest.htm

16 Néologisme inspiré de monarchie.

17 Résumé des propos de Alain-Gérard Slama rapportés dans Majnoni d'Intignano, Béatrice, *Le sexe médiateur. Femme et hommes en procès,* Ed. Plon,France, 2000. Cette auteure présente, sous forme de procès réel avec avocats, les arguments des féministes qui reprochent aux hommes de limiter l'exercice de leurs droits et les arguments des hommes qui les accusent d'aller trop loin dans leurs exigences d'égalité. Cette auteure semble en faveur de cette parité, mais dans son livre elle accorde 117 pages à la représentation et à la défense des arguments pro-féministes et seulement 67 pages à la présentation et à la réplique des arguments des hommes. Quelle parité ?

18 http://perso.club-internet.fr/sexisme/framef.htm

19 Il n'existe pas de féminin à vainqueur ? ? ?

20 Herb Goldberg, op. cit., p. 183.

21 Herb Goldberg, op. cit., p. 188.

Chapitre 3 : **Les préjugés contre les hommes**

1 Si on utilise la différence du nombre d'hommes noirs et du nombre d'hommes blancs incarcérés comme exemple de racisme, on peut aussi utiliser la différences de femmes et d'hommes incarcérés pour illustrer le sexisme.

2 Préjugé : un préjugé est un jugement provisoire formé par avance à partir d'indices qu'on interprète. C'est une opinion adoptée sans examen par généralisation hâtive d'une expérience personnelle ou imposée par le milieu ou l 'éducation. (*Le petit Larousse illustré*)

3 Réalisation : Anne Claire Poirier, Production : Jacques Gagné, Anne Claire Poirier, ONF, avec Julie Vincent et Germain Houde, 95 minutes 55 secondes, C 0279 003/F1297.

4 French, Marylin, *The Women's Room,* Mass Market Paperback, 1988. Elle possède un site web : http://www.geocities.com/Athens/Oracle/3652/MFlinks.htm

5 Corneau, Guy, *L'amour en guerre. Des rapports hommes-femmes, mères-fils, pères-filles,* Éd. De l'Homme, Montréal, 1996, Chap. 3 : Pères et filles : L'amour en silence. Voir : http://www.productionscoeur.com/

6 Source : crwill@mph-mac04.usc.edu et http://www.vix.com/pub/men/bash/usc.html

7 Référence à un événement réel survenu, en 1995, dans la ville de Ste-Foy, événement saisi par les médias et sur lequel TQS m'avait demandé d'intervenir.

8 *Gazette des femmes,* mensuel du Conseil du Statut de la Femme, Gouvernement du Québec, Cahier spécial : Femmes et consommation, janvier 2000

9 Adair, Margo, *Women respond to the Men's Movement : A feminist Collection,* Ed. Kay Leigh Hagan, New York, 1992.

10 Dupuy, Georges, *Coupable d'être un homme,* VLB éditeur, Québec, 2000, p. 9.

11 Ceux-ci font toujours la une des journaux contrairement aux femmes tueuses en série.

12 http://147.4.150.5/~studid/dersh.htm

13 Thomas, David, *Not Guilty, In Defense of the Modern Man*, Weidenfeld & Nicolson, 1993.

14 Ibid.

15 Ibid.

16 Je fais ici référence à l'annonce publicitaire où l'on voit un professeur en pharmacie dire qu'au prochain cours il parlera des médicaments pour traiter la grippe. On voit alors une étudiante dire à son compagnon qu'elle sait quel est le meilleur anti-grippe existant sur la marché, soit telle marque. Les deux hommes, professeur et étudiant, la regardent l'air ébahi et approbateur comme si elle venait de faire une grande déclaration.

17 Référence à une émission de TV très populaire des années 50-60.

18 Cité par Bettina Arndt, du Sydney Institute, dans un article paru dans le Week-end Australia, 22-23 mai 1993.

19 Ibid.

20 Ibid.

21 Dulac, Germain, Les moments du processus de déliaison père-enfant chez les hommes en rupture d'union, dans Alary, J. & L.S. Éthier, *Comprendre la famille, Actes du 3e symposium de recherche sur la famille*, Presses de l'université du Québec, Québec, pp 45-63

22 Gray, John, *Mars et Vénus en amour*, Éd. Stanké, Montréal, 1999, 258 p.

23 Auteure du très controversé livre *The Surrendered Wife*, Fireside Book, 1999, p. 252.

24 Tannen, Déborah, *Décidément tu ne me comprends pas. Comment surmonter les malentendus entre hommes et femmes*, Ed. Robert Laffont, Paris, 1993, 350 p.

25 Pour en savoir davantage sur la communication homme-femme, consultez *Chéri, parle-moi !* publié aux éditions Option Santé, Québec, 1997, 144 p.

26 Ce qui donna lieu au Regroupement Homme Québec actif au Québec et en Europe. Pour plus de renseignements, consultez : www.cam.org/~rhq/

27 Dulac, Germain, Les demandes d'aides des hommes. *Rapport de recherche de l'Action Intersectorielle pour le développement de la recherche sur l'aide aux hommes*. Centre d'études appliquées sur la famille, U. McGill, 1997.

28 Il existe malheureusement des sociétés où des hommes utilisent des préceptes religieux pour contrôler les femmes. Mais doit-on attaquer ces hommes ou plutôt leur démontrer l'irrationalité de leur fanatisme et encourager les femmes victimes de ce fanatisme à utiliser leur pouvoir plutôt que d'entretenir l'irrationalité ?

29 Majnoni d'Intignano, Béatrice, *Le sexe médiateur*, Ed. Plon, 2000, 214 p.

30 Le plafond de verre (glass ceiling) est une métaphore utilisée par les féministes américaines pour désigner tous les obstacles invisibles élevés contre les femmes qui tentent d'accéder aux trois pouvoirs : politique, intellectuel et exécutif.

Chapitre 4 : **La violence faite aux hommes**

1 Curtis. L. A., *Criminal Violence : National Partterns and Behavior*, Lexington Books, Lexington, Ma, 1974.

2 Wolfgang, M., *Patterns in Criminal Homicide*, Wiley, N.Y., 1958.

3 Mercy, J. A. & Saltzman, L. E., Fatal Violence Among Spouses ine the United State, 1976-85, *American Journal of Public Health*, 79(5) : 595-9, May 1989.

4 Syndrome décrit par Lenore E. Walker dans son livre *The Battered Woman,* en 1979, publié chez Harper Colophon Books de New York, à la suite d'interviews de femmes l'ayant contacté suite à ses émissions de radio et télé sur les femmes battues. Pour Robert Sheaffer (sheaffer@netcom.com), la description de ce syndrome est fort critiquable pour plusieurs raisons : 1. L'échantillon sur lequel il repose n'est pas représentatif. 2. Il est basé sur des généralisations élaborées à partir de mythes, mythes que le féminisme a acceptés sans conditions, ni questionnements. 3. Les interprétations de Walker sont faites pour prouver son point de vue, malgré les contradictions internes de ses propres chiffres. 4. Elle utilise les données d'autres recherches qui vont dans le même sens que ses hypothèses, mais ne parle jamais des recherches qui infirment ses hypothèses, ce qui est anti-éthique. 5. Il y a absence totale de références bibliographiques ou scientifiques, malgré une utilisation des données de ces recherches (un oubli de sa part ?). 6. Elle admet dans son introduction que son livre est écrit à partir d'un biais féministe et qu'il ne représente que le point de vue des femmes. 7. Elle part du principe que tout ce qu'une femme battue dit est vrai et qu'elle est la meilleure juge de ce qui lui est arrivé (sic). 8. Les témoignages sur lesquels elle se base pour développer son syndrome de la femme battue sont purement anecdotiques, mais présentés comme vérifiés. 9. Elle étend sa définition de la violence conjugale à l'humiliation psychologique, au harcèlement verbal, à la critique... toutes ces choses pouvant effectivement exister mais dont l'évaluation est strictement subjective et non objective, et qui n'est certes pas l'exclusivité des hommes. Elle excuse, par exemple, l'agression physique d'une femme envers son partenaire par le fait qu'il l'ignorait et «travaillait tard». 10. Elle ignore la théorie (développée par des psychanalystes tels Freud, Karen Horney, Helen Deutsh et S. Rado) du masochisme féminin comme explication au fait que des femmes ne quittent pas une relation teintée de violence, mais persévèrent au contraire à essayer de contrôler par l'amour la violence de leur conjoint. 11. Elle ignore aussi le fait que beaucoup de femmes, y compris des féministes extrémistes, recherchent activement des hommes dominants et méprisent ou dédaignent les «nice guys», les hommes roses, qui souvent luttent à leurs côtés pour défendre leurs doctrines féministes. 12. Elle arrive à la conclusion qu'il n'y a pas de corrélation entre le statut socio-économique et la violence conjugale, ce que les études sociologiques ont maintes et maintes fois prouvé. 13. Elle affirme que les femmes battues possèdent des souvenirs très clairs des événement traumatisants, à l'encontre des psychologues et même des féministes qui proclament que les traumatismes sont tellement refoulés que la victime n'en garde aucun souvenir. 14. Aucune de ses conclusions n'est supportée de réelles statistiques, mais sont plutôt avancées ex cathedra. Finalement, Schaeffer doute que l'intention de Walker est de faire disparaître la violence et d'améliorer les relations conjugales ; il interprète plutôt qu'elle, et de nombreuses féministes à sa suite, veut plutôt faire disparaître le mariage... Il déplore que, malgré toutes ces faiblesses méthodologiques, le syndrome de la femme battue soit pourtant accepté tel quel par les associations de psychiatres, psychologues et sociologues. Il comprend toutefois très bien que les féministes l'utilisent à tout vent. Pour une discussion plus poussée, consultez http://www.vix.com/men/battery/battery.html À noter que l'équivalent, le syndrome de l'homme battu, n'existe pas dans les manuels de psychiatrie ou de psychopathologie.

5 Daly, M. & Wilson, M., Parents-Offspring Homicides in Canada, 1974-1983, *Science,* v. 242,. 519-524, 1988.

6 Statistique rapportée par Jane Garcia, dans The Cost of Escaping Domestic Violence, article publié le 6 mai 1991 dans le *Los Angeles Time.*

7 Entre autres, celle de O'Leary et al., *Premarital Physical Aggression.* D'autres statistiques

sont disponibles par l'intermédiaire du *Journal for the National Association of Social Workers* des États-Unis.

8   Phillemer et Finkelhor, *Marriage and Divorce Today*, newsletter de l'Université du New Hampshire, 1986.

9   Chiffres rapportés dans Dupuy, Georges, *Coupable d'être un homme*, VLB Éditeur, Québec, 2000, 192 p.

10 Entre autres : Asher, J., The deadly hazards of being male in Canada, *Policy Options of the Institute for Research on Public Policy*, vol 16, no 10, 1995. Farrell, Warren, *The Myth of Male Power*, Berkeley Books, 1993. Fekete, John, *Moral Panic*, Robert Davies Pub., Montréal, 1994. Ces études, et trente autres, démontrent toutes que les hommes et les femmes sont également capables de violence conjugale, et ce avec les mêmes degrés de gravité.

11 *Gazette des femmes*, vol. 20, no 3, p 28.

12 Langley, Roger & Levy, Richard C., *Wife Beating :* The Silent Crisis, Pocket Books, New York, 1977.

13 Honte : sentiment pénible de son infériorité, de son indignité ou de son humiliation devant autrui, de son abaissement dans l'opinion des autres (Le Petit Robert). La personne honteuse se dit qu'elle n'est pas correcte ; la personne qui se sent coupable se dit qu'elle a fait quelques chose d'incorrecte.

14 *Murders in Families*, Department of Jutice of U.S., juillet 1994.

15 Goleman, Daniel, *L'intelligence émotionnelle. Comment transformer ses émotions en intelligence*, Ed. Robert Laffont, 1997, 422 p.

16 Levenson, Robert et al., The influence of Age and Gender on Affect, Physiologie and their interrelations : A Study of Long-Term Marriages, in *Journal of Personnality and Social Psychology*, 67, 1994.

17 Gottman, John et Nan Silver, *Les couples heureux ont leurs secrets. Les 7 lois de la réussite*, Ed. J. C. Lattès, France, 1999, 281 p.

18 McNeely, R. L. & Coramae Ricky Mann, 1984. Une recherche effectuée sur 6 200 cas, mais dont je n'ai malheureusement pu retrouver la référence complète.

19 Avez-vous remarqué que la sorcière n'est jamais représentée sous la forme d'une belle et grande femme sexée, blonde, brune ou rousse, mais toujours sous des traits physiques horribles ?

20 Et elles continuent de les utiliser comme telles pour faire avancer leur cause.

21 Dupuy, Georges, *Coupable d'être un homme. Violence conjugale et délire institutionnel*, VLB éditeur, Montréal, 2000, 192 p.

22 Miller, Stuart A. & Sharif, Sharad, *Domestic Violence, The Way Men's Sdvocate See It*, reproduit avec la permission du Family Guardian Journal, San Diego, 1995, vol. 2, no 6.

Chapitre 5 : **Le divorce et le suicide au masculin**

1   Statistiques rapportées par Daniel Goleman, *L'intelligence émotionnelle. Comment transformer ses émotions en intelligence*, Ed. Robert Laffont, 1997, p.169.

2   Entrevue accordée à Renata Libal du magazine *L'Hebdo*, #39, 25 septembre 1997.

3   Dulac, Germain, Les moments du processus de déliaison père-enfant chez les hommes en rupture d'union, dans Alary, J. & L.S. Éthier, *Comprendre la famille*, Actes du 3ᵉ symposium de recherche sur la famille, Québec, Presses de l'Université du Québec, 1996, pp. 45-63.

4 Ibid.

5 Néologisque intégrant la maternité et la paternité.

6 http://www.stat.gouv.qc.ca/donstat/conditions/men_fam_enf/portrait/theme4/4_7.htm

7 Propos relevé par Yves Ménard le 14 juin 1997 dans le journal *Le Devoir*.

8 Par contre, 90 % des tentatives de suicide sont le fait des femmes.

9 Ces statistiques et les suivantes furent communiquées par Danielle Saint-Laurent lors de la Semaine de prévention du suicide 1999. D'autres statistiques sont disponibles à http://www.cam.org/aqs/

10 Groupe d'entraide aux pères et de soutien à l'enfant : gepse@cam.org et http://www.cam.org/~gepse/side-6.html

11 Discours tenu par Danielle Saint-Laurent lors de la Semaine de prévention du suicide 1999. Texte disponible à http://www.cam.org/aqs/

12 Lors d'une journée de réflexion sur la problématique du suicide chez les hommes, organisée par Suicide-Action Montréal dans le cadre de la Semaine provinciale de prévention du suicide.

13 Cette observation aurait été effectuée en analysant des données de 1951 à 1986 au Québec, dans les autres provinces canadiennes, dans la plupart des états américains, en Norvège, au Danemark et en Finlande.

14 Gratton, Francine, Adolescents en danger de suicide, numéro spécial de la revue de psychiatrie *Prisme*, automne 1995, vol. 5, no 4.

15 Texte tiré de http://www.cam.org/aqs/, section Actes du congrès.

16 Auton'hommie, Centre de ressources pour hommes, 1575, 3ᵉ Avenue, Québec (Québec) G1L 2Y4, tél.: (418) 648-6480, téléc.: (418) 522-9709, autonhommie@cmq.qc.ca, autonhom@globetrotter.net.

17 Texte tiré de http://www.cam.org/aqs/, section Actes du congrès.

Chapitre 6 : **Féminisme et éjaculation «précoce»**

1 Je ne fais pas référence ici aux difficultés érectiles liés au vieillissement et qui sont tout à fait prévisibles, normales, progressives et facilement traitables avec le Viagra© et autres produits bientôt disponibles sur le marché.

2 Les canidés en général.

3 Kaplan, Helen Singer, *L'éjaculation précoce. Comment y remédier*, Éd. Guy St-Jean, Laval, 1994, p. 30.

4 Kaplan, op. c.it. p. 12-13.

5 Je renvoie le lecteur au livre de John Gray, *Les hommes viennent de Mars, les femmes viennent de Vénus* pour une discussion en profondeur de cette illusion.

6 Zilbergeld, Bernie, *Male Sexuality*, Bantam Books, New York, 1978.

7 Godberg, Dr Herb, *Être homme, Se réaliser sans se détruire*, p. 242.

Deuxième Partie
Être heureux en tant qu'homme

Chapitre 7 : **Masculinité et féminité**

1   http://www.reseauproteus.net

2   Pour mieux connaître ces deux auteurs, visitez leur site à http://users.sedona.net/~sugilis/

3   Le prochain chapitre présentera une façon d'équilibrer toutes ces relations.

4   Voir à ce sujet le livre d'Adrienne Mendell, *Travailler avec les hommes : les règles du jeu.* *Tout ce qu'une femme doit savoir pour réussir dans un monde d'hommes,* InterÉditions/Masson, Paris, 1997, 208 p.

Chapitre 8 : **La recherche de l'équilibre**

1   Encyclopédie Hachette Multimédia, Cd-Rom PC & MAC, Hachette, 1998.

2   Le mot travail vient d'un mot latin, «tripalium», qui signifie littéralement torture ; le tripalium était le condamné qui devait ramer sur les galères romaines jusqu'à la mort. Le mot chomage, quant à lui, vient du mot italien «comare» signifiant se reposer pendant qu'il fait chaud.

3   L'expression «Tomber en amour» est un anglicisme provenant de «To fall in love». On devrait plutôt dire «Tomber amoureux». En fait, on devrait dire «S'élever en amour», car tomber implique une perte de contrôle de soi, ce qui est malheureusement trop souvent le cas.

Chapitre 9 : **C'est beau, un homme...**

1   Bem, Sandra L., *The Measurement of Psychological Androgyny,* http://www.garysturt.free-online.co.uk/bem.htm

2   Néologisme.

3   Dorais, Michel, lors du 1er Forum québécois sur la condition masculine tenu au Collège de Limoilou en novembre 1999.

4   Neuropsychologie : Étude des relations entre les fonctions psychologiques supérieures et les structures cérébrales (Petit Larousse, 1999).

5   Nabati, Simone et Moussa, *Le père, à quoi ça sert !* Éd. Jouvences, Genève, 1994, pp. 61-68.

6   Nabati, ibid., p. 63.

7   Nabati, ibid., p. 66.

8   Gregory Bateson, dans *La nature et la pensée* (Éd. Le Seuil, Paris, 1984) a baptisé «schismogenèse complémentaire» la réaction en chaine par laquelle la réponse de l'un à la provocation de l'autre provoque des comportements réciproques toujours plus divergents. Cette escalade se produit parce que les hommes et les femmes ont des sensibilités divergentes et qu'ils vivent dans deux mondes tout à fait différents, avec des attentes et des croyances différentes. L'homme et la femme doivent donc comprendre le comportement et apprendre le langage de l'autre afin de pouvoir désamorcer cette escalade «schismogénétique» et éviter que se construise un mur d'incompréhension entre les deux, et la violence qui peut s'en suivre.

9   Tannen, Deborah, *Décidément tu ne me comprends pas. Comment surmonter les malentendus entre hommes et femmes,* Ed. Robert Laffont, Paris, 1993, 249 p.

10 Il y aurait moins de 1 % de différence entre les codes d'ADN de l'être humain et du singe.

11 Néologisme.

12 Durden-Smith, Jo et Diane Desimone, *Le sexe et le cerveau, La réponse au mystère de la sexualité humaine,* Éd. La Presse, Montréal, 1985, 272 p.

13 La science qui étudie l'action des conditions physiques de l'environnement sur les êtres vivants et l'action que ces derniers exercent en retour sur leur environnement s'appelle l'écologie (Petit Larousse, 1999).

14 Gray, John, *Les hommes viennent de Mars, Les femmes viennent de Vénus,* Éd. Logiques, Montréal, 1994, 327 p.

15 Tanenbaum, Joe, *Découvrir nos différences entre la femme et l'homme,* Éd. Québécor, Québec, 1992, p. 30. Pour lui, même l'homosexuel le plus efféminé est plus près de l'homme que de la femme.

16 Ibid., p. 38.

17 Le système scolaire qui ne permet pas aux garçons d'être actifs et le système médical qui cherche à contenir l'activité des garçons par des camisoles chimiques (ritalin©) étouffent l'une des principales caractéristiques masculines et est en train de tuer une génération de garçons qui n'auront d'autre choix que de déprimer ou de se révolter, deux comportements (suicide et délinquance) que les statisticiens nous prouvent être à la hausse.

18 Ce qui lui permettrait de diminuer la différence d'espérance de vie qui est actuellement de six ans entre la femme et l'homme.

19 C'est l'une des raisons pour laquelle on retrouve davantage de violence dans les milieux défavorisés.

20 DeAngelis, Barbara, *Les secrets sur les hommes que toute femme devrait savoir,* Pierre Nadeau Éditeur, Montréal, 1993, p. 12.

21 Laborit, Henri, *Éloge de la fuite,* Robert Laffont, 1999.

22 http://www.blondie.com/indexhome.html

23 Tanenbaum, op. cit., p. 129.

24 Syllogisme : Raisonnement qui contient trois propositions (la majeure, la mineure et la conclusion), et tel que la conclusion est déduite de la majeure par l'intermédiaire de la mineure (Petit Larousse, 1999).

25 Morin, Victor, *Le code Morin, Procédure des assemblées délibérantes,* Éd. Beauchemin, Montréal, 1987, 158 p.

26 Tanenbaum, Joe, op. cit., p. 161 et suivantes.

27 « Il leur fit signe de s'asseoir d'un geste de la main, puis il ferma les yeux et demeura immobile. Chamane et Yvan prirent chacun une chaise. Une quinzaine de secondes plus tard, l'homme ouvrait les yeux. Voilà, dit-il, l'air satisfait. Maintenant, je suis totalement à vous. J'aurais été distrait par mon problème si je n'avais pas pris le temps de le régler. » Extrait de Jean-Jacques Pelletier, *L'argent du monde,* tome I, Éd. Alire, Montréal, p. 539.

28 Tanenbaum, Joe, op. cit., p. 162.

29 Flor-Henry, Pierre, *The Cerebral Basis of Psychopathology,* Alberta University, 1983.

30 Mendell, Adrienne, *Travailler avec les hommes : les règles du jeu. Tout ce qu'une femme doit savoir pour réussir dans un monde d'hommes,* InterÉditions / Masson, Paris, 1997, chap. 2: Des jeux et des hommes.

31 Mendell, Adrienne, op. cit., Deuxième partie: Les règles du jeu du travail.

Chapitre 10 : **Un père, pour quoi faire?**

1   Les grands-mères vivant plus longtemps, c'était le plus souvent autour de celle-ci que s'organisait la famille.

2   Dulac, Germain, La configuration du champ de la paternité: politiques, acteurs et enjeux, in *Lien social et politique,* no 37, printemps-été 1997. Texte disponible à http://www.travel-net.com/~pater/ouvrages.htm

3   Ibid.

4   Robinson, Brian E. & Robert L. Barret, *The developing Father. Emerging Roles In Contemporary Society,* New York, Guilford Press, 1986, 224 p.

5   Néologisme.

6   Dulac Germain, Ibid.

7   Vous trouverez sur le site http://www.vix.com/men/orgs/orgs.html une liste de 123 organisations nationales de défense des droits du père et de l'enfant, dont plusieurs ont aussi des succursales locales. Il y existe aussi une liste de 49 périodiques consacrés aux droits des pères. Vous trouverez la liste des organisations francophones dans la médiagraphie de ce livre.

8   Blankenhorn, David, *Fatherless America: Confronting Our Most Urgent Social Problems,* New York, Basic Books, 1995, 328 p.

9   Dulac, Germain, op. cit.

10 Nabati, Simone et Moussa, *Le père, à quoi ça sert? La valeur du triangle père-mère-enfant,* Éd. Jouvences, 1994, 217 p.

11 La nécessité de la filiation patrilinéaire et de la monogamie s'est développée dès le début de la bipédie qui a permis à l'homme de pouvoir parcourir de longues distances loin de la caverne où femmes et enfants demeuraient. Ce «patriarcat» permettaient à nos ancêtres de s'assurer qu'ils chassaient bien pour leurs enfants, et non les enfants d'un autre homme.

12 D'après Helen Fisher, *Histoire naturelle de l'amour. Instinct sexuel et comportement amoureux à travers les âges,* publié chez Laffont, l'avenir de la sexualité se situe dans le passé, c-à-d. dans la promiscuité.

13 Un article du quotidien *Le Soleil* du 5 août 2001 rapporte une enquête menée en 2000-2001 par Pride Surveys sur plus de 75 000 adolescents de 11 à 18 ans qui concluent que 38,4% des adolescents vivant avec leur père seulement se droguent, contre 31,9% de ceux vivant avec leur père et une belle-mère, 28,3% vivant avec leur mère seulement et 20,4% de ceux vivant avec leurs deux parents. Ce qui démontre, conclut l'asssociation Parents Resource Institute for Drug Education, l'importance de la présence des deux parents ou de la garde partagée. D'autres études avaient démontré auparavant que ce sont les enfants de mère célibataires qui se droguent le plus.

1   Dallaire, Yvon, *Chéri, parle-moi! Dix règles pour faire parler un homme*, 3e éd. Option Santé, Québec, 1999, 144 p.

2   Gottman, John M. et Nan Silver, *Les couples heureux ont leurs secrets. Les sept lois de la réussite*. Éd. JC Lattès, France, 2000, 281 p.

3   d'Ansembourg, Thomas, *Cessez d'être gentil, soyez vrai*, Éd. De l'Homme, Montréal, 2001.

4   Salomé, Jacques, *Parle-moi, j'ai des choses à te dire*, Éd. De l'Homme, Paris.

5   Goleman, Daniel, *L'intelligence émotionnelle*, Éd. Robert Laffont, Paris, 1997, 422 p.

6   La communication efficace s'énonce comme suit : «Je me sens comme ceci (expression du sentiment) devant ton comportement x ou y (s'adresse au comportement et non à la personne) parce que cela me rappelle ou m'amène à penser (relie de façon causale le sentiment et le comportement). Exemple : Je me sens en colère devant ton retard parce que j'ai l'impression de ne pas être importante à tes yeux».

7   Vous remarquerez que les femmes, et des hommes, critiquent les hommes de ne pas s'engager. Plusieurs livres ont été écrits sur le sujet. Le problème est que les femmes, et ces hommes, utilisent des critères féminins pour évaluer l'engagement des hommes au lieu de regarder comment les hommes s'engagent effectivement et efficacement dans leur couple.

8   Tanenbaum, Joe, *Découvrir nos différences*, Éd. Québecor, Québec, 1992, p. 149.

9   Au moment de l'orgasme tous les visages sont crispés à cause de la haute tension sexuelle.

10   Lorsque l'excitation sexuelle dure suffisamment longtemps, les glandes de Cowper, situées à la base du pénis, sécrètent quelques gouttes de liquide qui suintent au bout de l'urètre. Cette sécrétion ne peut toutefois être considérée comme un lubrifiant à cause de sa faible quantité; on croit qu'elle modifie toutefois le PH de l'urètre pour permettre aux spermatozoïdes d'y survivre.

11   Au fur et à mesure que l'excitation sexuelle de l'homme et de la femme augmente, augmente aussi le seuil de la sensibilité, le seuil de la douleur; ce qui fait que les caresses et les mouvements peuvent devenir plus «violents», plus «agressifs» sans provoquer d'inconfort. Ce serait plutôt le contraire; cette intensité peut même rendre plus facile l'orgasme féminin.

12   Tanenbaum, Joe, op. cit., pp 101 à 107

13   Doyle, Laura, *The Surrendered Wife. A practical Guide To Finding Intimacy, Passion and Peace with a Man*, Éd. Simon & Schuster, Etats-Unis, 2000, 286 p.

14   Conseil du Statut de la femme, *Gazette des femmes*, Spécial Rwanda : effort de paix, Mai-juin 2001, vol. 23, no 1, http://www.csf.gouv.qc.ca/gazette/Index.html

15   Peter Zohrab, http://www.geocities.com/CapitolHill/6708/

16   Doyle, Laura, op. cit., p. 161.

17   Responsabilité : habilité ou capacité à répondre adéquatement à une situation donnée (définition personnelle).

18   Doyle, Laura, op. cit., pp 50-51.

19   Doyle, Laura, op. cit., p. 51.

20   L'homme divorcé se remet généralement en ménage dans l'année suivant son divorce, alors que la femme attend de trois à cinq ans avant de le faire. L'explication semble être le fait que les hommes soient plus dépendants que leurs partenaires pour les tâches ménagères et alimentaires.

Médiagraphie

1. Bibliographie française

- Alary, J. & L.S. Éthier, *Comprendre la famille*, Actes du 3ᵉ symposium de recherche sur la famille, Québec, Presses de L'Université du Québec, 1996, pp. 45-63.
- d'Ansembourg, Thomas, *Cessez d'être gentil, soyez vrai*, Éd. De l'Homme, Montréal, 201, p.
- Bateson, Gregory, *La nature et la pensée*, Éd. Le Seuil, Paris, 1984.
- Bérubé, Linda, *Rompre dans tout casser*, Éd. De l'Homme, 2001, Québec, 278 p.
- Carter, J. et J. Sokol, *Ces hommes qui ont peur d'aimer*, Éd. J'ai Lu, Paris, 1994, 318 p.
- Brillon, Monique, *Ces pères qui ne savent pas aimer et les femmes qui en souffrent*, Éd. De l'Homme, Montréal, 1999, 150 p.
- Chabot, Marc, *Des hommes et de l'intimité*, Ed. St-Martin, Montréal, 1987.
- Conseil du Statut de la femme, *Gazette des femmes*, Gouvernement du Québec, Cahier spécial : Femmes et consommation, Janvier 2000.
- Conseil du Statut de la femme, *Gazette des femmes*, Gouvernement du Québec, Cahier spécial : Rwanda : Effort de paix, Mai-juin 2001, vol. 23, no 1.
- Corneau, Guy, *Pères manquants, fils manqués*, Éd. De l'Homme, 1989, 187 p.
- Corneau, Guy, *L'amour en guerre. Des rapports hommes-femmes, mères-fils,pères-filles*, Éd. De l'Homme, Montréal, 1996, 255 p.
- Cowan et Kinder, *Les femmes qu'ils aiment, les femmes qu'ils quittent*, Éd. Robert Laffont, Paris, 1989, 270 p.
- Dallaire, Yvon, *S'aimer longtemps ? L'homme et la femme peuvent-ils vivre ensemble*, 3ᵉ éd. Option Santé, 1999, 185 p.
- Dallaire, Yvon, *Chéri, parle-moi! Dix règles pour faire parler les hommes*, 3ᵉ éd. Option Santé, 199ᵉ, 185 p.

- Dallaire, Yvon, *Pour que le sexe ne meure pas. La sexualité après 40 ans*, Éd. Option Santé, 1999, 185 p.
- DeAngelis, Barbara, *Les secrets sur les hommes que toute femme devrait savoir*, Pierre Nadeau Éditeur, Montréal, 1993, 318 p.
- Delumeau, J. et D. Roche, *Histoire des pères et de la paternité*, Éd. Larousse, France, 535 p.
- Doyle, Laura, *Femmes soumises, ou comment garder son mari en lui disant toujours oui*, First Édition, Paris, 2001, 301 p.
- Dulac, Germain, La configuration du champ de la paternité: politiques, acteurs et enjeux, in *Lien social et politique*, no 37, printemps-été 1997.
- Dulac, Germain, *Les demandes d'aide des hommes*. Rapport de recherche de l'Action Intersectorielle pour le développement de la recherche sur l'aide aux hommes. Centre d'études appliquées sur la famille, U. McGill, 1997.
- Dulac, Germain, Les moments du processus de déliaison père-enfant chez les hommes en rupture d'union, dans Alary, J. & L.S. Éthier, *Comprendre la famille*, Actes du 3e symposium de recherche sur la famille Presses de L'université du Québec, Québec, pp 45-63
- Dupuy, George, *Coupable d'être un homme, Violence conjugale et délire constitutionnel*, VLB Éditeur, Montréal, 2000, 191 p.
- Durden-Smith, Jo et Diane Desimone, *Le sexe et le cerveau, La réponse au mystère de la sexualité humaine*, Éd. La Presse, Montréal, 1985, 272 p.
- Fisher, Helen, *Histoire naturelle de l'amour. Instinct sexuel et comportement amoureux à travers les âges*, Robert Laffont, Paris, 1994, 458 p.
- Fleet, Richard, *La séduction, vérités et mensonges*, Éd. Libre Expression, Montréal, 2000.
- Forward, S. et J. Torres, *Ces hommes qui méprisent les femmes... et les femmes qui les aiment*, Éd. De l'Homme, Montréal.
- Goldberg, Herb, *Être homme, Se réaliser sans se détruire*, Ed. Le Jour/Actualisation, Québec, 1981, 342 p.
- Goleman, Daniel, *L'intelligence émotionnelle. Comment transformer ses émotions en intelligence*, Ed. Robert Laffont, 1997, 422 p.
- Goleman, Daniel, *L'intelligence émotionnelle. Cultiver ses émotions pour s'épanouir dans son travail*, Ed. Robert Laffont, 1999, 383 p.
- Gottman, John et Nan Silver, *Les couples heureux ont leurs secrets. Les 7 lois de la réussite*, Ed. J. C. Lattès, France, 1999, 281 p.
- Gratton, Francine, Adolescents en danger de suicide, numéro spécial de la revue de psychiatrie *Prisme*, automne 1995, vol. 5, no 4.
- Gray, John, *Les hommes viennent de Mars, Les femmes viennent de Vénus*, Éd. Logiques, Montréal, 1994, 327 p.
- Gray, John, *Mars et Vénus en amour*, Éd. Stanké, Montréal, 1999, 258 p.
- Gray, John, *Mars et Vénus refont leur vie ou comment retrouver l'amour après une rupture*, Éd. Michel Clafon, France, 1999, 374 p.
- Gray, John, *Les enfants viennent du paradis*, Éd. Michel Clafon, France, 2000, 384 p.

- Gray, John, *Mars et Vénus sous la couette*, Éd. J'ai lu, France, 2000, 384 p.
- Gray, John, *Mars et Vénus, 365 jours d'amour*, Éd. Michel Clafon, France, 2000, 384 p.
- Gray, John, *Comment obtenir ce que vous voulez*, Éd. J'ai lu, France, 2000, 384 p.
- Gray, John, *Mars et Vénus, Ensemble pour toujours*, Éd. Michel Clafon, France, 2001, 390 p.
- Kaplan, Helen Singer, *L'éjaculation précoce. Comment y remédier*, Éd. Guy St-Jean, Laval, 1994, 132 p.
- Laborit, Henri, *Éloge de la fuite*, Robert Laffont, 1999.
- Larouche, Gisèle, *Du nouvel amour à la famille recomposée*, Éd. De l'Homme, Québec, 2001, 260 p.
- Majnoni d'Intignano, Béatrice, *Le sexe médiateur, Femmes et hommes en procès*, Plon, France, 2000, 214 p.
- Mendell, Adrienne, *Travailler avec les hommes : les règles du jeu. Tout ce qu'une femme doit savoir pour réussir dans un monde d'hommes*, InterÉditions/Masson, Paris, 1997, 208 p.
- Mimoun, Sylvain et Élisabeth Chaussin, *L'univers masculin*, Éd. Du Seuil, Paris, 256 p.
- Nabati, Moussa et Simone, *Le père, à quoi ça sert! La valeur du triangle père-mère-enfant*, Éd. Jouvence, Genève, 1994, 217 p.
- Nagler et Androff, *Bien vivre ensemble, 6 nouvelles règles*, Éd, du Jour, Montréal, 80 p.
- Naifeh, S. G., *Ces hommes qui ne communiquent pas*, Éd. Le Jour, Montréal, 1987, 222 p.
- Norwood, Robin, *Ces femmes qui aiment trop*, Éd. Stanké, 1986, 376 p.
- Pelletier, Jean-Jacques, *L'argent du monde*, tome I, Éd. Alire, Montréal, 623 p.
- Salomé, Jacques, *Parle-moi, j'ai des choses à te dire*, Éd. De l'Homme.
- Tanenbaum, Joe, *Découvrir nos différences entre la femme et l'homme*, Éd. Québécor, Québec, 1992, 234 p.
- Tannen, Deborah, *Décidément tu ne me comprends pas. Comment surmonter les malentendus entre hommes et femmes*, Ed. Robert Laffont, Paris, 1993, 249 p.
- Vidal-Graf, Ajanta et Serge, *Mais tu ne m'avais jamais dit ça! La communication intime dans le couple*, Éd. Jouvence, Suisse, 1998, 174 p.
- Wilson Schaef, Anne, *Ces femmes qui en font trop*, Éd. Modus Vivendi, Laval, 1997, 382 p.
- Wright, John, *La survie du couple,* Éd. du Jour, Montréal, 1990, 261 p.

2. Bibliographie anglaise

- Abbot, Franklin ed., *Men and Intimacy: Personal Accounts Exploring the Dilemmas of Modern Male Sexuality*, The Crossing Press, 1990.
- Adair, Margo, *Women respond to the Men's Movement: A feminist Collection*, Ed. Kay Leigh Hagan, New York, 1992.
- Amneus, Daniel, Ph.D, *The Garbage Generation, The Consequences of the Destruction of the Two-Parent Family and the Need to Stabilize It by Strengthening Its Weakest Link, the Father's Role*, Primrose Press, 1991.
- Arnold, Parick M., *Wildmen, Warriors and Kings: Masculine Spirituality and Bible*, Crossroad, New York, 1991.
- Asher, J., The deadly hazards of being male in Canada, Policy Options of the Institute for Rexearch on *Public Policy*, vol 16, no 10, 1995.
- Astrachan, Anthony, *How Men Feel: Their response to women's demands for equality and power*, Anchor Press/Doubleday, 1986.
- August, Eugene R., *Men's Studies: A Selected and Annotated Interdisciplinary Bibliography*, Libraries Unlimited, Inc., Littleton, Colorado, 2nd Ed. 1994. Ce livre comprend 575 références bibliographiques sur les hommes.
- Baumli, Francis ed., *Men Freeing Men: Exploding the Myth of the Traditional Male*, New Atlantis Press 1985.
- Beard, Henry and Cerf, Christopher, *The Official Sexually Correct Dictionary and Dating Guide*, Villard Books, 1995.
- Bem, Sandra L., *The Measurement of Psychological Androgyny*, Cornell U.
- Berry, Patricia ed., *Fathers and Mothers*, Spring Publications, 1990.
- Bechtel, Stefan et Laurence Roy Stains, *Sex, A Man's Guide,* Men's Health Books, Rodale Press, Penn., 1996, 500 p.
- Biddulph, Stephen , *Manhood*, Finch Press, 1994, 216 p.
- Blankenhorn, David, *Fatherless America: Confronting Our Most Urgent Social Problems*, New York, Basic Books, 1995, 328 p.
- Bly, Robert, *Iron John*, Addison-Wesley, 1990.
- Bolen, Jean Shinoda, *Gods in Everyman. A New Psychology of Men's Lives and Loves*, Harper & Row, 1989.
- Brenton, Myron, *The American Male*, Fawcett, 1966.
- Brod, Harry, *The Making of Masculinities: The New Men's Studies*, Allen & Unwin, 1987.
- Chesler, Phyllis, *About Men*, Harcourt Brace Jovanovich, 1978.
- Colman, Arthur and Libby, *The Father: Mythology and Changing Roles*, Chiron Publications, 1988.
- Curtis. L. A., *Criminal Violence: National Partterns and Behavior*, Lexington Books, Lexington. Ma, 1974.
- Daly, M. & Wilson, M., Parents-Offspring Homicides in Canada, 1974-1983, *Science,* vol. 242, p. 519-524, 1988.

- David, Deborah S. and Brannon, Robert eds, *The Forty-Nine Percent Majority: The Male Sex Role*, Addison-Wesley, 1976.
- Diagram Group, *Man's Body: An Owner's Manual*, Bantam, 1983.
- Diamond, Jed, *Inside Out: Becoming My Own Man*, Fifth Wave Press, 1983.
- Doyle, James A., *The Male Experience*, Wm. C. Brown, 1983.
- Doyle, Laura, *The Surrendered Wife. A practical Guide To Finding Intimacy, Passion and Peace with a Man*, Éd. Simon & Schuster, Etats-Unis, 2000, 286 p.
- Doyle, Richard F., *The Men's Manifesto, A Commonsense Approach to Gender Issues and Politics*, Poor Richard's Press, 1992.
- Doyle, Richard F., *The Rape of the Male*, Poor Richards Press, 1976.
- Dubbert, Joe L., *A Man's Place: Masculinity in Transition*, Prentice-Hall, 1979.
- Easler, Bryan, *Fathering the Unthinkable: Masculinity, Scientists and the Nuclear Arms Race*, Schocken Press, 1987.
- Ehrenreich, Barbara, *The Hearts of Men: American dreams and the flight from commitment*, Anchor, 1983.
- Ellis, Cose, *A Man's World*, Harper-Collins, 1995.
- Farrell, Warren, *The Liberated Man*, Bantam, 1974.
- Farrell, Warren, *Why Men Are the Way They Are*, McGraw-Hill, 1986.
- Farrell, Warren, *The Myth of Male Power: Why Men Are the Disposable Sex*, New York, Simon & Schuster, 1993.
- Fasteau, Marc Feigen, *The Male Machine*, Dell, 1975.
- Fekete, John, *Moral Panic*, Robert Davies Pub., Montréal, 1994.
- Flor-Henry, Pierre, *The Cerebral Basis of Psychopathology*, Alberta University, 1983.
- Fossum, Merle, *Catching Fire: Men Coming Alive in Recovery*, Harper/Hazelton, 1989.
- French, Marylin, *The Women's Room*, Mass Market Paperback, 1988.
- Garfinkle, Perry, *In a Man's World. Father, Son, Brother, Friend and Other Roles Men Play*, Mentor, 1985.
- Gilder, George, *Sexual Suicide*, Bantam 1973, 338 p.
- Gilmore, David D., *Manhood in the Making: Cultural Concepts of Masculinity*, Yale U. Press, 1990.
- Gingold, Alfred, *Fire In The John: The Manly Man In The Age Of Sissification*, St. Martin's Press, New York, 1991, 160 p.
- Goldberg, Herb, *The New Male*, Signet, 1980.
- Goldberg, Herb, *The Inner Male*, Signet, 1987.
- Goldberg, Steven, *The Inevitability of Patriarchy*, Maurice Temple Smith, 1977.
- Goldberg, Steven, *When Wish Replaces Thought*, Prometheus Books, 1992.
- Goldberg, Steven, *Why Men Rule*, Open Court Books, Chicago, 1993.
- Gordon, John, *The Myth of the Monstrous Male*, Playboy Press, 1982.
- Greenberg, Martin, *The Birth of a Father*, Avon Books, 1985.
- Groner, Jonathan, Hilary's Trial: *The Elizabeth Morgan Case*, Simon & Schuster.
- Harry N. MacLean, *Once Upon A Time*, HarperCollins, 1994.

- Hart, Mickey, *Drumming at the Edge of Magic*, Harper, San Francisco, 1990.
- Julty, Sam, *Men's Bodies; Men's Selves*, Delta, 1979.
- Kammer, Jack, *Good Will Toward Men*, St Martin's Press, 1994, 232p.
- Kaye, Harvey E., *Male Survival: Masculinity without Myth*, Grosset & Dunlap, 1974.
- Keen, Sam, *Fire in the Belly. On Being A Man*, Bantam, 1991.
- Keyes, Ralph (ed), *Sons on Fathers: A Book of Men's Writing*, NY, Harper Perennial, 1992.
- Kimmel, Michael S. & Mosmiller, Thomas E, *Against the Tide: Pro-Feminist Men in the U.S.*, 1776-1990, Beacon, 1992.
- Kipnis, Aaron, *Knights Without Armor*, 1991.
- Klein, Edward and Erickson, Don eds, *About Men*, Pocket Books, 1988.
- Langley, Roger & Levy, Richard C., *Wife Beating: The Silent Crisis*, Pocket Books, New York, 1977.
- Lee, John, *The Flying Boy. Healing the Wounded Man*, Health Communications, 1987, FL, 110 p.
- Lee, John, *The Flying Boy, The Journey Continues*, Health Communications, FL, 1990.
- Lee, John, *At My Father's Wedding. Reclaiming Our True Masculinity*, Bantam Books, 1991.
- Levinson, Daniel J., *The Seasons of a Man's Life*, Ballantine, 1978.
- Levenson, Robert et al., The influence of Age and Gender on Affect, Physiologie and their interrelations: A Study of Long-Term Marriages, in *Journal of Personnality and Social Psychology*, 67, 1994.
- Lew, Mike, *Victims No Longer: Men Recovering from Incest and Other Sexual Child Abuse*, Harper and Row, l988.
- Lyndon, Neil, *No More Sex War. The Failures of Feminism*, Mandarin Paperbacks, London, 1992.
- Mailer, Norman, *The Prisoner of Sex*, Signet, 1971.
- McDowell, Charles P., *False Allegation*, Behavior Science Unit of the FBI Academy, Quantico, 1985.
- Mercy, J.A. & Saltzman, L.E., Fatal Violence Among Spouses ine the United State, 1976-85, *American Journal of Public Health*, 79(5): 595-9, May 1989.
- Messner, M . & Sabo, D., Sport, *Men and the Gender Order: Critical Feminist Perspectives*, Human Kinetics Press, 1990.
- Miedzian, Myriam, *Boys Will Be Boys. Breaking the Link Between Masculinity and Violence,* Doubleday, 1991
- Miller, Stuart, *Men and Friendship*, Gateway Books, 1983.
- Miller, Stuart A. & Sharif, Sharad, Domestic Violence, The Way Men's Advocate See It, *Family Guardian Journal*, San Diego, 1995, vol. 2, no 6.
- Moore, Robert and Gillette, Douglas, *The King Within. Accession the King in Male Psyche*, Avon Books, N.Y., 1992.
- Monick, Eugene, *Phallos: Sacred Image of the Masculine*, Inner City Books, 1987.
- Monick, Eugene, *Castration and Male Rage*, Inner City Books, 1991.
- Montagu, Ashley, *The Natural Superiority of Women*, Collier Books, N.Y., 1974.

- Moore, Robert & Gillette, Douglas, *King Warrior Magician Lover*, Harper Collins, 1990.
- Nichols, Jack, *Men's Liberation: A New Definition of Masculinity*, Penguin, 1975.
- Osherson, Samuel, *Finding Our Fathers: The Unfinished Business of Manhood*, Free Press, 1986.
- Osherson, Samuel, *Wrestling with Love*, Fawcett Columbine, 1992, 372 p.
- Phillemer et Finkelhor, *Marriage and Divorce Today*, newsletter de l'Université du New Hampshire, 1986.
- Pietropinto, Anthony and Simenauer, Jacqueline, *Beyond the Male Myth: What women want to know about men's sexuality*, Times Books, 1977.
- Pleck, Joseph H. and Sawyer, Jack, *Men and Masculinity*, Spectrum, 1974.
- Pleck, Joseph H., *The Myth of Masculinity*, The MIT Press, 1981.
- Raphael, Ray, *The Men from the Boys. Rites of Passage in Male America*, 1988, University of Nebraska Press, 228 p.
- Robinson, Brian E. & Robert L. Barret, *The Developing Father. Emerging Roles In Contemporary Society*, New York, Guilford Press, 1986, 224 p.
- Rohr, Richardd & Joseph Martos, *The Wild Man's Journey: Reflections on Male Spirituality*, St-Anthony Messenger, Cincinnati, 1992.
- Shapiro, Jerrold Lee, *The Measure of a Man: Becoming the Father You Wish Your Father Had Been*, Delacorte Press, New York, 1993.
- Sonkin, Daniel Jay, Wounded Boys, *Heroic Men: A Man's Guide to Recovering from Child Abuse*, Longmeadow Press, 1992.
- Spiegel, Lawrence D., *A Question of Innocence*, Unicorn Publishing, 1986.
- Steinman, Anne & Fox, David J., *The Male Dilemma*, Jason Aronson, 1974.
- Stoltenberg, John, *Refusing to Be a Man*, Breitenbush Books, 1988.
- Thomas, David, *Not Guilty, In Defense of the Modern Man*, Weidenfeld & Nicolson, 1993.
- Thompson, Keith ed., *To Be a Man*, In Search of the Deep Masculine, Jeremy P. Tarcher, Inc., 1991.
- Vilar, Esther, *The Manipulated Man*, Bantam, 1972.
- Vogt, Gregory Max, *Return to Father*, Spring Publications, 1991.
- Walker, Lenore E., *The Battered Woman*, Harper Colophon Books, New York, 1979.
- Wexler, Richard, *Wounded Innocents*, Prometheus Books, 350 p.
- Wishard, Bill & Wishard, Laurie, *Men's Rights: A Handbook For the 80's*, Cragmont, 1980.
- Witkin-Lanoil , Georgia, *The Male Stress Syndrome*, Newmarket Press, 1986
- Wolfgang, M., *Patterns in Criminal Homicide*, Wiley, N.Y., 1958.
- Wylie, Philip, Generation of Vipers, Reinhart & Co., 1942.
- Zilbergeld, Bernie, *Male Sexuality*, Bantam Books, New York, 1978.
- Zilbergeld, Bernie, *The New Male Sexuality*, Bantam Books, 1992.
- Zohrab, Peter, Sex, *Lies and Feminism*, Megahard inc., 2000.
- Zubaty, Rich, *Surviving The Feminization Of America, How to Keep Women from Ruining Your Life*, 1993.

3. Sites Internet

- http://147.4.150.5/~studid/dersh.htm — Alan Dershowitz, avocat
- http://abee.ifrance.com/abee/ — Association Bien-Être de l'Enfant
- http://afcccpr86.multimania.com/ — Ass. française des centres de consultation conjugale
- http://asecq.citeglobe.com/ — Association des secondes épouses et conjointes du Québec inc.
- http://assoc.wanadoo.fr/arpec/ — Ass. pour la Réforme des Prestations Compensatoires
- http://asso.nordnet.fr/parent-enfant-divorce/ — Les enfants du dimanche
- http://cw.span.ch/fr/default.asp — Parents pour toujours (Parents Forever International)
- http://home.worldnet.fr/~jeppy/lep.htm — Liberté Égalité Paternité
- http://isuisse.ifrance.com/rhsr/ — Réseau Hommes Romandie
- http://members.nbci.com/lepere/ — Pères d'aujourd'hui
- http://pages.globetrotter.net/autonhom/ — Auton'hommie
- http://perso.club-internet.fr/sexisme/framef.htm — SOS Sexisme
- http://perso.club-internet.fr/sexisme/index2.htm — SOS Sexisme
- http://perso.club-internet.fr/sosenlev/ — SOS Enlèvement par l'Allemagne
- http://rhfrance.free.fr/ — Réseau Homme France
- http://users.sedona.net/~sugilis/ — John et Micki Bauman
- http://www3.sympatico.ca/saharas — Service d'aide aux hommes agresseurs
- http://www.ai.univie.ac.at/archives/Psycoloquy/2000.V11/0018.html — Ashley Montagu
- http://www.apcfq.qc.ca/liens.html — Ressources en thérapie familiale
- http://www.arts.mcgill.ca/programs/cafs/francais.htm — Centre d'études appliquées sur la famille
- http://www.blondie.com/indexhome.html — Blondinette, bande dessinée
- http://www.boussole-fr.com/patern.htm — La boussole
- http://www.cam.org/aqs/ress/int/index.htm — Association québécoise de suicidologie
- http://www.cam.org/~gepse/ — Groupe d'entraide aux pères et de soutien à l'enfant Inc.
- http://www.cam.org/~rhq/ — Réseau Homme Québec
- http://www.chez.com/clubpapas/ — Club des papas
- http://www.chez.com/sosrapt — SOS Enlèvements Internationaux d'Enfants
- http://www.csf.gouv.qc.ca/gazette/Index.html — La Gazette des femmes
- http://www.ddf.asso.fr/ — Divorcé(e)s de France
- http://www.deltabravo.net/custody/gentest.htm — Male Gender Bias Test
- http://www.dispapa.com/ — Dis Papa
- http://www.dsuper.net/~apres/index.html — Après-coup
- http://www.er.uqam.ca/nobel/m243124/Etat-Unis.htm#1 — Promise Keepers
- http://www.europrofem.org/index2.htm — Réseau européen d'hommes proféministes
- http://www.europrofem.org/05.ptvue/2_list/profem/16profem.htm — Site de Martin Dufresne

- http://www.eurowrc.org/01.eurowrc/06.eurowrc_fr/canada/22.fr_canada.htm

  Où en est la misogynie
- http://www.eurowrc.org/03.network/16.network.htm   Mouvement des hommes
- http://www.eurowrc.org/11.men_violent/programme-hommes/02.hom_program.htm

  Hommes violents
- http://www.expage.com/page/nomc   Mouvement mythopoétique
- http://www.fmcp.org/   Fédération des mouvements de la condition paternelle
- http://www.fmcp.org/liens/province.htm

  Fédération des mouvements de la condition paternelle
- http://www.garysturt.free-online.co.uk/bem.htm   Sandra L. Bem / Androgyny
- http://www.geocities.com/Athens/Oracle/3652/MFlinks.htm   Marylin French Links
- http://www.geocities.com/Athens/Oracle/5225/   Rich Zubaty Web Site
- http://www.geocities.com/CapitolHill/6708/   Peter Zohrab
- http://geocities.com/CapitolHill/7422/Mixture.html

  Union européenne de groupes d'étudiants mixtes contre le sexisme
- htp://www.hc-sc.gc.ca/hppb/violencefamiliale/

  Centre national d'information sur la violence dans la famille
- http://www.ifrance.com/adeps/ Association de Défense de l'Enfance et des Parents Séparés
- http://www.itr.qc.ca/papa-egalement/

  Groupe d'action des pères pour le maintien des liens familiaux inc.
- http://www.keth.org/   Keth.org
- http://www.lycos.fr/dir/Feminin/Famille/Divorce/Divorce_et_paternite/ Divorce et paternité
- http://www.magic.fr/enfant-papa/   L'enfant et son droit
- http://www.magic.fr/enfant-papa/Nantes.html   Association Responsabilité Parentale Egale
- http://www.minfo.net/hommes/   D'hommes à hommes inc.
- http://www.mscee.ch/   Mouvement suisse contre l'enlèvement des enfants
- http://www.multimania.com/entraidepourhomm/

  Entraide pour hommes Vallée-du-Richelieu inc.
- http://www.multimania.com/irenique/intro.html

  Association masculine irénique Manicouagan
- http://www.multimania.com/paternite/   La place du père
- http://www.ordrepsy.qc.ca/   Ordre des psychologues du Québec
- http://www.oricom.ca/alpe/   L'après-rupture
- http://www.preventionsuicide.be/   Centre de prévention du suicide
- http://www.promisekeepers.org/   Promise Keepers
- http://www.productionscoeur.com/   Guy Corneau / Productions Cœur.Com
- http://www.reseauproteus.net   Christian Lamontagne
- http://www.rhb.be   Reseau Hommes Belgique
- http://www.rhhy.qc.ca/   Ressources pour hommes de la Haute-Yamaska

- http://www.robin.no/~dadwatch/dadlinks.html — Dad (Pappa) Watch
- http://www.stat.gouv.qc.ca/ — Institut de la statistique du Québec
- http://www.secondwives.org/essays.html — Second Wifes Crusade
- http://www.sos-divorce.org/ — SOS Divorce
- http://www.sospapa.net/ — SOS Papa
- http://www.superdads.mnet.fr/ — Super Dads
- http://www.travel-net.com/~pater/ — Entraide pères-enfants séparés
- http://www.travel-net.com/~pater/depli-3.htm — Association des secondes épouses et conjointes du Québec inc
- http://www.travel-net.com/~pater/orlf.htm — Organisation pour le respect des liens familiaux
- http://www.travel-net.com/~pater/ouvrages.htm — Ouvrages de Germain Dulac
- http://www.users.csbsju.edu/~eknuth/xpxx/malespir.html — Elizabeth T. Knutz / Male Spirituality
- http://www.vev.ch/fr/info.htm — Pères éducateurs responsables
- http://www.vev.ch/fr/index.htm — Pères éducateurs responsables
- http://www.vev.ch/fr/mcp.htm#fr — Mouvement de la condition paternelle pour une égalité parentale
- http://www.vix.com/pub/men/bash/usc.html — University of Southern California
- http://www.vix.com/men/bash/quotes.html — Feminist Man-Haters
- http://www.vix.com/men/battery/battery.html — Husband Battering
- http://www.vix.com/men/index.html — The Men's Issues Page
- http://www.vix.com/men/orgs/orgs.html — Men's Movement Organisations
- http://www.vix.com/menmag/poetvocic.htm — Mouvement mythopoétique
- http://www.webnet.qc.ca/~ancq — Action des nouvelles conjointes du Québec

4. Adresses de courriel

- ancq@webnet.qc.ca — Action des nouvelles conjointes du Québec
- apres@supernet.ca — Après coup
- asecq@mail.com — Association des secondes épouses et conjointes du Québec
- aubron.arpe@oceanet.fr — Association Responsabilité Parentale Egale
- autonhommie@cmq.qc.ca — Auton'hommie
- autonhom@globetrotter.net — Auton'hommie
- bonjour@dispapa.com — Dis Papa
- cafs@leacock.lan.mcgill.ca — Centre d'études appliquées sur la famille
- ericchevert@club-internet.fr — Réseau Hommes Ile-de-France
- famille@cofaq.qc.ca — Confédération des organismes familiaux du Québec
- gapmlf@videotron.ca — Groupe d'action des pères pour le maintien des liens familiaux inc.

• gepse@cam.org	Groupe d'entraide aux pères et de soutien à l'enfant inc
• harbison@unlinfo.unl.edu	Gerry Harbison
• hiance.ccarpec@club-internet.fr	Association pour la Réforme des Prestations Compensatoires
• hlehmann@worldcom.ch	Parents pour toujours (Parents Forever International)
• homme@minfo.net	D'hommes à hommes inc.
• info@productionscoeur.com	Les Productions Cœur.com
• info@optionsante.com	Les éditions Option Santé/Yvon Dallaire
• info@rhhy.qc.ca	Ressources pour hommes de la Haute-Yamaska
• irenique@hotmail.com	Association masculine irénique Manicouagan
• JDR@cmq.qc.ca	Organisation pour le respect des liens familiaux
• jy.alauzet@semaly.com	Réseau Homme France
• lisebilodeau@canoemail.com	Action des nouvelles conjointes du Québec
• martin@laurentides.net	Martin Dufresne
• parent-enfant-divorce@oordoct.fr	Les enfants du dimanche
• pater@travel-net.com	Entraide Pères-enfants séparés
• paternite@multimania.com	La place du père
• renekeller@skynet.ch	Pères éducateurs responsables
• rhb@europe.com	Réseau Hommes Belgique
• rhq@videotron.ca	Réseau Hommes Québec
• rhinfos@wanadoo.fr	Réseau Hommes Ile-de-France
• rodvan@nwlink.com	Rod Van Mechelen
• sexisme@club-internet.fr	SOS Sexisme
• saharas@sympatico.ca	Service d'aide aux hommes agresseurs
• sheafer@netcom.com	Robert Sheaffer
• troop@vix.com	David Troop / The Men's Issue Page
• VeV@vev.ch	Pères éducateurs responsables
• yvondallaire@optionsante.com	Yvon Dallaire

Remerciements

Un livre ne peut naître et vivre sans l'intervention de nombreuses personnes. L'auteur d'abord, mais l'auteur a besoin de collaborateurs pour mener son projet à terme. Les premières personnes que j'aimerais remercier sont mes formateurs, ceux et celles qui m'ont rendu la psychologie intéressante. Je voudrais aussi remercier tous les autres auteurs qui ont écrit sur le sujet des relations homme-femme et qui ont ainsi stimulé ma réflexion sur ce sujet. Évidemment, je n'aurais jamais écrit ce livre si de nombreux clients n'étaient venus se confier à moi et m'aider à confirmer mes intuitions et hypothèses.

Un merci tout à fait spécial à Caroline Bédard qui, depuis son arrivée, a su donner un nouvel élan à l'ensemble des activités d'édition et de production des Éditions Option Santé. Merci aussi à Isabelle Gagnon et Julie Bélanger pour leur précieuse aide. Merci à Ève Lamarque et Marie-Laurence Nadeau qui, chacune à leur façon, ont su améliorer la qualité de mon texte. Merci à Jean-François Dallaire, le webmestre de mon site internet, pour l'excellent travail effectué et à Christian Chalifour, de Chalifour Production Graphique, pour les nombreuses heures consacrés au montage et à la production de ce livre. Ma reconnaissance va aussi au Dr Janel Gauthier pour avoir accepter de signer la préface de mon livre.

Je remercie mon équipe de distributeurs: Jean-Pierre Élias (Messagerie ADP, Canada), Philippe Lahille (DG Diffusion, France), Christiane Mulhauser (Transat SA, Suisse) et Willy Vandermeulen (Vander SA, Belgique). Sans eux, mes livres n'auraient jamais atteint le grand public et dépassé les frontières québécoises. J'aimerais aussi remercier Alain de Bonnaires qui s'occupent de mes tournées de conférences et ateliers en Belgique et Christiane Mulhauser qui fait de même en Suisse. À l'avance, je remercie Isabelle Pignolet de Fresnes (Paris) et l'équipe de Diagonale de Toulouse (Guy Venail, Christine Picard et Jean-Louis Duzès) qui travaillent actuellement à la mise sur pied de mes conférences et ateliers en France. Mercis sincères à Christelle Gilquin, Françoise Vercruysse et Jean-Marc Mahut, Hervé Dubois, les deux Alex et leurs familles, Luce Hautier, Jeannine Vanderstokken, Sarah Olivier, Chantal Godefroi et la famille de Sophie Poget pour leur accueil chaleureux en Europe.

J'aimerais remercier chaleureusement tous ceux et celles qui m'ont permis non seulement de faire connaître mes livres, mais aussi mes réflexions. Je remercie particulièrement Claire Lamarche, Yanick Wooly et toute l'équipe de recherchistes de TVA qui m'ont si souvent invité à leur émission de télévision pour parler des relations homme-femme. Merci aussi aux autres équipes de TVA et celles de Radio-Canada, de TQS, de Télé-4 et des nombreux postes de radio pour toutes les occasions qu'ils m'ont données de pouvoir communiquer mes réflexions sur les hommes et les femmes. Je n'ose les nommer de peur d'en oublier, mais je veux les remercier pour tout ce que j'ai appris sur les médias grâce à eux. Mercis particuliers à l'équipe de Mario Grenier de CHIK-FM et celle de Louise-Andrée Saulnier de l'émission Sexe et confidences. Merci à Pascale Lemelin, Louis Martin et Georges Gay, du magazine Corps et Âme, de me donner l'occasion d'écrire régulièrement dans leurs pages.

Mes derniers remerciements vont à ma compagne, Renée Bérubé, pour sa patience et son écoute : c'est à elle que je communiquais mes découvertes et statistiques qui, parfois, n'étaient pas très valorisantes pour les femmes. Je la remercie, et je m'excuse, de toutes les heures que j'ai dû lui « voler » pour les investir dans la rédaction de ce livre qui me trottait dans la tête depuis si longtemps. « Je t'aime. »

Merci aussi à la vie et à toutes les personnes qui ont à cœur l'amélioration de nos conditions de vie et de nos relations homme-femme. Merci à tous mes lecteurs.